지속가능한 공급사슬

김남영

박영사

여러 분야에서 '지속가능성'이라는 말이 회자되고 있다. 기업의 경우에 특히 이에 대한 관심이 높은데 그것은 자칫 소홀하게 되면 시장 도태의 위험에 직면하게 되기 때문이다.

지속가능성의 3대 축에는 환경적 성과, 사회적 성과, 경제적 성과가 포함되며 기업은 지속가능성의 확보를 위해 이들 세 가지 성과가 교차되는 영역에 속하는 활동을 수행해야 한다. 그런데 이러한 활동들의 수행 결과는 당해 기업 하나가 아닌 그 기업을 포함하는 공급사슬 네트워크 전체의 노력과 연관된다. 즉, 지속가능성을 확보하기 위해서는 '나홀로'가 아니라 자신을 포함하는 공급사슬 전체의 협력적인 노력이 요구되는 것이다.

한편 점차적으로 기업 대 기업의 경쟁이 아닌 공급사슬 대 공급사슬의 경쟁으로 진화하는 시대에 경쟁우위 확보에 중추적인 역할을 하는 공급사슬관리 분야에 초점을 맞추는 것은 당연하다. 따라서 지속가능성과 경쟁우위 확보를 위해서는 지속가능성을 공급사슬관리에 접목한 지속가능한 공급사슬관리에 초점을 맞추어야 한다. 이에 본서는 지속가능한 공급사슬의 핵심 특성으로 지목되는 민첩성(agility), 적응성(adaptability), 정렬성(alignment)의 확보를 염두에 두고 내용을 구성하였다.

경쟁력을 갖추기 위해서는 대응성과 효율성을 두루 갖춘 공급사슬이 요구되는데 이를 충족하는 공급사슬의 형태는 산업에 따라 다를 수는 있으나 공통적으로 린(lean) 공급사슬이 구축되어야 한다는 점에서는 차이가 없다. 본 서는 이러한 린 공급사슬의 개념과 그 구축에 요구되는 사항들을 반영하였다.

공급사슬관리와 관련하여 다양한 서적들이 출간되었으나 본 서가 차별화되는 것은 유엔글로벌콤팩트(UN Global Compact)에서 제시하는 지속가능한 공급사슬 구축을 위한 조언들을 반영하고 있으며 또한 세계적인 선두 기업들에 대한 벤치마킹이 가능한 SCOR(Supply Chain Operations Reference)모델을 길잡이로 이용하고 있다는 점이다.

비록 다년간의 강의 및 연구 경험을 바탕으로 내용을 구성했다고는 하지만 부족함을 느끼며 지속적인 개선의 노력을 기울일 것을 독자에게 약속드린다. 끝으로 본 서의 출간에 도움을 주신 안종만 회장님을 비롯한 편집부 직원 및 여러분께 감사의 마음을 전한다.

2021년 2월 연구실에서
저자 김남영

Chapter 05
채찍 효과 감축 및 전략적 제휴

Chapter 10
배송프로세스 디자인 및 운영

Chapter 11
반품프로세스 디자인 및 운영

Chapter 12
공급사슬관리에서 정보기술의 역할

지속가능한
공급사슬

Chapter 01

공급사슬
지속가능성의 의미

경쟁의 심화로 비즈니스 환경은 어느 때보다 혹독하며 경쟁우위 확보를 위한 기업들의 노력이 더욱 요구되는 시기이다. 게다가 개별 기업 간의 경쟁이라기보다는 핵심기업들을 중심으로 하는 공급사슬 네트워크 간의 경쟁이 되어가므로 기업들은 자신뿐만 아니라 공급자를 포함하는 가치사슬에 속한 개체들의 책임 있는 비즈니스 활동에 적극적인 관심을 기울이게 된다. 이는 단지 공급사슬이 초래하는 환경적, 사회적 위험이나 정부규제에 대한 소극적인 대응 차원이라기보다는 공급사슬 지속가능성이 제공할 수 있는 긍정적인 대가를 기대하기 때문이다. 현재 공급사슬 지속가능성은 기업이나 사회가 추구하는 가치와 성공의 강력한 추진동력이라고 볼 수 있다. 본 장에서는 이러한 공급사슬 지속가능성의 의미, 실행 단계, 그리고 지속 가능한 공급사슬의 핵심 특성을 살펴보기로 한다.

엘킹톤(Elkington)은 지속가능성의 3대 축(triple bottom line)으로 환경적, 사회적, 경제적 성과를 제시하고 이 세 가지 성과가 교차하는 영역을 지속가능성으로 보았다. 그러므로 기업은 이 교차 영역에 해당하는 활동을 실행함으로써 환경적, 사회적으로 긍정적인 영향을 미침과 동시에 장기적인 이익과 경쟁우위를 확보할 수 있다는 것이다.

기업들이 지속가능성을 추구하는 이유는 다양할 수 있다. 먼저 각종 정부규제 혹은 지속 가능한 비즈니스 행위에 대한 국제적인 원칙을 준수하는 차원으로 이해할 수 있다. 또 한편으로는 사회적 요구에 부응하기 위해서 혹은 비즈니스 차원의 긍정적인 대가를 기대하기 때문으로도 이해할 수 있다. 이렇듯 환경적, 사회적, 경제적 성과를 증대하기 위한 노력은 기업 자신, 이해관계자, 그리고 사회 전체를 위한 행동으로 이해할 수 있다.

환경적, 사회적 성과를 위해서는 유엔글로벌콤팩트(United Nations Global Compact)에서 제시한 다음과 같은 10가지의 원칙을 참고로 하면 될 것으로 생각된다.

원칙1: 국제적으로 선언된 인권의 보호를 지지하고 존중해야 한다.
원칙2: 인권 학대에 공모자가 되지 않아야 한다.
원칙3: 결사의 자유를 지지하고 단체교섭권을 인정해야 한다.
원칙4: 다양한 형태의 강제노동을 제거해야 한다.
원칙5: 아동노동을 폐지해야 한다.
원칙6: 고용과 직업상의 차별을 없애야 한다.
원칙7: 환경 문제에 대한 예방적 접근법을 지지해야 한다.

원칙8: 환경적 책임의 증진 활동을 수행해야 한다.

원칙9: 환경친화적인 기술의 개발을 장려하고 확산시켜야 한다.

원칙10: 강요나 뇌물을 포함하는 다양한 형태의 부패행위를 배척해야 한다.

그러나 이러한 환경적, 사회적 성과는 그 자체만으로는 지속가능성을 보장할 수 없으며 경제적인 성과와 융합되어야 비로소 지속가능성이 가능해질 것이다. 예를 들면, 환경친화적인 기술의 개발로 환경 관련 비용의 절감이 가능해지고 사회적으로는 환경친화적인 이미지의 향상으로 인하여 소비자의 호감이 증대되고 이는 시장점유율의 확대로 이어져 수익 증대를 기대할 수 있게 된다. 이처럼 환경적, 사회적, 경제적 성과가 교차하는 영역의 활동을 통하여 지속가능성을 담보할 수 있을 것이다.

카터와 로저스(Carter and Rogers)는 지속가능성의 3대 축을 실천하는데 다음과 같은 네 가지가 조력자 역할을 해야 한다고 본다.

- 위험관리
- 투명성
- 전략
- 문화

위험이란 환경적, 사회적 위험을 지칭하는 것으로 제품으로 초래되는 상해, 환경 폐기물, 작업자 안전과 공공 안전 등이 포함된다. 이러한 위험을 사전에 인지하고 관리를 위한 비상계획을 미리 수립해야 한다.

게다가 지역사회나 이해관계자들이 요구하는 가시적이고 투명한 기업 활동에 부응하기 위해서 기업 운영을 공공 감시에 더 많이 노출하고 공개할 필요가 있다. 요즈음과 같은 정보기술 시대에 기업의 활동을 비밀로 유지하는 것이 어렵기도 하거니와 매우 위험한 상황을 초래할 수도 있다. 그러므로 환경적, 사회적, 경제적 이슈에 대하여 투명성을 유지하는 것이 오히려 위험의 감축과 더불어 비용 차원에서도 도움이 된다고 할 수 있다.

한편 지속가능성 전략은 기업의 전체 비즈니스 전략과 유기적으로 연결되고 통합되어야 한다. 그러나 이것만으로는 충분하지 않다. 지속가능성을 추구하는 기업들은 혁신과 변화를 촉진하는 내부적 동력과 열정을 생성해야 하는데 이를 위해서는 전사적으로 장기비전을 공유해야 하며 이는 환경적, 사회적 책임을 중시하는 기업의 핵심가치와 기업문화가 바탕이 되어야 한다.

02 공급사슬 지속가능성

공급사슬 지속가능성은 엘킹톤의 지속가능성의 3대 축을 그 근간으로 한다. 즉 사회적, 환경적, 경제적 성과가 교차하는 영역에 해당하는 활동을 수행함으로써 환경과 사회에 긍정적인 영향을 미치고 장기적인 경제적 수익과 경쟁우위를 확보하게 된다. 그러나 이를 구체적으로 실천하기 위해서는 개별 기업만의 노력으로는 한계가 있으며 가치사슬에 포함된 개체들까지 확대한 것이 공급사슬 지속가능성이라고 보면 된다. 이러한 의미에서 공급사슬 지속가능성은 지속가능성과 공급사슬관리를 결합한 것이라고 보면 된다.

1. 공급사슬 지속가능성의 의미

일반적으로 공급사슬 지속가능성은 벤다이어그램으로 표현한다면 세 개의 원이 교차하는 영역이라고 할 수 있다. <그림 1−1 >의 진정한 의미는 경제적 성과에 도움이 되거나 적어도 해가 되지 않는 사회적, 환경적 활동을 확인하고 실행하라는 것이 아니라 경제적 성과를 증대시키는 사회적, 환경적 활동을 확인하고 세 원이 교차하는 영역 이외의 사회적, 환경적 활동은 회피하라고 제안한다. 사회적, 환경적 활동들이 세 개의 원이 교차하는 영역이 아닌 부분에서 이루어

그림 1-1 공급사슬 지속가능성

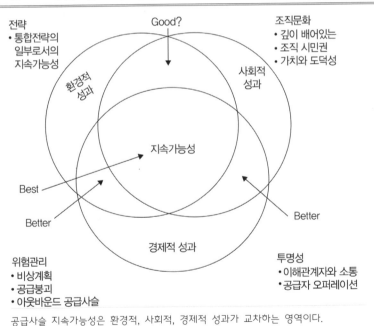

공급사슬 지속가능성은 환경적, 사회적, 경제적 성과가 교차하는 영역이다.

자료: Carter and Rogers, 2008, p. 369

지면 기업의 비즈니스 전략과 괴리되는 경우가 많고 이로 인하여 사회적, 환경적, 경제적 목표가 충돌하는 경우들이 발생하는 경향이 있기 때문이다. 그러므로 단순하게 사회적, 환경적 활동을 한다고 해서 공급사슬 지속가능성이 확보되는 것이 아님을 인식할 필요가 있다. 공급사슬 지속가능성을 위해 기업은 전략적 관점에서 사회적, 환경적, 경제적 목표가 명확하게 연결되도록 하여 사회적, 환경적 활동들이 세 개의 원이 교차하는 영역에서 발생하도록 하여야 한다.

이러한 의미에서 카터와 로저스는 지속 가능한 공급사슬관리를 다음과 같이 정의한다.

개별 기업과 그 기업의 공급사슬의 장기적인 경제적 성과를 증대시키기 위하여 조직간 핵심 비즈니스 프로세스를 체계적으로 조율하면서 조직의 사회적, 환경적, 경제적 목표를 전략적이고 투명하게 통합하고 달성하는 것이다.

한편 유엔글로벌콤팩트의 보고서인 「공급사슬 지속가능성(Supply Chain Substantiality)」에 제시된 정의는 다음과 같다.

공급사슬의 지속가능성은 재화와 서비스의 수명주기 동안에 환경적, 사회적, 경제적으로 미치는 영향을 관리하고 적합한 거버넌스(governance)를 실천하도록 장려하는 것이다.

공급사슬 지속가능성을 추구하는 목적은 제품이나 서비스를 시장에 제공하는 데 관여하는 모든 이해관계자에게 장기적으로 환경적, 사회적, 경제적 가치를 창출하고 보호하며 증대시키는 것이다. 한편 공급사슬 지속가능성을 통하여 기업들은 비즈니스의 장기적인 생존을 보전하고 사회적인 운영권을 확보한다.

2. 공급사슬 지속가능성의 조력자

카터와 로저스는 공급사슬 지속가능성의 촉진자로서 다음 네 가
지를 제시하였으며 그 의미를 살펴보면 다음과 같다.

- 전략: 지속가능성을 사업전략의 일부가 되도록 하고 개별적인
  지속가능성 활동들을 의도적으로 확인하고 조직 전체의 지속
  가능성 전략과의 일관성을 확보
- 위험관리: 공급사슬 운영의 비상계획
- 조직문화: 높은 수준의 도덕적 기준 및 기대와 사회와 자연환
  경에 대한 존중이 뿌리 깊게 배어있는 조직문화
- 투명성: 이해관계자와의 능동적인 소통 및 공급사슬 운영의 추
  적성 및 가시성 확보

3. 공습사슬 지속가능성의 예

공급사슬 지속가능성을 확보하기 위해서는 세 개의 원이 교차하
는 영역의 활동을 해야 하는데 예를 들면 다음과 같은 활동들이 이에
해당한다고 볼 수 있다.

- 과대포장으로 인한 낭비의 감축 및 재사용과 해체에 효과적인
  디자인으로 비용 절감
- 더 안전한 보관 및 수송 그리고 작업환경의 개선으로 건강 및
  안전비용의 감소와 이직 및 고용 관련 비용의 감소
- 작업환경의 개선을 통한 동기부여, 생산성 향상, 결근율 감소
  효과로 인한 임금 절감

- 정부규제에 대한 선제적 대처로 경쟁우위 확보
- ISO 14000의 실천으로 비용 감축, 제품 품질개선, 리드 타임 단축
- 지속 가능한 행위를 통한 기업의 명성 향상으로 공급자와 소비자의 호감 증대

4. 공급사슬 지속가능성의 실행 단계

유엔글로벌콤팩트의 보고서인 「공급사슬 지속가능성」에서는 공급사슬 지속가능성을 확보하기 위해 기업들이 수행해야 할 단계별 활동을 다음과 같이 제안하고 있다.

단계 1
공급사슬 지속가능성을 추구하는 당위성 확보 및 비전과 목표의 확립

이 단계에서는 공급사슬 지속가능성을 추구해야 하는 추진동력을 확인하고, 외부환경에 대한 이해를 바탕으로 비전을 확립한다.

공급사슬 지속가능성을 추구해야 하는 이유로 다음과 같은 추진동력들이 자주 언급되고 있다.
- 환경적, 사회적, 경제적 영향으로 인한 비즈니스 붕괴의 최소화
- 기업 명성 및 브랜드 가치의 보호
- 자재투입, 에너지 및 수송비용 감축
- 노동 생산성 증대
- 공급사슬의 효율성 창출
- 진화하는 고객 및 비즈니스 파트너의 요구에 대한 대처
- 변화하는 시장에 대응하기 위한 혁신

기업의 외부환경에는 고객, 투자자, 경쟁기업 등이 포함되며 고객과 투자자의 기대를 반영하고 성공적인 기업에 대한 벤치마킹을 통하여 비전을 확립해야 한다. 이러한 비전은 전략의 방향을 제시하고 기업의 지속가능성에 대한 의지를 확고하게 한다.

노키아의 비전을 예로서 살펴보기로 한다.

노키아는 위험을 사전에 예상하고, 기업 가치를 표명하며, 거버넌스 활동을 고양시키고, 직원만족을 증대시키며, 노키아의 사업과 연관된 환경과 지역사회를 돌보는 데 최대의 노력을 기울인다. 노키아는 노키아의 공급망에 속한 기업들이 노키아와 유사한 도덕적 비즈니스 접근법을 채택할 것을 기대하며 또한 그들 자신의 공급자들에 대한 교육과 감독뿐만 아니라 도덕적인 분야에서의 발전과 성취를 보여주기를 기대한다. 노키아의 목표는 노동 관련 활동뿐만 아니라 환경적, 도덕적 그리고 건강과 안전 관련 이슈들이 개별적으로 추가되는 기능이 아니라 노키아의 조달 프로세스와 공급자 선정 및 관계 개발에 내재되도록 확고히 하는 것이다.

단계 2
공급사슬에 대한 지속가능성의 추진 방향 제시

이 단계에서는 공급사슬 참여자들에게 방향을 제시할 수 있도록 공급사슬 지속가능성을 위해서 참여자들이 무엇을 해야 하는지에 대한 명확한 가이드라인을 제시한다. 이를 위해서는 행동강령(code of conduct)을 만들고 이를 공급사슬 참여자에게 계약이나 설명회 등을 통하여 소통하며 정기적으로 결과 검토가 이루어져야 한다.

행동강령에는 인권과 노동, 환경, 반부패 관련하여 다음 사항을 포함할 것을 고려해야 한다.

인권과 노동

강제노동, 아동노동, 노동시간, 임금과 수당, 인간적인 대우,
차별금지, 결사의 자유와 단체교습, 직업상의 안전, 비상사태에
대한 준비, 직업상의 상해와 질병, 화재 안전, 산업위생,
육체노동, 기계로부터의 보호

환경

독성물질 및 화학물질, 원자재 사용, 재활용성 및 제품수명
종료, 온실가스 배출, 에너지 사용, 물 사용 및 하수처리, 공기
오염, 생물 다양성

반부패

이해의 상충, 선물, 식사, 향응, 뇌물 및 뇌물성 리베이트, 회계
및 비즈니스 기록, 정보 보호, 위법행위의 보고

단계 3
지속가능성 프로그램의 범위 설정

지속가능성 프로그램을 디자인할 때에 공급사슬 전체를 대상으로
하는 것은 가용자원의 제약을 고려할 때에 비현실적이므로 그 범위를
정할 필요가 있다. 프로그램의 범위를 정하는 목적은 어느 공급자를 대
상으로 할 것인지 그리고 어느 정도로 할 것인지를 확인하는 것이다.
일반적으로 가장 핵심적인 공급자를 대상으로 선정하거나 혹은 위험성
이 높아 즉각적인 관심이 요구되는 부분을 그 대상으로 하기도 한다.
공급사슬을 확인할 때에 원자재부터 최종소비자까지의 단계를
확인하는 공급사슬 맵핑이 도움이 되며 구체적인 대상을 선정할 때

에는 위험성을 고려한 공급사슬 세분화도 도움이 된다. 위험은 세 가지로 구분이 되는데 인권, 노동, 환경, 도덕과 관련된 사회위험, 사업능력 및 비전 실천과 관련된 비즈니스 위험, 그리고 특정 중소기업 배제 등과 같은 경제발전과 관련된 위험 등이 포함된다.

여기에 추가로 다양한 위험의 종류를 확인하고 위험별로 심각도와 발생확률을 양축으로 하는 위험 맵핑을 통하여 심각도와 발생확률이 동시에 높은 위험을 최우선으로 하는 위험별 우선순위를 정하여 의사결정에 이용할 수도 있다.

단계 4
성과 개선을 위한 공급자와의 소통

공급자와 소통을 하는 목적은 지속가능성 이슈에 대한 사고방식과 우선순위를 공유하기 위함이며 궁극적으로 지속가능성에 대한 공급자 주인의식(supplier ownership)을 확립하기 위함이다. 지속가능성에 대한 공급자 소유권은 공급자가 노동과 환경에 대한 책임의 가치, 영향, 그리고 투자수익을 그들의 미션, 전략 그리고 의사결정에 통합할 때에 발생한다.

지속가능성에 대한 공급자 주인의식을 확립하는 데 있어서 모니터링과 치료로는 한계가 있다. 따라서 기업과 공급자는 각기 다음과 같은 역할을 수행해야 공급자 주인의식이 가능해진다고 할 수 있다.

기업의 역할
- 공급자와의 비즈니스 정보공유
- 장기적 관계 구축
- 지속가능성에 대한 동기부여

- 지속가능성 관리시스템의 개선에 대한 기대
- 투명성의 장려 및 보상
- 자신의 비즈니스 활동이 지속가능성 기대치 충족을 위한 공급자의 능력에 미치는 영향에 대한 민감성

공급자의 역할
- 최고경영자의 지속가능성에 대한 실행 의지 표명
- 지속가능성을 전략적 계획과 평가에 포함
- 지속적인 개선 의지 표명
- 사회적 책임에 대한 도전과 진행 상황을 기업과 능동적으로 소통

단계 5

기업 내부의 지속가능성을 위한 역할과 책임의 결정

공급사슬 지속가능성 전략은 공급사슬에 영향을 미치는 비즈니스 전략에 통합되어야 하며 밀접하게 조정되어야 한다. 따라서 기업 내부적으로 정렬이 되도록 해야 하는데 경영진은 지속가능성 실행 의지 표명, 감독 및 지원 역할을 하고, 공급관리 전문가는 공급자와의 소통을 통하여 지속가능성을 실행하는 역할을 하며 비즈니스 매니저들은 기업의 여러 기능 간 조정 역할을 하게 된다.

단계 6

산업 내의 조정 및 다양한 이해관계자와의 파트너십 구축

기업이 홀로 감당하기 어려운 이슈의 경우에는 산업 내의 조정이나 파트너십을 통하여 자신의 공급사슬 지속가능성을 높이는 데

도움이 된다. 그러나 다음과 같은 기회와 위험이 뒤따르므로 신중하게 접근해야 한다.

기회
- 파트너십 구축으로 공급자에 대한 힘이 강해진다.
- 파트너십 구축으로 이해관계자에 대한 믿음성이 증대된다.
- 파트너간의 자원 공유로 개별 기업의 비용 부담이 줄어든다.

위험
- 어느 기업과 파트너십을 구축하느냐에 따라 기업 내부의 지속가능성에 대한 조정이 어려울 수 있다.
- 파트너와의 자원 공유로 비용과 시간의 효율성이 기대되기는 하지만 투자한 만큼의 효과를 얻지 못할 수도 있다.
- 협력관계에 참여하는 기업 중에서 자신의 기업과 일관된 접근법으로의 전환을 반대할 가능성이 있다.

기업 간의 파트너십 이외에 국가, 지방정부, 노동단체, 비정부기구, 시민단체, 지역사회 등 다양한 이해관계자와의 파트너십을 통하여 지속가능성에 대한 이해를 높이고 효과적인 대응책의 준비, 자원의 지원, 정당성 확보 등의 도움을 받을 수 있다.

단계 7
지속가능성의 목표 설정 및 성과의 추적과 소통

공급사슬 지속가능성의 목표는 기업의 비즈니스 전략과 목표와 일관성이 있음을 전제로 다음과 같은 목표를 설정해야 한다.

- 공급사슬 지속가능성의 사회적 환경적 영향에 대한 목표를 설정해야 한다. 여기에는 온실 가스 배출, 폐기물과 같은 환경에 대한 영향과 작업 관련 상해 및 질병률, 훈련 및 기술습득, 고용창출, 소득창출, 인프라 개발 등과 같은 작업자와 지역사회에 대한 영향이 포함된다.
- 공급자 성과에 대한 목표를 설정해야 한다. 예를 들어, 공급자에 대한 인권, 노동, 환경, 도덕성 등의 부분에서의 성과 목표를 설정해야 한다.
- 기업 내부적으로 지속가능성의 실행 목표를 설정해야 한다. 이는 지속가능성 목표가 공급관리 의사결정에 어떻게 통합되는지에 대한 길잡이를 제공하는 것으로 예를 들어, 전체 지출의 어느 정도를 성과가 가장 좋은 공급자에게 할당할 것인지 혹은 공급에 대한 의사결정 시에 지속가능성을 주요 요인 중의 하나로 사용하는 것 등이 포함된다.

목표가 설정되면 목표의 달성 여부를 평가하기 위해 자료를 수집하고 분석하여 공식적으로 보고함으로써 이해관계자에게 적절한 거버넌스가 이루어지고 있음을 표명함과 동시에 공급사슬 지속가능성과 투명성을 높일 수 있다.

03 지속 가능한 공급사슬의 세 가지 핵심 특성

공급사슬 지속가능성을 확보하기 위해서는 결국 환경적, 사회적,

경제적 성과가 교차가 되는 영역에 해당하는 활동을 해야 하는데 이러한 활동을 성공적으로 수행하기 위해서는 경쟁력 있는 공급사슬을 구축할 필요가 있다. 리(Lee)에 따르면 이러한 경쟁력 있는 공급사슬은 민첩성(agility), 적응성(adaptability), 정렬성(alignment)이라는 특성을 보인다는 것이다.

공급사슬의 길이와 형태는 매우 다양할 수 있으나 궁극적인 목표는 재화나 서비스를 저렴하고 신속하게 고객에게 제공하는 것이다. 여기서 고객이라 함은 최종 소비자가 될 수도 있고 혹은 공급사슬의 상위 단계로부터 공급을 받는 하위 단계의 특정 개체가 될 수도 있다.

이를 위해 기업들은 전체 공급사슬 프로세스를 효율적으로 만들기 위하여 정교한 프로그램을 도입하고 이에 적합한 인프라를 구축하고 전문 인력을 고용한다. 예를 들어, 의류산업에서 도입한 신속대응프로그램(quick response program)이 하나의 예이다. 신속대응프로그램이란 공급사슬의 하위 단계에서 획득하는 수요정보가 상위단계와 공유되고 상위단계에서는 이 정보를 이용하여 미리 공급 준비를 하고 있다가 하위 단계로부터의 주문이 발생하면 즉시 그 주문을 충족시키는 것을 말한다. 그러나 효율적인 공급사슬이 지속적으로 성공적인 것은 아니라는 것이 실증연구를 통하여 밝혀졌으며 그 이유를 살펴보면 다음과 같다.

먼저 저비용을 추구하는 공급사슬은 수요나 공급의 예상 밖의 변화에 제대로 대응할 수 없기 때문이다. 저비용을 추구하는 기업들은 규모의 경제 효과를 얻기 위하여 생산과 유통의 중앙집중화를 추구해 왔으며 이에 따라 수송시간, 운임, 배송횟수의 최소화를 위해 제품을 대량으로 수송하는 데 초점을 맞추어 왔다. 이 경우 특정 브랜드나 포장 크기 혹은 제품의 모듬 구성에 대한 수요가 예고 없이 변하게 되는 경우에 제품이 재고로 있더라도 대응을 할 수 없게 되는 것이다. 예를 들어, 재고가 있음에도 불구하고 컨테이너 분량을 채우기 위해 배송을 지연시키는 경우가 이에 해당된다. 이렇게 되면 제품을 공급받는 소매상의 경우에 재고 부족으로 인한 판매기회 손실 혹은 고객 불만을 키우게 되는 것이다. 뒤늦게 배송이 이루어진다 하여도 이미 적기를 놓쳐서 과잉재고 문제가 발생하게 될 수도 있다. 이러한 과잉재고를 처리하기 위하여 할인판매를 할 수밖에 없게 되는데 할인판매는 수익률을 떨어뜨리는 것은 물론 할인판매 시행 전에 정가로 동일한 품목을 구입한 소비자의 분노를 초래하게 된다.

한편 효율적인 공급사슬은 시장의 구조변화에 적응이 느려서 경쟁력이 떨어질 수도 있다. 예를 들어, 내수시장에 초점을 맞추었던 효율적인 공급사슬은 시장의 글로벌화에 적응이 늦어 글로벌 수요에 대한 대응시간이 늦어지게 된다. 일례로 해외의 저렴한 노동력을 이용하기 위하여 부품설비를 해외에 두었던 기업의 경우에 내수시장에만 초점을 맞출 경우에는 문제가 없었으나 시장이 글로벌화 하면서 부품을 공급받아 완성품을 만들어 다시 해외로 공급을 할 경우에 그만큼 대응시간이 늦어지게 되고 비용 또한 상승하게 되는 것이다. 이러한 경우에 합작회사를 해외에 세워 대처하는 것이 그 해결책이 될 수 있는데 이것은 공급사슬의 변화를 의미한다. 결론적으로 공급사슬의 효율성이 필요하기는 하지만 그것으로만 경쟁우위를 확보하기에는 한계가 있다는 것이다.

Lee에 의하면 지속적으로 경쟁우위를 확보한 기업들은 다음과 같은 세 가지 특징이 있다고 한다. 먼저 공급사슬이 민첩성을 가진다는 것이다. 즉 수요나 공급의 변화에 신속하게 대응한다는 것이다. 둘째, 시장구조나 전략의 진화에 맞추어 공급사슬이 적응한다는 것이다. 마지막으로 공급사슬의 성과를 최적화시키기 위하여 공급네트워크 상의 모든 개체들의 이해관계를 일치시킨다는 것이다. 결국 경쟁우위를 확보하기 위해서는 민첩하고, 적응력있고, 정렬성이 있는 공급사슬을 구축해야 한다는 것이다. 그러면 이러한 특성을 가지는 공급사슬에 대하여 살펴보기로 한다.

1. 민첩성

요즈음 공급사슬에 대한 갑작스러운 쇼크가 발생하는 빈도가 증가하는 추세이다. 여기서 말하는 쇼크에는 자연재해나 테러, 전쟁, 전염병, 컴퓨터 바이러스 등이 포함된다. 이러한 쇼크의 발생빈도가 증가하는 이유는 쇼크 자체의 발생빈도가 증가하고 있기도 하지만 공급사슬 자체가 특정 지역에 국한되는 것이 아니라 전 세계에 걸쳐 확장되고 있기 때문이기도 하다.

이러한 쇼크로 인하여 여러 산업에서 수요와 공급의 변동이 보다 급격해지고 또한 변동의 폭도 넓어지고 있다. 이에 대처하기 위해서 공급사슬 측면에서 보면 기존의 공급사슬 형태를 유지하면서 스피드를 높이는 노력을 하게 되는데 문제는 추가 비용이 발생하게 된다는 것이다. 그렇다면 추가 비용의 발생 없이 대처하는 방법에 대한 고민이 필요한데 그 방법으로 제시되는 것이 애초부터 민첩한 공급사슬을 구축하는 것이라고 할 수 있다. 민첩한 공급사슬은 신속한 대응이 가능할 뿐만 아니라 비용면에서도 효율적이어서 시장에서의 급격하거나 예상 밖의 변화에 잘 대응할 수 있기 때문이다.

그러면 민첩한 공급사슬이란 무엇인가? 패션 업체인 자라(Zara)의 예를 통하여 살펴보기로 한다. 일반적으로 패션 산업에서는 원단의 주문 리드타임이 길고 또한 의류의 생산 리드타임도 길어서 미리 예측 생산을 하는 것이 일반적이다. 또한 의류 산업에서는 재고부족으로 인한 판매기회 손실이 과잉재고로 인한 손실보다 크기 때문에 수요를 과대하게 예측하여 생산하는 것이 일반적이다. 따라서 예측 오류가 발생할 때에 과잉재고의 문제가 심각할 수 있다. 이러한 문제를 해결하기 위하여 자라에서는 일단 유행 추세가 파악되면 임시 디자인을 하고 이에 따라 원단을 주문하게 된다. 이는 원단의 주문 리드타임이 긴 것을 고려한 것이다. 그러나 실제 생산은 원단이 도착한 후 즉시 이루어지는 것이 아니라 매장으로부터의 신뢰성 있는 수요 정보를 받은 후에 이루어진다. 즉, 매장으로부터 전달되는 시장 정보를 종합하여 최종 디자인을 완료하고 생산에 들어가게 된다. 이러한 과정을 통하여 재고 문제를 완화시킬 수 있는 것이다. 또한 수요 변동에 즉각 대응할 수 있는 유통채널을 구축하기 위하여 정교한 분류 및 자재 취급 기술을 도입한 것도 민첩한 공급사슬 구축의 일환이라고 할 수 있다.

다음은 공급사슬이 민첩성을 가지도록 기본적으로 고려해야 할 사항을 정리한 것이다.

첫째, 공급과 수요 관련 자료를 파트너사에게 지속적으로 제공하여 그들이 즉각적으로 대응할 수 있도록 해야 한다.

둘째, 공급자와 고객과의 협력적인 관계를 구축하여 그들과 함께 프로세스, 부품, 제품 등의 디자인과 재디자인을 하거나 백업 계획을 준비하도록 한다.

셋째, 제품을 디자인할 때에 연기(postponement) 혹은 차별화지연(delayed differentiation)을 실천한다. 즉 제품의 모델이 여러 개인 경우에 생산 단계의 앞부분에서는 동일한 부품을 사용하거나 프로세스를 동일하게 적용하고 생산 단계의 끝부분에서 차별화를 하여 완성품이 생산될 수 있도록 제품을 디자인한다는 것이다. 이것의 장점은 수요의 변동에 신속하게 대응할 수 있다는 것인데 고객의 선호도에 대한 정확한 정보를 획득할 때까지 완성품의 생산을 미루고 있다가 이러한 정보를 획득한 후에야 완성품을 생산하면 되기 때문이다.

넷째, 저렴하고 소량으로 소요되는 부품 중에서 병목의 원인이 되는 부품의 경우에 재고를 소량 보유한다. 예를 들어, 패션 업체에서 특수 단추 등을 재고로 확보하는 것이 이에 해당된다.

다섯째, 예상 밖의 필요에 신속하게 대응할 수 있도록 안정적인 로지스틱스 시스템을 구축한다. 이러한 로지스틱스 시스템은 굳이 스스로 구축할 필요는 없으며 외부의 전문 물류 업체와의 파트너십관계의 구축을 통하여 성취할 수 있다.

여섯째, 백업 계획을 가용할 수 있는 팀을 구축한다. 이를 위해서는 전문성을 가진 매니저의 확보와 위험관리 계획을 사전에 준비하는 것이 필요하다.

2. 적응성

경제적, 정치적, 사회적 변화 및 인구 통계적 추세의 변화, 기술 진보 등으로 인한 시장 상황이 변하거나 전략의 변화가 요구될 때에 기존의 공급사슬로는 지속 가능한 경쟁우위를 확보하는 것이 어려운 경우가 많다. 따라서 쉬운 일은 아니지만 상황에 맞도록 공급사슬을 조정하는 것이 중요하다.

특히 시장의 구조적 변화에 대하여 공급사슬의 적응이 기업의 성패를 좌우하는 경우도 있다는 점을 유념해야 한다. 예를 들어, HP 프린터의 경우가 시장의 구조적 변화에 잘 적응한 사례로 볼 수 있다. 프린터 생산 초기에는 가장 큰 프린터 시장이 미국이었으므로 미국에 연구 및 생산시설이 있었으나 유럽과 아시아 시장이 확대되면서 싱가포르와 스페인에 생산시설을 구축하여 대응하였고 점차적으로 프린터 시장의 경쟁이 치열해짐에 따라 규모의 경제 효과가 필요함을 인식하여 싱가포르의 생산시설의 규모를 집중적으로 확대하게 되었다. 이후에 프린터 생산 기술이 성숙단계로 접어들면서 비용 절감을 위해 생산을 아웃소싱으로 전환하게 되었다. HP의 이러한 지속적인 노력은 매우 경쟁적인 프린터 시장에서 여전히 선두주자로 위치하는데 원동력이 되었다.

시장에서 요구하는 제품의 특성에 따라 공급사슬을 맞추다보면 제품별로 종종 서로 다른 형태의 공급사슬을 운영하는 경우도 있다. 예를 들어 시스코의 경우에 세 가지의 서로 다른 형태의 공급사슬을 이용하고 있다. 대량생산이 요구되는 표준형 네트워크 제품의 경우에는 중국에서 계약생산을 하고, 중간 가치의 다품목 모델의 생산을 위해서는 핵심 부품은 저비용 국가의 공급자로부터 공급을 받아 완제품은 품목별 소요시장에서 맞춤형으로 생산을 한다. 소량 생산이 요구되는 맞춤형 제품의 경우에는 그 제품이 소요되는 시장에서 지리적으로 가까운 국가의 공급자로부터 부품을 공급받아 소요시장에서 완성품을 생산하게 된다.

갭(GAP)의 경우는 브랜드별 특성에 적응하기 위하여 서로 다른 형태의 공급사슬을 이용하고 있는데 가격에 민감한 소비자를 위한 제품 라인 올드 네이비(Old Navy)의 경우에 비용효율이 중요하므로 중국에서 생산하고 유행에 민감한 소비자를 위한 제품 라인 갭의 경우에는 스피드와 유연성을 위해서 중앙아메리카의 공급네트워크가 이용되며 고품질을 요구하는 소비자를 위한 제품 라인 바나나 리퍼블릭(Banana Republic)의 경우에는 품질 유지를 위해서 이탈리아의 공급네트워크를 이용한다. 단일 공급사슬이 아닌 세 개의 서로 다른 공급 사슬을 이용할 경우에 생산과 구매에 있어서 규모의 경제 효과를 얻지 못하고 또한 수송비용도 증가한다. 그러나 브랜드별 경쟁우위 확보를 위해 이러한 전략을 취하는 것이다.

도요타가 프리우스(Prius) 브랜드로 하이브리드 모델을 출시할 때에 신기술이 적용된 제품이라는 특성에 맞추어 공급사슬을 성공적으로 적응한 사례에 해당한다. 프리우스의 경우에 신기술이 적용된 경우이므로 고객 반응에 대한 불확실성이 커서 기존의 딜러 시스템에 물량을 할당하는 것이 위험이 너무 크다고 판단하였다. 이에 재고를 한 곳에서 중앙 집중적으로 관리하고 딜러가 고객으로부터 주문을 받으면 딜러에게 배송이 이루어지는 시스템을 구축하였다. 이 경우에 수송비용은 증가하지만 지역별 수요 차이에 대한 대처가 중앙에서 효율적으로 이루어지는 효과를 얻게 되었다. 만일 딜러들이 재고를 보유했다고 한다면 수요 예측 오류로 인한 재고부족 및 과잉재고 문제로 어려움을 겪었을 것이다.

적응력있는 공급사슬을 구축하기 위해서는 추세를 파악하는 능력과 공급네트워크를 변경할 수 있는 능력 등 두 가지가 요구된다고 할 수 있다.

미래의 추세를 파악하려면 다음에 유의하여야 한다. 즉 경제적 변화에 대해 지속적으로 관심을 기울여야 한다. 특히 글로벌화에 대비하여 공급자 및 고객과의 연결을 도모할 수 있는 기반을 갖추어야 하며 아웃소싱의 가능성을 지속적으로 검토해야 한다. 또한 수요를 파악할 때에 수요왜곡 현상이 발생하지 않도록 해야 한다. 소위 채찍효과가 발생하지 않도록 하는 것이 중요하다. 참고로 채찍효과는 공급사슬상의 하위 단계에서 경험하는 수요변동에 대한 정보가 공급사슬상의 상위단계로 주문의 형태로 전달될 때에 수요변동이 확대되어 나타나는 현상을 일컫는다. 수요변동이 확대된다는 것은 불확실성이 커짐을 의미하며 이로 인하여 공급사슬에서 상당한 비효율성이 발생하는데, 재고비용증가, 고객서비스 저하, 생산일정의 차질 등을 초래한다.

공급네트워크를 변경할 수 있는 능력을 갖추기 위해서는 다음이 중요하다고 할 수 있다. 먼저 기존의 공급자를 보완할 수 있도록 신규의 공급자를 개발해야 한다. 또한 제품 디자인에 있어서 디자인이 공급사슬에 미치는 영향을 고려하여야 하는데 이를 위해 공통성(commonality), 연기(postponement), 표준화(standardization) 등 세 가지를 유념해야 한다. 공통성이란 제품들이 부품을 공유하는 것을 의미하고, 연기라는 것은 여러 모델을 생산할 경우에 생산 프로세스의 앞 단계에서는 모두 동일한 과정을 거치고 단계의 끝부분에서 차별화가 되도록 제작이 이루어지는 것을 말하는데 예를 들어 색상이 다른 옷을 생산한다고 할 경우에 실을 먼저 염색하여 옷을 제작하는 것이 아니라 흰색 실로 모든 옷을 먼저 생산한 후에 마지막 단계에서 염색을 달리하는 방식이 여기에 해당한다. 표준화란 서로 다른 제품에 대한 부품이나 프로세스가 동일한 것을 의미한다.

3. 정렬성

공급사슬에 참여하는 개체들이 모두 독립적인 경우에 각각 자신들의 이익 극대화를 추구하게 된다. 이 과정에서 개체들이 원하는 방향이 서로 달라서 충돌할 경우에는 공급사슬의 성과를 극대화할 수 없다.

가장 바람직한 것은 공급사슬 전체의 성과를 극대화하는 방향으로 의사결정이 이루어져야 한다. 이 과정에서 일부 개체들의 희생이 요구되는 경우도 있으며 수익이나 비용이 공평하게 분배되지 않는 경우도 발생할 수 있다. 이러한 상황에서 모두가 적극적으로 참여하게 만들기 위해서는 모든 개체들이 동의하는 위험과 비용과 수익을 공평하게 공유하는 시스템을 구축해야 한다.

예를 들어, 공급자 허브를 운영하는 생산업체를 생각해보자. 공급자 허브란 공급자들이 생산자가 필요로 하는 부품을 가져다 놓는 곳을 말하며 공급자들의 편의를 위해 재고관리는 공급자가 스스로 하는 VMI(vendor managed inventory)시스템을 이용한다고 하자. 언뜻 보기에는 아주 효율적인 시스템이어서 공급사슬 전체적으로 비용이 많이 절감될 것으로 예상이 되지만 이는 공급자와 생산자 간의 공평한 비용 분담이 전제가 되어야만 가능하다는 것에 유의해야 한다. 즉 공급자가 공급하는 부품의 소유권이 어느 시점에서 이전되는 것인지에 대한 문제이다. 일반적으로 힘이 센 생산자의 경우에 부품의 소유권은 생산프로세스에 투입되기 전까지는 공급자에게 있기 때문에 공급자의 입장에서는 재고보유 기간이 길어져서 재고비용이 그만큼 많이 발생하는 셈이 된다. 여기서 말하는 재고비용이란 부품 생산을 위해 대출한 금융기관으로부터 대출금에 대한 금융비용을 의미한다. 이러한 재고비용 증가는 공급자와 생산자 간의 마찰로 이어지거나 부품가의 상승을 초래하는 경우가 많다.

이 경우에 공급자와 생산자가 재고비용을 공유한다면 문제가 해결될 수 있다.

공급사슬에 참여하는 개체 간의 이해관계를 일치시키기 위한 실행 방안으로 다음을 고려해 볼 수 있다.

- 정보공유: 공급사슬에 참여하는 개체들이 동일한 기반에서 활동하도록 예측치, 판매데이터, 계획 등의 정보를 공유한다.
- 개체별 역할과 책임의 명확화: 마찰이 발생하지 않도록 각자의 역할과 책임을 명확히 한다.
- 인센티브 디자인: 개체들이 공급사슬 전체의 성과 극대화를 위해 행동하도록 인센티브를 디자인한다.

참고문헌

Baldwin, Carliss Y. and Kim B. Clark (1997), "Managing in an Age of Modularity," *Harvard Business Review*, September-October.

Beth, Scott, David N. Burt, William Copacino, Chris Gopal, Hau L. Lee, Robert Porter Lynch, and Sandra Morris (2003), "Supply Chain Challenges: Building Relationships," *Harvard Business Review*, July.

Carter, Craig R. and Dale S. Rogers (2008), "A framework of sustainable supply chain managemnt: moving toward new theory," *International Journal of Physical Distribution & Logistics Management*, Vol.38, No.5, pp.360-387.

Carter, Craig R. and P. Liane Easton (2011), "Sustainable supply chain managemnt: evolution and future directions," *International Journal of Physical Distribution & Logistics Management*, Vol.41, No.1, pp.46-62.

Dyer, Jeffrey H. (1996), "How Chrysler Created an American Keiretsu," *Harvard Business Review*, July-August.

Elkington J. (1998), *Cannibals with Forks: The Triple Bottom Line of the 21st Century*, New Society Publishers, Stoney Creek, CT.

Ferdows, Kasra, Michael A. Lewis, and Jose A.D. Machuca (2004), "Rapid-Fire Fullfillment," *Harvard Business Review*, November.

Fisher, Marshall L. (1997), "What is the Right Supply Chain for Your Product?," *Harvard Business Review*, March-April.

Fites, Donald V. (1996), "Make Your Dealers Your Partners," *Harvard Business Review*, March—April.

Kumar, Nirmalya (1996), "The Power of Trust in Manufacturing—Retailer Relationships,:" *Harvard Business Review*, November—December.

Lambert, Douglas and A. Michael Knemeyer (2004), "We're in This ogether," *Harvard Business Review*, December.

Lee, Hau L. (2004), "The Triple—A Supply Chain," *Harvard Business Review*, October.

Lee, Hau, L (2010), "Don't Tweak Your Supply Chain—Rethink It End to End," *Harvard Business Review*, October.

Liker, Jeffrey K. and Thomas Y. Choi (2004), "Building Deep Supplier Relationships," *Harvard Business Review*, December.

Magretta, Joan (1998), "Fast, Global, and Entrepreneurial: Supply Chain Management, Hong Kong Style – An Interview with Victor Fung," *Harvard Business Review*, September—October.

Narayanan V.G. and Ananth Raman (2004), "Aligning Incentives in Supply Chain,"*Harvard Business Review*, November.

New, Steve (2010), " The Transparent Supply Chain," *Harvard Business Review*, October.

Normann, Richard and Rafael Ramirez (1993), "From Value Chain to Value Constellation," *Harvard Business Review*, July—August.

Slone, Reuben E. (2004), "Leading Supply Chain Turnaround," *Harvard Business Review*, October.

Slone, Reuben E., John T. Menzer, and J. Paul Dittmann (2007), "Are You the Weakest Link in Your Company's Supply Chain," *Harvard*

Business Review, September.

Spear, Steven J. (2004), "Learning to Lead at Toyota," *Harvard Business Review*, May.

Spear, Steven J. and H. Kent Bowen (1999), "Decoding the DNA of the Toyota Production System,"*Harvard Business Review*, September—October.

Treville, Suzanne de and Lenos Trigeorgis (2010), "It May Be Cheaper to Manufacture at Home,"*Harvard Business Review*, October.

UN Global Compact Office and Business for Social Responsibility (2010), *Supply Chain Sustainability: A Practical Guide for Continuous Improvement.*

Womack, James P. and Daniel T. Jones (1994), "From Lean Production to the Lean Enterprise," *Harvard Business Review*, March—April.

Chapter 02

공급사슬관리의
핵심 이슈와 린 공급사슬

지속 가능한 경쟁우위 확보를 위해서는 민첩성, 적응성, 정렬성이 요구된다. 이러한 특성을 갖추기 위해서는 협력적인 공급사슬이 요구되고 또한 경영 상황변화에 잘 대응하도록 공급사슬 전체적으로 낭비적인 요소가 제거되어야 한다. 본 장에서는 공급사슬 관리의 핵심 이슈를 살펴보고 경쟁력 확보를 위한 린(lean) 공급사슬에 대해서 알아보기로 한다. 린의 목적이 낭비 요소의 제거임을 고려하면 린 공급사슬관리의 목표는 제품이 생산되어 고객에게 전달되기까지의 전체의 프로세스에서 낭비 요소를 제거하는 것이 된다. 이러한 낭비요소의 제거는 비용 절감을 의미할 뿐만 아니라 리드 타임의 단축 등을 통하여 고객의 요구에 대한 신속한 대응성을 가지게 되고 기업의 경쟁우위 확보로 이어진다.

로지스틱스 혹은 병참이나 공급사슬관리라는 개념이 새로운 것은 아니다. 전쟁에서의 승리는 병참에 달려있다는 말이 있듯이 현대의 전쟁뿐만 아니라 과거의 전쟁에서도 전쟁물자의 공급이 원활히 이루어지지 않아 전쟁에서 패배하는 경우를 종종 볼 수 있다. 그런데 특이한 것은 최근에 와서야 비로소 로지스틱스 혹은 공급사슬관리가 기업의 경쟁우위 확보에 있어서 매우 중요함을 인식하게 되었으며, 거의 모든 산업이나 분야에서 기업의 전략적 의사결정에 중요한 위치를 차지하게 되었다는 것이다. 그러나 여전히 많은 기업들이 이러한 아이디어를 실행에 옮기지 못하고 있는 것도 사실이다.

공급사슬은 제품이나 서비스를 디자인, 생산, 배송, 사용하는데 관련되는 조직 및 활동 모두를 포함한다. 그러므로 원자재 공급자, 생산자, 창고, 유통센터, 도매상, 소매상, 고객 등이 공급사슬의 구성원이며, 또한 각 조직의 여러 기능들이 수행하는 활동도 공급사슬에 포함된다. 게다가 공급사슬은 공급자의 공급자, 고객의 고객과 같이 공급사슬의 성과에 영향을 미치는 모든 개체를 포함하는 네트워크이기도 하다. 공급사슬관리의 초점은 공급사슬 전체의 경쟁력을 극대화하기 위하여 구성원 간의 관계를 관리하는 데에 맞추어지게 된다. 공급사슬관리가 어려운 것은 이러한 구성원 간의 관계를 관리하기가 어렵다는 데 있다. 공급사슬 전체의 경쟁력을 최대화하기 위해서는 개별 구성원의 이익이 희생되어야 하는 경우가 종종 발생할 수 있기 때문이다.

어쨌든 개별 기업은 자신의 생존 및 번영을 위해 필요한 것들을 제공받기 위해 공급사슬에 의존하고 있고, 모든 기업들은 하나 이상의 공급사슬에 속해 있으며 공급사슬에서 일정한 역할을 한다고 볼 수 있다. 점차적으로 기업 간의 경쟁이 아닌 기업이 속한 공급사슬 간의 경쟁이 중요해지는 상황에서 기업들은 그들이 참여하는 공급사슬에 대하여 더 잘 알아야 하며, 그들이 공급사슬에서 어떠한 역할을 하는지에 대한 충분한 이해가 필요하다. 요즈음은 강력한 공급사슬을 구축하거나 혹은 강력한 공급사슬에 참여하는 기업들이 경쟁우위를 확보한다고 해도 과언이 아니다.

공급사슬관리라는 개념은 1980년대 후반에 등장하여 1990년대에 확대된 것으로 이전에는 로지스틱스관리라는 용어를 사용해 왔다. 심치리바이(Simchi-Levi) 등과 같이 로지스틱스관리위원회의 로지스틱스에 대한 정의를 인용하여 로지스틱스관리와 공급사슬관리를 동일시하는 이도 있는 반면에, 크리스토퍼(Christopher)나 윈슬(Wincel)과 같이 공급사슬 구성원간의 조정이나 연결에 초점을 맞추어 공급사슬관리가 단순히 제품이나 정보의 흐름에 초점을 맞추는 로지스틱스관리보다 더 폭이 넓다고 보는 이도 있다. 다음은 공급사슬 및 공급사슬관리에 대한 몇몇 정의를 발췌한 것이다.

- "로지스틱스란 고객의 요구를 충족시키기 위하여 시작점에서 소비시점까지 제품, 서비스 및 관련 정보의 흐름 및 보관을 효율적이며 효과적으로 계획하고 실행하며 통제하는 공급사슬 프로세스의 일부이다." 로지스틱스관리위원회(Council of Logistics Management)
- "공급사슬은 고객의 요구를 충족시키기 위하여 직·간접으로 관여하는 모든 개체들로 구성된다. 공급사슬은 생산자와 공급자뿐만 아니라 수송자, 창고, 소매상, 고객을 포함한다. 공급사슬은 생산자와 같은 특정 조직 내부에서 고객의 요구를 충족하기 위해 관련되는 모든 기능을 포함한다. 이러한 기능들은 신제품개발, 마케팅, 생산운영, 유통, 재무, 고객서비스 등을 포

함하며 이에 국한되지 않는다." 초프라와 민들(Chopra and Meindl)

- "공급사슬관리란 서비스수준 조건을 충족시키면서 시스템 전체의 비용을 최소화하기 위하여 제품을 적량, 적소, 적기에 생산 및 유통시키기 위하여 공급자, 생산자, 창고, 상점을 효율적으로 통합하는 데 이용되는 일련의 접근법이다." 심치리바이 등
- "세계적 수준의 공급사슬관리라는 사상은 고객이나 공급자의 수익성 및 생존뿐만 아니라 자신의 수익성 향상 및 생존 보장이라는 목적을 가지고 특정 조직의 공급시스템 과정에 대한 디자인, 개발, 관리의 지속적인 향상에 책임이 있는 활동 및 가치를 반영한다." 버트(Burt) 등
- "공급사슬 전체적으로 낮은 비용으로 탁월한 고객가치를 제공하기 위하여 공급자와 고객을 비롯한 상위 및 하위의 구성원 간의 관계를 관리하는 것이다." 크리스토퍼

이러한 여러 가지 정의를 고려하여 본 서에서는 공급사슬관리를 다음과 같이 정의하기로 한다.

공급사슬관리란 제품이나 서비스의 생산에서부터 소비까지의 모든 프로세스를 하나의 시스템으로 관리하여 탁월한 고객가치를 창출함으로써 경쟁우위를 확보하는 것이다.

위의 정의에서 중요한 점은 다음과 같다.
첫째, 공급사슬관리에는 원자재 공급에서부터 소비까지의 전 과정이 포함되며 특히 최종 단계인 최종소비자까지 포함된다는 것이다.
둘째, 공급사슬관리는 공급사슬 전체를 하나의 시스템으로 관리한다는 것이다. 따라서 공급사슬의 개별 구성원에 초점을 맞추어 의

사결정이 이루어지는 것보다는 시스템 전체에 초점을 맞추어 의사결정이 이루어진다고 보는 것이다. 즉 로컬 최적화가 글로벌 최적화를 보장하는 것이 아니므로, 로컬 최적화보다는 글로벌 최적화를 추구한다는 것이다. 이렇게 글로벌 최적화를 추구하다보면 구성원 중의 일부는 손해를 볼 수도 있다. 이러한 것을 어떻게 극복해야 하는지도 결국은 공급사슬관리에서 다루어야 할 문제인 것이다. 초프라와 민들 그리고 크리스토퍼는 공급사슬관리에서 사슬이라는 용어는 네트워크나 웹(web)이라는 용어로 교체되어야 한다고 보고 있다. 그 이유는 전체의 공급사슬시스템에는 다수의 공급자와 그 공급자의 공급자까지 포함되며 또한 다수의 고객과 그 고객의 고객도 포함되기 때문이다.

셋째, 공급사슬관리는 탁월한 고객가치창출에 초점을 맞추어야 한다. 여기서 말하는 고객이란 공급사슬의 마지막 단계에 있는 소비자만을 의미하는 것이 아니다. 생산자는 원자재 공급자의 고객이 되며, 소매상은 생산자의 고객이 되고, 소비자는 소매상의 고객이 된다. 고객에게 가치를 창출해야만 고객과의 지속적인 관계를 유지할 수가 있다. 공급사슬관리는 고객 혹은 시장에 의하여 주도되므로 공급사슬관리에서 공급이라는 용어 대신에 수요라는 용어로 대체되어야 한다고 보는 이도 있다.

넷째, 공급사슬관리의 목적은 경쟁우위 확보에 있다는 것이다. 경쟁우위를 확보한다는 것은 단순히 일등 기업이 된다는 의미보다도 경쟁에서 살아남는다는 의미가 강하다. 요즈음 산업의 글로벌화와 세계적으로 우수한 기업과의 경쟁에서 생존하는 것이 쉽지가 않다. 이러한 상황에서 경쟁우위가 없는 기업은 시장에서 도태될 것이 틀림없다.

공급사슬의 성과를 결정짓는 동력(driver)으로 초프라와 민들은 시설, 재고, 수송, 정보 등의 네 가지를 언급하고 있으며, 이 동력들이 공급사슬의 효율성과 시장 대응성의 측면에서 성과를 결정짓는다고 보고 있다. 휴고스(Hugoes)는 시설을 세분화하여 생산과 입지로 분리하여, 재고, 수송, 정보 등과 함께 다섯 가지의 동력을 제시하고 있다. 초프라와 민들이 제시하는 각각의 동력을 살펴보면 다음과 같다.

1. 시설

시설이란 제품이 만들어지고, 보관되는 장소를 말하는 것으로, 이러한 장소의 입지, 생산능력 및 보관능력, 유연성 등이 공급사슬의 성과에 영향을 미친다. 입지와 관련하여 중요한 이슈는 중앙집중화를 하여 규모의 경제의 효과를 얻을 것이지 혹은 분산하여 고객에게 더 접근함으로써 대응성을 높일 것인지의 문제이다. 생산 및 보관 능력과 관련한 이슈는 여유 능력의 보유 여부인데, 여유 능력을 가지게 되면 유연성과 갑작스러운 수요에 대한 대응성은 얻을 수 있는 반면에, 비용이 증가하고 효율성이 낮아지는 문제가 있으므로 이를 고려한 적정규모의 능력을 정하는 것이 문제이다. 또한 기업은 시설에서 이용할 운영 방법을 정하여야 하는데, 이와 관련하여 제품 중심의 공정디자인을 선택할 것인지, 혹은 프로세스 중심의 공정디자인을 선택할 것인지를 결정해야 한다. 제품 중심의 공정은 특정 제품의 생산에는 매우 효율적이지만 다품종의 생산에는 부적합하며, 반면에 프로세스 중심의 공정은 다품종의 생산에 적합한 형태이다. 이러한 공정형태의 선택과 동시에 생산능력의 어느 정도를 다품종의 생산이 가능하도록 유연성을 유지하고, 어느 정도를 특정 제품의 생산에 전적으로 투입할 것인지 그 정도를 정하는 것도 문제이다. 유연성을 유지한다는 것은 대응성은 높아지지만 효율성이 희생됨을 의미하고 어느 곳에 전적으로 투입하면 효율성은 높아지지만 유연성이 희생됨을 의미한다. 생산된 제품의 보관방법과 관련한 이슈로는 제품별로 보관할 것인지, 특정 고객이 필요한 품목을 그룹으로 보관할 것인지, 아니면 월마트가 이용하는 크로스 도킹(cross docking) 방법을 이용할 것인지를 결정하는 문제가 있다. 크로스 도킹이란 후에 상세한 설명이 있겠으나, 생산자들이 생산한 제품들을 보관시설로 수송하여 보관하는 것이 아니라, 보관시설에 도착되자마자 바로 기다리던 출고 트럭으로 옮겨 고객에게 수송이 이루어지는 형태를 말한다.

2. 재고

공급사슬에 재고가 존재하는 이유는 공급과 수요의 불일치를 해결하기 위함이다. 즉 불확실한 수요에 대비하여 재고를 보유하는 것이다. 그러나 이러한 불일치가 고의적일 수도 있는데 예를 들어, 생산자의 경우 로트 크기를 크게 하는 것이 경제적이어서 필요한 양보다 많이 생산하여 재고가 발생하는 경우도 있다. 재고는 고객이 원할 때에 원하는 제품을 공급할 수 있도록 고객서비스 수준을 높이고 또한 규모의 경제를 통하여 비용을 절감하는 역할을 한다. 재고와 관련한 중요한 의사결정은 수요가 예상치를 초과할 경우를 대비하기 위한 안전재고의 수준을 어떻게 할 것인지에 대한 것이다. 재고수준의 결정은 대응성과 효율성과 직결되는데 재고를 많이 보유하게 되면 대응성은 높아지지만 효율성은 떨어지고, 재고를 작게 보유하게 되면 효율성은 높아지지만 대응성은 떨어지게 된다. 재고와 관련한 의사결정에 있어 그 수량도 중요하지만 보유 위치도 중요하다. 재고를 고객 가까이에 분산하여 보유하면 전체적인 재고수준은 높아지지만 대응성을 높일 수 있으며, 재고를 중앙에서 보유하면 전체적인 재고수준을 줄임으로써 효율성을 높일 수 있다. 재고시스템에서의 의사결정은 주문량과 주문시기를 결정하는 것이다. 1회 주문량을 크게 하면 주문횟수가 적어지므로 주문비용은 절감되지만, 평균재고수준이 높아져서 재고유지비용이 증가한다. 반면에 1회 주문량을 작게하여 자주 주문하게 되면, 평균재고수준이 낮아져서 재고유지비용은 절감되지만, 주문횟수가 많아지므로 주문비용이 증가한다.

3. 수송

수송은 공급사슬의 단계에서 단계로 제품을 옮기는 역할을 한다. 다른 요인들과 마찬가지로 수송도 공급사슬의 대응성과 효율성을 결정하는 데 중요한 요인이 된다. 예를 들어, 비행기나 트럭을 이용한 수송은 수송이 신속하므로 대응성은 높아지지만 배나 기차를 이용한 수송에 비하여 비용이 많이 들게 되므로 효율성이 떨어지게 된다. 이러한 의사결정은 목표시장의 고객들의 특성에 의하여 결정된다. 예를 들어, 만일 목표시장의 고객이 대응성을 요구하는 경우에는 공급사슬이 대응성을 가지도록 수송 의사결정이 이루어져야 하며, 반대로 목표시장의 고객이 가격에 민감하다면 대응성을 희생하고 효율성을 가지도록 수송 의사결정이 이루어져야 한다. 수송과 관련한 의사결정은 수송수단의 결정, 수송경로의 결정, 아웃소싱 여부의 결정 등이며 결국 스피드냐 비용이냐가 수송 의사결정에 중요한 관건이 된다.

4. 정보

정보는 공급사슬의 모든 부분에 영향을 미치며 특히 앞서 언급한 세 가지의 요인의 성과를 향상시키는 데 직접 적용될 수 있다. 정보는 공급사슬의 각 단계의 일상적인 운영에 있어서 중요한 역할을 할뿐만 아니라 공급사슬 전체적으로 수익성을 최대로 하기 위해 공급사슬을 연결하고 조정하는 데 결정적인 역할을 한다. 이러한 차원에서 정보는 공급사슬의 대응성 및 효율성을 높이는 역할을 하는데, 예를 들어, 수요정보를 공급사슬의 구성원들이 공유하게 되면 수요의 불확실성이 감소하여 공급사슬 전체적으로 재고수준이 감소하게 되어 효율성이 높아지며 공급과 수요의 일치도 더 잘 되므로 대응성도 높아진다.

초프라와 민들은 공급사슬전략을 세울 때에 위의 네 가지 요인이 고려되어야 함을 강조한다. 특히 그 들은 공급사슬전략을 기업의 경쟁전략과 일관되게 해야 함을 강조하며 결국은 피셔(Fisher)가 구분하고 있는 효율성에 초점을 맞춘 공급사슬전략이냐 아니면 대응성에 초점을 맞춘 공급사슬전략이냐를 결정하는 것이 중요하다는 것이다.

03　공급사슬관리의 핵심 이슈

요즈음에 공급사슬과 관련하여 주요하게 부각되는 이슈들이 무엇이 있는지 살펴보기로 한다.

• 공급사슬 지속가능성

기업들이 지속가능성을 추구하는 이유는 다양할 수 있다. 각종 정부규제 혹은 지속 가능한 비즈니스 행위에 대한 국제적인 원칙을 준수하는 차원으로 이해할 수 있으며 또 한편으로는 사회적 요구에 부응하기 위해서 혹은 비즈니스 차원의 긍정적인 대가를 기대하기 때문으로도 이해할 수 있다. 결국 공급사슬 지속가능성을 추구하는 목적은 환경적, 사회적으로 긍정적인 영향을 미침과 동시에 장기적인 이익과 경쟁우위를 확보하기 위함이라고 이해할 수 있다.

• 린 공급사슬

공급사슬의 대응성과 효율성이 경쟁우위 확보에 있어서 중요한 요인이라고 본다면 모든 낭비요소를 제거하는 것이 중요하다. 공급사슬에서는 모든 개체들이 짧은 사이클로 운영되고 공급사슬의 하위단계에 있는 고객의 주문에 대하여 신속한 대응이 이루어지며 고객이 원하는 것을 정시에 공급해야 한다. 또한 공급사슬 전체적으로 재고를 많이 보유하지 않고 상대적으로 낮은 비용으로 주문충족이 이루어지도록 하는 것이 중요하다.

• 고객가치창출과 경쟁우위 확보

경쟁우위를 확보하기 위해서는 고객에게 경쟁자보다 탁월한 가치를 제공하는 것이 중요하다. 특히 제품의 차별화가 점점 어려워지고 있는 상황에서 공급사슬관리 측면에서의 차별화를 통하여 경쟁우위를 확보하는 것이 가능한데, 이렇게 하기 위해서는 공급사슬의 디자인이 고객가치를 창출하는 방향으로 이루어져야 한다.

• 가치사슬과 공급네트워크 구축

경쟁력있는 공급사슬을 만들기 위해서는 제품의 특성에 맞는 공급사슬 형태를 갖추는 것이 중요한데, 피셔가 주장한 바와 같이 기능적인 제품의 경우 물리적으로 효율적인 공급사슬 형태가 적합하며 혁신적인 제품의 경우 시장 대응적인 공급사슬 형태가 적합하다고 할 수 있다.

• 채찍효과 감축과 전략적 제휴

공급사슬의 비효율성을 초래하는 채찍효과를 감축하기 위해서는 공급사슬 구성원들이 효과적인 파트너십을 구축하는 것이 중요하다. 공급자와의 전략적 제휴의 형태로는 신속대응전략, 연속재고보충전략, VMI 시스템, CPFR(collaborative planning, forecasting, and replenishment) 등이 있으며, 로지스틱스서비스제공자와의 파트너십의 형태로는 3PL (third party logistics), 크로스 도킹, 수송중 병합, 판매대리인 모델 등이 있다.

• 공급사슬의 스루풋 최대화

요즈음의 경쟁상황이 기업 간의 경쟁이 아닌 공급사슬 간의 경쟁으로 전환되고 있음을 반영하면 공급사슬관리는 공급사슬 전체를 하나의 시스템으로 관리하는 방향으로 가는 것이 옳다. 따라서 로컬 최적화가 아닌 글로벌 최적화에 초점이 맞추어져야 하는데, 이때 적용할 수 있는 시스템 철학이 바로 골드랫과 콕스(Goldratt and Cox)의 제약이론(TOC: theory of constraints)이다. 추가적으로 린(lean) 개념의 적용을 통하여 낭비요소를 제거함으로써 경쟁자에 비하여 비용우위를 확보할 수 있다.

• 협력적 공급사슬에서의 재고관리

재고관리 관련 의사결정은 공급사슬이 협력적이냐 비협력적이느냐에 따라 다르다. 공급사슬이 협력적인 경우에는 시스템 전체적으로 어느 개체가 재고를 보유하는 것이 최선인지 결정되고 주문량과 주문시기도 글로벌 최적화를 고려하여 결정된다. 그러나 비협력적인 경우에는 개체별로 주문량과 주문시기가 결정된다.

• 생산프로세스 디자인 및 운영

모듈러 디자인, 대량맞춤 등과 같이 로지스틱스 비용의 절감과 고객서비스수준의 향상을 고려한 제품 및 공정의 디자인이 중요하며, 시장변화나 고객의 요구에 대한 대응성을 높이기 위하여 생산 유연성을 가지는 것이 중요하다.

• 조달프로세스 디자인 및 운영

구매는 비용 절감 차원에서 매우 중요하며 또한 품질에도 중요한 영향을 미친다. 특히 신제품개발에 있어서 부품공급자를 참여시키는 공급자 통합이 중요하며, 경쟁우위 확보를 위한 구매전략을 세우는 것이 중요하다.

• 배송프로세스 디자인 및 운영

보유시설이 분산되면 고객과의 거리가 짧아지므로 대응성이 높아지고 출고수송비용은 감소하지만 입고수송비용은 규모의 경제의 효과를 얻을 수 없어 증가한다. 반대로 시설이 중앙집중화되면 규모의 경제의 효과를 얻을 수 있어 입고수송비용은 절감되지만 대응성은 낮아지고 출고수송비용이 증가하게 된다. 수송량과 수송거리에 따른 규모의 경제 문제 및 생산자 직접배송, 유통센터의 설치, 크로스 도킹 등 여러 형태의 유통네크워크의 장단점을 고려하여 배송프로세스를 디자인하여야 한다.

- 반품프로세스 디자인 및 운영

정부로부터의 규제 때문이거나 아니면 추가적인 수익 창출의 기회의 일환으로 기업은 고객으로부터의 반품 수거에 나서는 추세이다. 이런 상황에서 역로지스틱스를 통하여 반품을 신속하게 처리함으로써 그렇지 않으면 없어졌을 가치를 회수할 수 있다.

- 공급사슬관리에서 정보기술의 역할

정보기술을 이용한 부가가치 서비스의 제공을 통하여 고객가치를 창출함으로써 경쟁우위를 확보할 수 있게 되고, 공급사슬 구성원 간의 정보흐름을 촉진하게 되어 효과적인 공급사슬관리에 도움이 된다. 또한 공급사슬에서 이용되는 e-비즈니스는 대응성 향상과 효율성 향상에 기여한다.

- 공급사슬의 성과평가 및 개선

지속적인 개선의 노력이 없이는 경쟁우위를 확보하는 것이 어렵다. 이러한 개선활동을 체계적으로 수행하기 위하여 개발된 것이 SCOR (Supply Chain Operations Reference) 모델이다. 이 모델은 공급사슬관리에 초점이 맞추어져 있으며 체계적인 개선을 위한 길잡이 역할과 도구를 제공한다.

린(Lean) 개념은 낭비요소를 제거하자는 것으로 이 개념을 공급사슬관리에 적용할 경우 다음과 같은 시나리오를 생각해볼 수 있다.

소비자가 소매상에게 제품을 주문(혹은 수요)하고 소매상은 보유하고 있던 재고를 이용하여 이 주문을 즉시 충족시킨 후 재고보충을 위해 생산자에게 주문을 한다. 생산자는 소매상의 주문을 충족하기 위하여 보유 원자재를 이용하여 즉시 제품을 만들어 배송하고, 소모된 원자재의 보충을 위해 원자재 공급자에게 주문한다.

이러한 공급사슬에서는 모든 참여자들이 짧은 사이클 및 일정한 생산수준에서 운영하고 있으며, 공급사슬의 하위 단계에 있는 고객의 주문에 대하여 신속한 대응이 이루어지고 있어 고객이 원하는 것을 정시에 공급하고 있다. 또한 공급사슬 전체적으로 재고를 많이 보유하지 않고 상대적으로 낮은 비용으로 주문충족이 이루어진다. 이러한 개념은 생산운영 측면에서의 풀(pull) 시스템에 해당하는 개념이다. 이러한 이상적인 공급사슬이 과거에는 불가능 했을지 모르나 현재는 가능하게 되었으며, 본 서에서는 이러한 공급사슬을 갖추기 위하여 필요한 여러 가지 개념 및 기법을 다루는데 결국 이러한 개념 및 기법은 린 개념과 밀접한 관련이 있다. 근본적으로 위에서 언급한 공급사슬이 가능하게 된 배경은 다음과 같다.

- 인터넷 등 정보기술의 발전으로 공급사슬의 구성원들이 실시간으로 고객의 수요에 대한 정보를 공유할 수 있게 되었다.
- JIT(just in time) 등 생산시스템의 발전으로 고객의 수요에 대응

하는 시간이 단축되었다.
- 로지스틱스 분야의 발전으로 보관 및 수송에 걸리는 시간이 단축되었다.
- 공급사슬의 구성원들 사이에 장기적인 파트너십이 구축되어 리드타임 단축 및 보유재고수준의 감소가 가능하게 되었다.

린 공급사슬은 제품이 고객에게 전달되는데 필요한 프로세스와 파트너를 통합하며, 변화하는 고객의 요구에 적응하면서도 여전히 신속하게 제품을 전달한다. 이러한 린 공급사슬에 속하는 기업은 경쟁자에 비하여 비용우위를 가지게 되어 경쟁우위를 확보하게 된다. 실제로 경쟁우위를 가진 기업들을 분석해보면 대부분의 경우에 경쟁우위의 원인을 공급사슬에 두고 있음을 알 수 있으며, 이러한 성공적인 기업의 공급사슬이 경쟁력을 가지는 것은 린 개념이 적용되고 있음을 알 수 있다.

린 공급사슬의 효과는 크지만 이러한 공급사슬을 구축하는 것은 쉽지가 않다. 그 이유는 최근의 비즈니스 환경이 과거와는 무척 다르고 또한 공급사슬 활동들이 매우 밀접하게 연결이 되어 있기 때문이다. 특히 최근의 경쟁상황을 기업 대 기업의 경쟁이 아닌 공급사슬간의 경쟁임을 고려하면 공급사슬의 전 구성원이 협력하여 경쟁력 있는 공급사슬을 만들어야 하는데 이러한 협력을 이끌어 내는 것이 쉽지는 않기 때문이다.

본 서에서는 린 사상과 시스템 철학을 린 공급사슬관리의 두 가지 기본 철학으로 본다. 린 사상은 도요타 생산시스템(TPS: Toyota Production System)의 JIT 생산 시스템에서 기원한다. TPS의 기본적인 개념은 시스템에서 낭비요소를 제거하자는 것으로 이러한 낭비요소 제거 활동은 다음과 같은 효과가 있다.

- 리드타임을 감축하고 유연성과 대응성을 향상시킨다.
- 낭비요소 제거로 절약된 자원을 다른 분야에 이용할 수 있다.

린 개념을 성공적으로 실행하는 기업은 경쟁자에 비하여 고객의 수요에 더 신속하고 신뢰적으로 대응하게 된다. 이러한 경우 고객의 수요는 안전을 고려해 고의로 부풀려지거나 혹은 과잉재고를 염려하여 고의로 축소함이 없는 실제의 수요를 반영하게 되고 생산자는 평준화된 생산일정으로 작업을 하게 되며 이는 원자재 공급자에게도 평준화된 일정을 보장하게 된다. 이는 재고를 많이 보유하지 않고 제품 생산이 가능해짐을 의미한다.

린 공급사슬관리와 관련된 두 번째 철학은 시스템 철학이다. 여기서 말하는 시스템 철학이란 골드랫가 콕스가 제시하는는 제약이론을 말한다. 제약이론이란 기업의 목적은 이익을 최대화하는 것인데 시스템상의 제약이 이를 방해한다는 것이다. 즉 시스템은 여러 개의 하위 시스템으로 구성되는데 그 중의 하나가 제약 혹은 병목으로 작용하면 전체에 영향을 미치게 되므로 하위 시스템을 로컬 최적화를 하는 것은 의미가 없으며 시스템 전체적으로 글로벌 최적화가 되어야 한다는 것이다.

기업의 경쟁적 환경은 지속적으로 변화하고 있으며, 이러한 변화는 기업 경영에 있어서의 변화를 요구한다. 최근에 기업경영에 있어 가장 중요한 전략적 이슈 중의 하나로 부각되는 것이 공급사슬관리이다. 혹자는 현 상황을 "공급사슬 경쟁의 시대"라고 까지 한다. 신속하게 변하는 시장에 보다 더 잘 대응하고, 일관되고 신뢰성이 있는 가치전달시스템을 창출하기 위해서는 특정 기업 혼자서는 할 수 없으며 공급사슬 전체가 이러한 목적 달성을 위해 노력을 해야 한다.

기업들이 경쟁우위를 확보하는 방법은 경쟁자보다 기업의 핵심

프로세스를 보다 더 잘 관리하여 고객에게 보다 나은 가치를 창출하는 것이다. 여기서 핵심프로세스란 신제품개발, 공급자관리, 주문충족, 고객관리를 말하며 핵심프로세스를 경쟁자보다 더 잘 관리한다는 의미는 경쟁자보다 가치측면에서 효과적으로 관리함을 의미한다. 기업의 능력 중에서 요즈음 가장 주목을 받고 있는 것은 수요에 대해 신속하고 유연하게 대응할 수 있는 능력이다. 최근의 경쟁적 환경은 다음과 같이 특징지을 수 있다.

- 공급사슬 대 공급사슬의 경쟁

과거의 경쟁이 기업 대 기업의 경쟁이었다면 요즈음의 경쟁은 공급사슬 대 공급사슬의 경쟁으로 표현할 수 있다. 기업은 이제는 다른 기업과의 경쟁에 있어서 독립적인 개체로 더 이상 행동할 수 없다. 빠르게 변화하는 시장에 신속하게 대응하며 일관성과 신뢰성이 있는 가치전달시스템의 창출이라는 목적을 달성하기 위해서 공급사슬 전체에 초점이 맞추어진다.

- 유통채널에서 공급자에서 구매자로 파워가 넘어가고 있다.

구매자의 파워가 점점 커지고 구매자는 공급자의 수를 줄여 장기적인 관계를 맺는 추세이다. 따라서 이러한 추세를 인지하고 주요 고객과 밀접한 관계를 유지하며 고객에게 더 많은 가치를 창출하는 길을 찾는 것이 중요하다. 즉 제품 판매를 위해 고객의 수를 늘리려고 하지 말고 작은 수의 고객을 대상으로 더 많은 것을 제공하도록 노력하는 것이 중요하다는 것이다.

- 제품의 수명주기가 짧아지고 있다.

기술 변화와 고객 수요의 변화는 시장을 변동이 심하게 만들고 이러한 시장에서는 제품이 순식간에 노후하게 된다. 이러한 예는 컴퓨터 관련 산업에서 쉽게 찾아볼 수 있다. 제품수명주기가 짧아지는 것은 로지스틱스 관리에 상당한 어려움을 제공한다. 즉 짧은 수명주기는 짧은 리드타임을 요구하고 이를 위해서는 유연성과 대응성을 갖추어야 한다.

• 산업이 글로벌화하고 있다.

글로벌 비즈니스 환경에서는 원자재나 부품이 전 세계를 대상으로 조달되고, 해외 생산이 이루어지며, 제품의 현지화와 함께 여러 나라에서 판매된다. 이 경우 공급사슬이 일반적으로 복잡해지고 길어지게 된다. 그러나 제품의 수명주기가 짧아지고, 고객들이 JIT 배송을 바라며, 소비자들이 최우선으로 선택한 제품이 없을 경우 즉시 차선의 제품을 선택하는 시장에서 리드타임이 길어지는 것은 치명적이다. 따라서 글로벌 기업에게는 로지스틱스 프로세스를 관리하는 것이 중요한 이슈로 등장하며 글로벌 기업의 경쟁우위는 공급사슬을 특징짓는 복잡한 관계 및 흐름을 어떻게 잘 관리하느냐에 달려있다고 볼 수 있다.

• 가격경쟁이 심해지고 있다.

비용우위를 가진 글로벌 경쟁자의 시장진입, 무역거래 장벽의 제거, 가격비교가 쉽게 가능한 인터넷의 발전 등으로 가격 경쟁이 심화되고 이로 인하여 가격이 하락하고 있다. 이러한 상황에서 기업이 수익성을 유지하기 위해서는 가격하락분에 상응하는 비용절감이 시급하다. 일반적으로 단일 기업의 운영 측면에서의 비용절감 노력은 한계에 이르렀으며, 이제는 공급사슬 전체적인 시각에서 비용절감이 이루어져야 한다고 본다. 예를 들어, JIT 시스템을 도입한 기업의 경우 재고를 최소한으로 하여 린 운영을 하는 것으로 인식되고 있지만, 사실은 그 재고를 공급자가 대신 보유하는 경우가 허다하다. 이렇게 공급자에게 전가되는 추가적인 비용은 시장에서 판매되는 완성품에 반영되므로 결국은 공급사슬 전체적으로는 비용절감이 이루어졌다고 보기가 힘들다. 요즈음과 같이 공급사슬 대 공급사슬 간의 경쟁을 고려할 때에 공급사슬 전체적인 비용을 보는 시각이 필요하다. 게다가 아웃소싱의 확대로 인하여 전에는 기업의 내부에서 수행되던 활동이 이제는 기업의 외부에서 수행되어 기업의 경계가 외부로 확대되고 있고, 이에 따라 비용의 상당부분이 기업의 외부에서 발생되고 있으므로 공급사슬에 대한 넓은 시각을 가지는 것이 비용절감에 대한 기회를 확인하는데 도움이 된다.

• 고객의 요구가 증가한다.

제품에 대한 기술적인 차별이 없어져서 고객들이 절대적으로 선호하는 제품은 없어지고 언제든지 타 제품으로 대체가 가능한 상황에서 차별적 우위의 확보는 고객에게 부가가치 제공을 통하여 가능하다. 이러한 부가가치의 원천은 주로 고객 서비스를 통해서이다. 정시배송에서부터 사후서비스까지 걸친 고객 서비스의 근본적인 역할은 제품의 사용에 가치를 높여 고객으로 하여금 서비스를 포함한 제품 전체적으로 차별적 우위를 인식하게 하는 것이다. 서비스 탁월성으로 차별적인 우위를 얻는 기업의 경우 로지스틱스관리에 우선순위를 두는 기업이 많으며, 세계적인 수준의 공급자가 되기 위해서는 로지스틱스 서비스를 일관되게 제공하는 것이 차별적 우위의 원천이라는 것을 인식하는 것이 중요하다.

위에서 언급한 경쟁적 환경에서 크리스토퍼는 공급사슬의 역할을 다음과 같이 설명하고 있다.

1) 공급자 중심에서 고객중심으로의 전환

전통적으로 공급사슬의 디자인은 고객에서부터 시작하는 공급사슬에 관심을 둔 것이 아니라 공장에서부터 시작하는 공급사슬을 염두에 두고 이루어졌다. 즉 배치 중심의 생산 프로세스가 어떻게 하면 효율적으로 산출물을 유통시키느냐에 관심을 두었으므로 공급사슬 디자인의 목적은 주로 비용최소화였다. 그러나 오늘날과 같이 시장이 매우 경쟁이 심한 경우에는 공급사슬의 목적이 고객의 요구에 대한 높은 수준의 대응성을 갖는 것으로 바뀌어야 한다. 그러므로 비용보다는 민첩성이 주요 원동력이 된다.

2) 푸시에서 풀로의 전환

미래의 수요를 예측하고 이에 의해 생산이 미리 이루어지는 '생산 푸시(push)'에서 수요가 발생할 때까지는 생산이 이루어지지 않다가 수요가 발생하면 생산이 시작되는 '수요 풀(pull)' 철학으로 전환이 이루어진다. 이 개념이 린에서의 칸반원칙이며 이러한 시스템의 성공을 위해서는 공급사슬이 유연성을 가지는 것이 중요하다.

3) 재고에서 정보로의 전환

전통적으로 공급사슬관리는 실수요보다는 예측에 의하여 수행되어 왔다. 즉 미래의 수요를 예측하고 그 예측치에 따라 생산이 이루어지며 완성품을 재고로 비치하는 것이 초점이었다. 그러나 이러한 방식은 재고과잉이나 재고부족의 위험이 큰데, 그 이유는 시장에서의 변동이 심하고 예측이 쉽지 않기 때문이다. 그러나 이제는 공급사슬이 수요에 의하여 작동이 되도록 되어야 한다. 이를 달성하기 위해서는 실수요정보가 실시간으로 수집되고 이러한 정보가 공급사슬 전체적으로 공유되도록 해야 한다. 이렇게 되면 재고에 대한 의존도가 낮아지게 되어 재고비용이 절감되게 된다.

4) 거래에서 관계로의 전환

지속적인 수익성을 확보하는 방법은 고객과의 장기적인 관계를 유지하는 것이라고 보는 것이 일반적이다. 과거에는 기업의 초점이 거래중심이어서 시장점유율이나 매출 등에 초점이 맞추어져 있었으나, 최근의 관계마케팅에서의 주요 초점은 고객유지이다. 고객유지의 주요 원동력은 고객에게 최상의 서비스를 제공하는 것이다. 따라서 공급사슬이 고객의 가치를 창출하는 방향으로 디자인되어야 한다.

5) 수송과 창고관리에서 '처음부터 끝까지(end-to-end)' 전구간 관리로의 전환

최근에 로지스틱스 및 공급사슬관리의 범위가 확대되어 왔다. 과거의 로지스틱스는 수송과 창고보관에만 국한된 유통관리였으므로 비용최소화 및 자원의 효율적인 관리에 초점이 맞추어졌었다. 그러나 최근의 공급사슬관리는 공급사슬 전구간 및 네트워크의 조정 역할이 더 중요하게 되었다. 따라서 입고로지스틱스가 완성품의 유통만큼 중요하며, 공급사슬관리의 초점은 공급사슬 구성원간의 흐름시간을 단축하는 것에 맞추어져 있다.

6) 기능에서 프로세스로의 전환

전통적으로 기업의 조직은 기능중심이었으며, 이러한 구조는 의사결정 단계가 많은 수직적 구조이다. 이러한 조직의 문제점은 의사결정에 시간이 오래 걸리게 되어 요즈음과 같이 빠른 속도로 변화하는 시장에 신속하게 대응할 수가 없다. 따라서 조직구조는 고객에게 가치를 창출하는 주요 비즈니스 프로세스에 초점이 맞추어져야 하며, 이는 여러 기능에 걸치는 팀 중심이 되어야 한다.

7) 나홀로 경쟁에서 네트워크 경쟁으로의 전환

전통적으로 기업의 흥망성쇠는 그 기업의 자원이나 능력에 달려 있다고 생각해왔다. 그러나 아웃소싱의 추세가 증가하면서 경쟁의 주체는 개별기업이 아닌 그 기업이 속한 공급사슬 전체가 된다. 즉 과거에는 하나의 기업이 공급사슬의 대부분을 포함하는 형태였으나, 이제는 그 기업을 포함하는 네트워크의 일부가 된다. 경쟁주체가 네트워크가 되는 상황에서 경쟁에서의 성공은 네트워크내의 다른 파트너의 자원이나 능력을 어떻게 이용하느냐에 달려있다.

최근의 비즈니스 환경은 공급자의 시장에서 구매자의 시장으로 전환되었다. 즉, 이제는 공급자가 힘을 가지던 시대는 지나고 고객이 힘을 가진 시대로 접어들었다. 동시에 마케팅 철학도 대량생산으로 다수의 시장에 서비스를 제공하는 개념에서 대량맞춤으로 다수의 고객에게 서비스를 제공하는 개념으로 바뀌었다. 이러한 변화가 상당기간 동안 관찰되어 왔지만, 공급사슬의 디자인에는 진정으로 반영되어 왔다고 보기는 어렵다. 이러한 환경변화를 반영하기 위해서는 공급사슬이 훨씬 민첩해야 하고 높은 수준의 다양성, 대량맞춤, 빠른 변화에 신속하게 대응 가능해야 한다.

Baker, S. (2003), *New Customer Marketing*, John Wiley & sons.

Blumberg, donald F. (2005), *Introduction to Management of Reverse Logistics and Closed Loop Supply Chain Processes*, CRC Press.

Bolstorff, Peter and Robert Rosenbaum (2003), *Supply Chain Excellence: A handbook for Dramatic Improvement Using the SCOR Model*, AMACOM.

Bowersox, Donald J., David J. Closs, and M. Bixby Cooper (2002), *Supply Chain Logistics Management*, McGraw−Hill.

Burt, David N., Donald W. Dobler, and Stephen L. Starling (2003), *World Class Supply Chain Management: The Key to Supply Chain Management*, McGraw−Hill.

Chopra, Sunil and Peter Meindl (2004), *Supply Chain Management: Strategy, Planning, and Operation, Second Edition*, Pearson/Prentice Hall.

Christopher, M. and D. Towill (2001), "An Integrated Model for the Design of Agile Supply Chains," *International Journal of Physical Distribution and Logistics Management*, Vol.31, No.4.

Christopher, M., A. payne, and D. Ballantyne (2002), *Relationship Marketing: Creating Stakeholder Value*, Butterworth−Heinemann.

Christopher, martin (2005), *Logistics and Supply Chain Management: Creating Value−Adding Networks*, Third Edition, Prentice Hall, Great

Britain.

Cohen, Shoshanah and Joseph Roussel (2005), *Strategic Supply Chain Management: The 5 Disciplines for Top Performance*, McGraw–Hill.

Corsten, D. and T. Gruen (2004), "Stock–Outs Causes Walkouts," *Harvard Business Review*, May.

Council for Logistics Management (2004), *State of Logistics Report*.

Coyle, John, Edward J. Bardi, and C. John Langley Jr. (2003), *The Management of Business Logistics: A Supply Chain Perspective*, 7th Edition, Thompson/South–Western.

Dettmer, H. William (1997), *Goldratt's Theory of Constraints: A Systems Approach to Continuous Improvement*, ASQ.

Goldratt, E.M. (1990), *Theory of Constraints*, North River Press.

HBS Press (2000), *Harvard Business Review on Managing the Value Chain*, Harvard Business School Publishing.

Heinrich, C. (2003), *Adapt or Die: Transforming your Supply Chain into an Adaptive Business Network*, John Wiley & Sons.

Holweg, M. and F.K. Pil (2004), *The Second Century*, MIT Press.

Houghton, T., B. Markham, and B. Tevelson (2002), "Thinking Strategically about Supply Chain Management," *Supply Chain Management Review*, September–October

Hugos, Michael (2003), *Essentials of Supply Chain Management*, John Wiley & Sons, Inc.

Kaplan, R.S. and D.P. Norton (1996), *The Balanced Scorecard*, Harvard Business School Press.

Kordupleski, Ray and Janice Simpson (2003), *Mastering Customer Value Management: The Art and Science of Creating Competitive*

Advantage, Pinnaflex Educational Resources, Inc.

Kordupleski, Ray and Janice Simpson (2003), *Mastering Customer Value Management: The Art and Science of Creating Competitive Advantage*, Pinnaflex.

Lowson, R., R. King, and A. Hunter (1999), *Quick Response: Managing the Supply Chain to Meet Customer Demand*, John Wiley & Sons.

MCS Media Inc. (2003), *The Lean Pocket Guide: Tools for the Elimination of Waste*,

Monczka, Robert, Robert Trent, and Robert Handfield (2005), *Purchasing & Supply Chain Management*, 3rd Edition, Thompson/South-Western.

Monden, Y. (1983), *The Toyota Production System*, Productivity Press

Porter, M.E. (1985), *Competitive Advantage*, The Free Press.

Prahalad, C. and G. Hamel (1990), "The Core Competence of the Corporation," *Harvard Business Review*, May June.

Roberts, J. (1990), "Formulating and Implementing a Global Logistics Strategy," *International Journal of Logistics Management*, Vol.1, No.2.

Rogers, Dale S. and Ronald S. Tibben-Lembke (1999), *Going Backwards: Reverse Logistics Trends and Practices*, Reverse Logistics Executive Council.

Schonberger, R.J. (1990), Building a Chain of Customers, The Free Press.

Shapiro, Jeremy (2001), *Modeling the Supply Chain*, Duxbury.

Silver, Edward A. and Rein Peterson (1985), *Decision Systems for Inventory Management and Production Planning*, 2nd Edition, Wiley.

Simchi−Levi David, Philip Kaminsky, & Edith Simchi−Levi (2004), *Managing the Supply Chain: The Definite Guide for Business Professional*, McGraw−Hill.

Srinivasan, Mandyam M. (2004), *Streamlined 14 Principles for Building & Managing The Lean Supply Chain*, Thompson.

Stalk, G., P. Evans, and L.E. Shulman (1992), "Competing on Capabilities: The New Rule of Corporate Strategy," *Harvard Business Review*, March−April.

Taylor, David and David Brunt (2001), *Manufacturing Operations and Supply Chain Management*: The Lean Approach, Thompson.

Vollmann, Thomas E., William L. Berry, D. Clay Whybark, F. Robert Jacobs (2005), *Manufacturing Planning & Control Systems for Supply Chain Management*, 5th Edition, McGraw−Hill.

Wincel, Jeffrey P. (2004), *Lean Supply Chain Management: A Handbook for strategic Procurement*, Productivity Press.

Womack, J.P., D.T. Jones, and D. Roos (1990), *The Machine that Changed the World*, Macmillan.

Womack, James P. and Daniel T. Jones (2003), *Lean Thinking: Banish Waste and Create Wealth in Your Corporation*, Free Press.

Chapter 03

고객가치창출과
경쟁우위 확보 전략

공급사슬관리의 궁극적 목표는 경쟁우위 확보라고 할 수 있다. 따라서 기업이 경쟁우위를 확보하는 데 적합한 공급사슬을 창출하는 것이 중요하다. 이러한 공급사슬의 성공은 차별적인 고객가치창출이 가능한지의 여부에 달려있다고 할 수 있다. Dell이나 월마트 등의 예에서 볼 수 있듯이 공급사슬은 전략적인 차별화의 수단으로 이용될 수 있다. 예를 들어, Dell의 경우 고객에게의 직접판매 및 주문생산 방식을 채택함으로써 경쟁우위를 확보했다. 월마트의 경우에는 P&G(Procter & Gamble) 기업과의 파트너십 관계를 맺고 VMI시스템을 도입하여 재고의 보충을 P&G에 맡김으로써 효율성을 높이고 비용을 절감하는 등의 공급사슬 차별화를 통하여 "상시저가(always low prices)" 전략을 고객에게 실천할 수 있었다. 본 장에서는 경쟁우위 확보를 위한 차별적인 공급사슬의 창출과 관련된 내용에 대하여 살펴본다.

기업이 경쟁우위를 확보하기 위해 채택할 수 있는 전략은 여러 가지가 있겠으나 공급사슬관리와 관련하여 중요하게 고려해야 할 것은 타 공급사슬과의 차별화이다. 크리스토퍼는 마케팅의 4P(product, price, promotion, place) 중에서 가장 덜 관심을 갖던 "적기 적소에 적품(the right product, in the right place at the right time)"을 전달하는 유통(place) 측면에서의 차별화가 점점 더 중요해지고 있다고 보고 있다. 즉 공급사슬 차원에서의 고객가치창출을 통하여 경쟁우위를 확보할 수 있다는 것이다. 예를 들어, 정시배송, 주문충족률 등과 같은 공급사슬 관련 요소들이 타 기업 혹은 타 공급사슬과의 차별화의 원천으로 작용하여 경쟁우위를 확보하는 것이 가능하다는 것이다.

1. 고객가치관리

탁월한 고객가치를 제공하는 것은 경쟁우위의 확보로 이어지고, 더 좋은 사업성과를 얻게 되며, 또한 주주에게 더 나은 가치를 창출하게 된다. 이때 공급사슬이 경쟁적 수단으로서의 중요성이 높아지는 이유는 크게 두 가지로 생각할 수 있다. 하나는 고객의 기대치가 점점 높아지고 요구사항도 많아지고 있다는 것이고, 둘째는 경쟁 관계에 있는 제품들 사이에 기술적인 차이가 줄어들면서 제품 차원에서의 차별화가 어려워지고 있다는 것이다. 물론 이러한 상황에서 고객은 가격이나 이미지에 의해 영향을 받을 수도 있겠지만, 공급사슬 측면에서 제공되는 서비스, 예를 들어, 고객이 원하는 시기 및 장소에서 제품을 즉각적으로 구입할 수 있도록 하는 제품의 가용성 등도 고객의 의사결정에 영향을 미친다는 것이다. 결국 기업의 성공과 실패는 기업이 제공하는 고객가치의 정도 즉, 제공하는 고객가치의 정도가 경쟁자보다 높고 낮음에 따라 경쟁력이 결정된다는 것이다. 이러한 점을 고려하여 고객가치관리는 경쟁자보다 높은 고객가치를 유지하도록 하는데 초점을 맞추면 된다.

고객가치는 고객이 지불하는 것에 비하여 제공되는 제품이나 서비스로부터 어느 정도의 가치를 인지하느냐에 달려있다. 즉 고객가치의 측정은 고객이 자신이 지불한 대가에 대비하여 제품이나 서비스가 어느 정도 가치가 있다고 생각하는지를 5점 혹은 7점 척도를 이용하여 측정할 수 있다. 크리스토퍼는 고객가치를 고객이 제품이나 서비스의 소유를 위해 지출한 총비용에 대하여 제품이나 서비스의 구매를 통하여 인지한 가치의 비율로 정의한다.

고객가치=인지한 가치/소유를 위해 지출한 총비용

여기서 분모를 제품의 구매가격 대신에 소유를 위해 지출한 총비용으로 하는 이유는 구매비용에는 가격뿐만 아니라 다른 것이 포함되기 때문이며, 분자를 제품의 기능이나 성능 대신에 인지한 가치로 하는 이유도 구매로부터 인지한 가치가 유형의 기능이나 성능보다 높기 때문이다.

경쟁우위를 가진다는 것은 경쟁자에 비하여 높은 고객가치를 제공한다는 의미이다. 결국 고객가치관리라는 것은 경쟁우위 확보를 위해서 경쟁자보다 높은 고객가치를 제공하기 위한 노력을 의미한다. 그런데 한 가지 유의할 것은 고객만족이 높다는 것과 고객가치가 높다는 것이 일치하지 않는다는 것이다. 고객만족도와 관련하여 코르드플스키(Kordupleski)는 AT&T의 경우 마케팅 조사를 통하여 세 가지

교훈을 얻었다고 한다. 첫째, 고객만족도와 재구매의도와의 관계 조사를 통하여 고객만족도를 4가지(탁월, 우수, 보통, 열등)로 나누었을 경우 탁월의 경우 95%, 우수의 경우 60%, 보통의 경우 4%, 열등의 경우 0%의 고객이 재구매 의사를 나타냈다는 것이다. 즉 고객이 만족하였다고 하여도 그것이 모두 재구매로 이어지지 않는다는 것이다. 이러한 현상은 AT&T에만 국한된 것이 아니라 다른 기업 및 다른 나라에서도 발생하는 현상이라는 것이다. 둘째, 고객은 제품이나 서비스의 품질에 의해 평가를 하는 것이 아니고, 그들이 얻는 실질적인 가치에 의해 평가를 한다는 것이다. 예를 들어, AT&T의 경우 고객의 95%가 품질에 만족하였다고 하였으나, 지불한 가격만큼의 가치가 있는지에 대한 조사에서는 85%가 만족이라는 결과를 얻었다는 것이다. 따라서 기업은 만족도가 아니라 고객이 얻는 가치에 초점을 맞추어야 한다는 것이다. 셋째, 고객만족도와 재무성과와는 밀접한 관계가 없다는 것이다. 예를 들어, AT&T의 경우 고객만족도 조사에서는 뒤쳐지는 지역에서 오히려 높은 사업성과를 얻는다는 것이 밝혀졌다. 또한 기업들이 자신들의 내부적으로 경쟁을 하는 사이에 고객은 다른 경쟁사와의 비교를 통하여 그 기업을 평가한다는 사실이다. 이를 종합하면 기업은 고객만족도의 향상이 아닌 고객부가가치율(CVA: customer value added)의 향상에 초점을 맞추어야 한다는 것이다. 고객부가가치율이란 다음과 같이 산출된다.

CVA 비율이란?

RCV(relative customer value)비율 혹은 MPV(market perceived value)비율이라고도 불리는 것으로 다음과 같이 측정한다. 목표시장의 고객에게 다음과 같은 질문을 하게 된다. 우선 고객에게 어느 기업의 제품을 구입하는지를 묻고, 그 다음으로 그 기업에 대하여 평가를 하도록 요청한다. 평가와 관련된 질문은 다음과 같다. "모든 것을 고려하였을 때에, 그 기업이 제공하는 제품이나 서비스가 당신이 지불한 만큼 가치가 있는가?" 물론 이때 평가는 5점, 7점 척도 등과 같은 방법을 이용하면 된다. 이렇게 모은 자료를 기업별로 분류하고 자신의 기업이 얻은 점수의 평균을 경쟁사가 얻은 점수의 평균으로 나눈 값이 바로 CVA 비율이다. CVA 비율에 대한 해석은 다음과 같다. CVA 비율이 1보다 크다는 것은 경쟁사에 비하여 우위에 있음을 의미하고, 1보다 작다는 것은 경쟁사에 비하여 열세에 있음을 의미하며, CVA 비율이 1이라는 것은 동등한 위치에 있음을 의미한다.

고객가치는 시장점유율, 지갑점유율(wallet share), 투자수익률과 직접적인 관련이 있다. CVA비율이 높을수록 시장점유율은 높으며, 특정 시장에서는 CVA비율이 시장점유율의 선행지표가 되기도 한다. 예를 들어, AT&T 전화설비 부문의 경우 CVA비율과 시장점유율과는 4개월의 시간적 갭이 있는데, 이것이 의미하는 것은 지금 CVA 비율이 높다면 4개월 후의 시장점유율이 높게 나타남을 의미한다. CVA비율이 높으면 지갑점유율도 높으며 투자수익률도 높다.

고객가치관리는 쉽고도 어렵다고 한다. 고객가치관리가 쉽다는 것은 대부분의 사람들이 고객가치관리 도구를 쉽게 이해하고 이용할 수 있다는 것이고, 어렵다는 것은 실질적으로 실행에 옮기기 위해서는 자제력과 엄격함이 필요하므로 어렵다는 것이다. 고객가치관리를 위해서는 과거의 관습을 버려야 하며 모든 것을 고객의 관점에서 보아야 하고 경영자들은 장기적인 관점을 가져야 한다.

고객가치관리는 다음 세 단계로 구성된다.

• 가치선정 단계: 어떠한 가치를 시장에 제공할지를 결정한다.
• 가치제공 단계: 비즈니스 프로세스가 가치 제안과 일치하도록

하고 가치를 효과적으로 전달한다.

- 가치에 대한 의사소통 단계: 전달하는 가치에 대하여 고객이 잘 인지하도록 교육한다.

고객가치관리 단계가 단순하게 보임에도 불구하고 어려운 이유는 기업의 목적이 고객에게 가치를 창출하는 데 있다는 모델을 가지고 있지 않기 때문이다. 따라서 고객에게 중점을 두는 모델로의 전환이 필요하며 이것을 기업의 문화에 스며들게 하는 것이 중요하다.

고객가치는 기업이 제공하는 제품 및 서비스를 비롯한 기업의 이미지를 구성하는 모든 무형의 것들로부터 고객이 인지하는 가치를 말하며 심치리바이 등은 고객가치를 다음의 네 가지 특성으로 나눈다.

- 고객의 요구에 대한 일치성: 고객이 원하는 것을 제공할 수 있는 능력을 말하는 것으로 공급사슬관리에서 기여할 수 있는 것은 공급사슬의 시장조정기능이다. 예를 들어, 수요가 안정적인 기능성 품목의 경우 효율적인 공급사슬의 도입으로 재고비용, 수송비용 등을 감축할 수 있으며 수요가 불확실한 제품의 경우 대응성이 높은 공급사슬을 도입하여 리드타임의 단축, 유연성, 속도 등을 높일 수 있다.
- 제품의 다양화: 제품이 다양화된다고 해서 꼭 고객가치가 창출된다고 볼 수는 없으나, 제품의 다양화는 고객 선택의 폭이 넓어진다는 측면에서 고객가치창출에 기여한다고 볼 수 있다. 그러나 제품의 다양화로 인하여 유통업자나 소매상은 다양한 품목에 대한 재고를 보유해야 하며 개별 품목에 대한 수요예측이 불확실하여 재고수준은 높아진다. 이러한 경우에 대처할 수 있는 방법으로는 Dell과 같이 주문조립방식을 채택하거나 자동차 산업에서와 같이 소매상이 아닌 지역유통센터에서 재

고를 보유하여 소매상이 재고를 공유한다든지 혹은 역시 자동차 산업에서 볼 수 있듯이 여러 가지 옵션을 하나의 패키지로 묶어 전체적인 옵션의 수를 줄이는 방법이다.

- 가격: 동일한 품질의 제품을 낮은 가격에 제공한다면 그것은 고객의 가치 창출에 기여한다고 볼 수 있다. 공급사슬은 비용 절감에 기여하여 가격할인에 상당한 역할을 할 수 있는데 예를 들어, Dell의 경우처럼 직접판매전략을 사용하여 공급사슬의 단계를 줄임으로써 비용을 절감할 수 있으며, 월마트의 경우처럼 공급자로 하여금 재고관리를 책임지게 하는 VMI시스템의 도입으로 비용을 절감할 수 있다.

- 부가가치 서비스: 가격경쟁만으로는 경쟁우위를 확보할 수는 없으며, 사후서비스나 화물추적시스템의 도입 등 부가가치 서비스를 제공함으로써 경쟁우위 확보와 함께 추가적인 수입원으로서도 이용할 수 있다.

2. 고객가치창출 중심의 공급사슬

요즈음과 같이 고객이 주도하는 시장에서는 고객 만족, 나아가서는 고객가치창출이 중요하다. 고객가치창출이란 고객이 경쟁기업의 제품이 아닌 특정 기업의 제품을 선택하는 이유를 확립하는 것이며, 이를 위해서는 제품, 서비스, 기업의 이미지를 구성하는 모든 무형의 것들에 대한 폭넓은 시각이 필요하다. 고객가치창출을 위해서는 다음과 같은 사항에 대한 이해가 필요하다.

- 고객이 우리 제품을 구입하는 이유는?
- 고객이 지속적으로 우리 제품을 구입하는 이유는?
- 다른 기업의 제품으로 전환을 하는 이유는?

- 고객의 선호 및 요구사항은 무엇이며, 어떻게 만족시킬 수 있는가?
- 어느 고객이 기업의 수익증대에 기여하는가?
- 높은 고객지원서비스보다 낮은 가격을 선호하는가?
- 신속한 배송보다 낮은 가격을 선호하는가?
- 전문점보다 원스톱 쇼핑이 가능한 대형할인점에서 구입하는 것을 선호하는가?

공급사슬관리가 중요한 것은 고객의 요구 및 고객가치창출에 영향을 미치기 때문이다. 예를 들어, Dell의 경우 주문조립전략 및 직접배송전략을 채택함으로써 경쟁자보다 낮은 가격으로 제품을 공급할 수 있게 되었으며, 월마트의 경우는 크로스 도킹 시스템의 도입 및 공급자와의 전략적 파트너십을 통한 비용 절감을 통하여 낮은 가격으로 공급이 가능하게 되었다. 이와 같이 공급사슬관리의 개선 혹은 변화를 통하여 고객가치창출이 가능하며 이는 경쟁우위 확보로 이어진다. 고객가치창출은 기업의 공급사슬형태 혹은 전략의 결정에 큰 영향을 미치기도 한다. 예를 들어, 고객에게 맞춤 제품 및 서비스를 제공하기 위해서는 공급사슬이 유연성을 가지는 것이 중요하며, 고객이 낮은 가격을 선호하는 경우에는 공급사슬이 효율성을 가지는 것이 중요한다.

전통적인 공급사슬은 고객이 공급사슬의 마지막 단계에 위치하고 있다고 보는 것이 일반적이나 고객이 공급사슬의 시작점에 있는 것으로 보는 베이커(Baker) 같은 이는 심지어 "수요 사슬관리"라는 말을 할 정도로 공급사슬관리에 대한 관점이 달라져야 함을 강조하고 있다. 고객 중심 혹은 시장중심의 공급사슬을 디자인하기 위해서는 다음과 같은 절차를 밟는 것이 좋다.

- 고객이 요구하는 서비스의 확인

고객이 요구하는 서비스의 종류에 따라 시장을 세분화하여 고객을 차별화하는 서비스 이슈가 무엇인지를 파악해야 한다. 이를 위해 우선적으로 고객서비스의 주요 구성요소가 무엇인지를 확인해야 하는데, 문제는 기업들이 너무도 쉽게 고객이 원하는 것이 무엇인지를 안다고 생각한다는 것이다. 이렇게 생각하는 것은 사실 문제가 있는 것으로, 기업들이 하루하루의 기업운영에 대한 압박을 받다보니 시장의 현실과 괴리가 생겨 진실을 파악하기가 쉽지 않기 때문이다. 고객에 의해 가장 높이 평가되는 서비스측면은 무엇인지, 자신이 서비스를 제공하고 있는 시장을 어떻게 더 잘 이해할 수 있는지, 자신이 공급자로서 선택되기 위해서 무엇을 해야 하는지 등에 대하여 알아보기 위해서는 다음과 같은 것이 필요하다. 우선적으로 구매의사결정에 영향을 미치는 사람이 누구인지를 파악한다. 이것이 파악되면 이 사람들을 대상으로 하여 공급자가 제공하는 서비스 요소 중 어느 것이 중요한지를 파악한다. 이렇게 서비스 구성요소가 파악되면 그 구성요소의 상대적 중요성을 확립한다. 상대적 중요성을 파악하기 위해 가장 간단히 이용할 수 있는 방법은 고객 중의 일부를 선정하여 그들로 하여금 구성요소에 대하여 등위를 매기게 한다든지 아니면 구성요소별로 점수를 매겨 종합하는 방법이다. 마지막으로 특정 응답자군이 특정 선호도를 보이는 구성요소들이 있는지 확인하여 시장을 세분화하는 것인데 이때 이용될 수 있는 통계적 기법이 군집분석이다. 이렇게 시장이 세분화되면 세분화된 시장에 맞는 공급사슬 전략을 개발하면 된다.

- 고객서비스 목적의 정의

공급사슬관리의 목적은 고객에게 고객이 원하는 서비스 수준 및 품질을 제공하는 것이며 이를 달성하는 데 있어 공급사슬 전체적으로 비용을 최소화하는 데 있다. 시장중심의 공급사슬 전략을 개발하는 데 있어 그 목적은 효과적인 방법으로 서비스 탁월성을 달성하는 것이며, 크리스토퍼는 고객의 요구사항을 정시에, 완전하게, 실수 없이 충족시키는 것이 서비스의 궁극적인 목적이라고 보고 있다.

- 비용측면에서 효과적인 서비스 전략의 개발

모든 고객에게 동일한 수준의 서비스를 제공하는 것이 공급사슬 전략의 목적이 되어야 하는 것이 당연하겠지만, 고객의 20%가 수익의 80%의 창출에 기여한다는 80/20 규칙에서 보는 바와 같이 모든 고객이 기업의 수익창출에 동일하게 기여하는 것이 아니므로 기업이 수익 차원에서 기여도가 높은 고객에게 더 나은 서비스를 제공하는 것은 당연하다고 볼 수 있다.

- 서비스 표준의 정립

크리스토퍼는 다음을 서비스의 중요 구성요소로 본다.

주문 사이클 시간: 고객의 주문에서부터 배송까지 경과되는 시간

재고 가용성: 재고로 수요를 충족하는 정도, 수요충족률

주문 크기 제약: 고객에서 주문에 대응하기 위한 유연성 정도

주문 편의성: 거래의 편의성

배송빈도: 배송빈도가 많은 정도

배송 신뢰도: 정시배송률

서류품질: 송장 등 서류의 오류율

클레임 절차: 클레임 해결의 신속성, 서비스회복 절차의 보유 여부

주문내용 완전충족률: 주문을 100% 완전하게 충족시키는 정도

기술지원: 서비스 응답 신속성 및 첫 번째 서비스에서 문제해결

완료율

주문 상태정보: 주문 상태에 대한 정보 제공능력

3. 고객만족, 고객충성도, 고객가치, 고객관계관리

고객만족, 고객충성도, 고객관계관리, 고객가치는 어떠한 관계가 있는지에 대하여 살펴볼 필요가 있다. 우선적으로 이해해야 할 것은 이러한 개념들이 서로 상호배타적인 관계에 있는 것이 아니라, 서로 통합되어 기업이 이해관계자들에게 가치를 제공할 수 있도록 한다는 것이다.

고객만족이란 기업이 제공하는 것에 대한 고객의 평가이며, 즉 고객이 받을 가치가 있는 것을 받는다고 느끼는지에 대한 평가이다. 비록 고객만족에 대한 평가가 좋다고 해서 항상 이것이 구매로 이어지는 것이 아니므로 주의를 해야 할지라도 고객만족에 대한 조사는 기업이 제공하는 가치에 대한 고객의 인지도에 부정적인 영향을 미치는 프로세스를 고치는 방법을 결정하는데 중요한 역할을 한다.

고객충성도는 고객만족의 뒷면이라고 생각해도 된다. 즉 고객충성도는 기업이 고객만족을 제공하는 대신 얻는 것으로 생각할 수 있다. 고객충성도는 고객으로 하여금 재구매를 하도록 하고 다른 사람에게 자신의 긍정적인 경험을 전파하는 것이라고 생각할 수 있다. 고객만족도가 높으면 고객 충성도도 높아진다. 충성도가 높은 고객은 기업의 입장에서 보면 매우 수익성이 높은데 그 이유는 새로운 고객을 확보하는 비용보다 기존의 고객에 대한 서비스 비용이 적게 들기 때문이다. 그러나 한 가지 유의할 것은 충성도가 높다고 해서 기업에 항상 수익성이 높은 것은 아니라는 것이다. 예를 들어, 자주는 구매하지 않지만 한 번 구입시에 마진이 큰 제품을 구입하는 고객이 마진이 작은 제품을 자주 구매한 고객보다 수익성이 높을 수가 있다는 것이다.

고객가치는 고객이 지불하는 것에 대한 인지하는 가치의 비율을 말하며, 고객가치관리는 경쟁자가 제공하는 고객가치에 대한 우리가 제공하는 고객가치의 비율인 고객부가가치율의 향상에 초점을 맞추어야 한다는 것이다.

고객관계관리는 고객에 대한 정보를 이용하여 고객별 맞춤 서비스를 제공한다든지 혹은 고객을 그룹으로 분류하고 그룹별로 적합한 마케팅 전략에 초점을 맞춘다든지 심지어는 수익성 있는 고객을 분류하여 차별적인 서비스를 제공하는 것 등이 포함된다.

4. 80/20 rule

비록 공급사슬관리 시스템의 목적이 모든 고객에게 약속한 서비스를 제공하는 것이기는 하지만 서비스에 소요되는 자금의 희소성을 고려하면 서비스 의사결정도 일종의 자원배분 문제가 되고 따라서 불가피하게 서비스 우선순위를 정해야 할 필요가 있다. 근본적으로 모든 고객이나 제품이 기업에 동일하게 수익성이 있는 것이 아니므로 주요 고객이나 주요 제품에 초점을 맞추는 것은 자연스러운 현상이며 가장 비용 효과적인 서비스 전략은 파레토의 80/20 법칙을 적용하는 것이다. 파레토의 80/20 법칙이란 고객/제품의 %와 수익 %와의 관계에서 고객/제품 중 상위 20%가 수익의 80%를 창출하는 A 카테고리에 속하며, 다음 50%는 수익의 15%를 창출하는 B 카테고리에, 나머지 30%는 수익의 5%를 창출하는 C 카테고리에 속한다는 것이다. 물론 카테고리별 구분점은 산업이나 시장별로 차이가 있다.

결국 80/20 법칙은 그룹별로 차별화된 서비스 전략을 적용해야 한다는 것이다. 예를 들어, 제품이 A 카테고리에 속하는 경우 재고관리를 보다 철저히 하고 가장 높은 서비스수준을 유지할 필요가 있다는 것이다. 즉 카테고리 A에 속하는 제품은 될 수 있으면 고객 가까이에 재고를 유지하고 카테고리 B와 C에 속하는 제품은 통합하여 소수의 장소에 재고를 유지하면 된다는 것이다. 물론 이러한 분석은 고객의 경우에도 적용이 가능하여 A 카테고리에 속하는 고객에게 최고의 서비스를 제공해야 한다는 것이다.

크리스토퍼는 <그림 3-1>과 같이 제품의 수익 공헌도와 수요에 따라 제품을 구분하고 그에 맞는 서비스 전략을 제시하고 있다.

그림 3-1 수요와 수익 공헌도에 따른 로지스틱스 전략

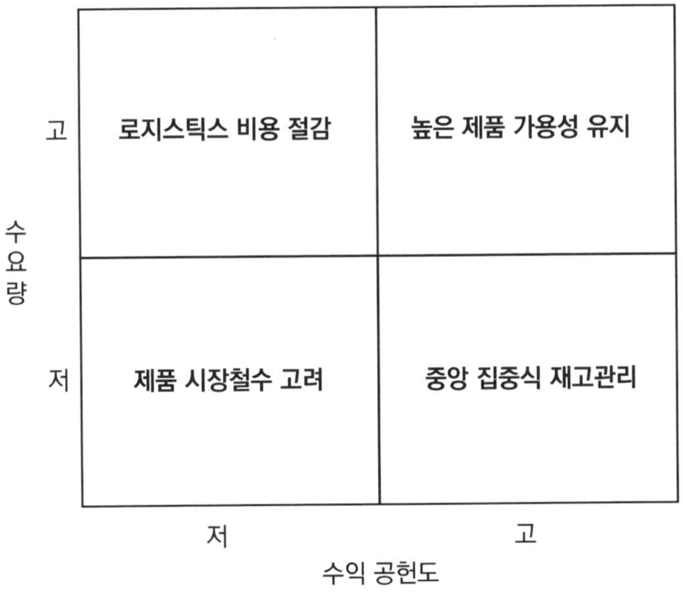

수요의 크기와 수익 공헌도에 따라 네 영역으로 구분하고 영역별로 그에 적합한 로지스틱스 전략을 제시한다.

자료: Christopher(2005) p.72

예를 들어, 수익성의 기여도가 높으나 수요가 낮은 제품의 경우는 재고를 중앙집중식으로 관리하는 것이 좋으며, 수익성도 높고 수요도 많은 경우는 재고를 고객 가까이에 위치시키고 재고를 많이 보유하여 서비스수준도 높이는 방향으로 해야 하며, 수익성 기여도는 낮으나 수요가 높은 경우는 로지스틱스 비용을 절감하는 방법을 찾아야 하며 수익성과 수요가 모두 낮은 경우는 제품을 시장에서 철수할 것을 고려해야 한다는 것이다.

5. 고객가치창출에 고객의 참여

글로벌 경쟁, 변화하는 시장, 신기술 등으로 인하여 질적으로 새로운 가치창출의 길이 열렸으며 기업, 고객, 공급자에게 가치창출을 위한 다양한 옵션을 제공한다. 그러나 이러한 기회의 증대와 더불어 불확실성과 위험도 증가하여 예측은 신뢰성이 떨어지고 과거에는 그다지 중요하지 않던 요인들이 변화의 동력이 되기도 하며, 또한 예전에는 관련이 없던 부문에 속하던 기업들의 시장 진입으로 인하여 경쟁 상황이나 사업 환경을 하룻밤 사이에 바꾸기도 한다. 노르만과 라미레즈(Norman and Ramirez)는 이렇게 급격하게 변하는 경쟁상황에서 성공적인 기업은 단순히 가치를 더하는 것이 아니라 공급자, 사업 파트너, 고객 등이 하나의 가치창출 시스템으로서 공동으로 가치를 재창출한다고 보고 있다. 가치창출 시스템에서 중요한 것은 구성원들의 역할과 관계를 재정립하는 것이며 이러한 가치창출의 성공적인 기업 중의 하나로 이케아(IKEA)의 예를 들고 있다.

이케아는 스웨덴의 작은 우편주문 가구판매 회사였으나 현재는 세계의 최대 가구 소매 기업이다. 이케아의 성공요인은 단순하고 고품질의 스칸디나비안 디자인, 부품의 글로벌 소싱, 고객이 직접 운반하고 조립하는 가구 키트의 판매, 넓은 주차장 및 식당 등 다양한 부대시설을 갖춘 도심 외각의 대형 매장 등으로 알려져 있다. 특히 이케아의 특징은 고객의 셀프서비스를 통하여 비용을 절감하는 대신 고객에게 낮은 가격으로 제품을 제공한다는 것이다. 그러나 저비용이나 저가격에만 초점을 맞추는 것은 이케아의 사업혁신의 진정한 중요성을 간과하는 것이라는 것이 노르만과 라미레즈의 주장이다. 중요한 것은 이케아는 시스템적으로 가구 사업에서의 구성원의 역할, 관계, 조직의 관행을 재정립하여 비용과 가격을 낮추었다는 데 있다. 즉 이케아는 참여자의 다양한 능력을 효율적이고 효과적으로 조화를 이루는 통합적인 비즈니스 시스템의 구축을 통하여 가치 창출을 한다는 점이다. 예를 들어, 예전에는 생산자나 소매상이 하던 역할인 조립과 배송을 고객이 하는 대신 이케아는 고객에게 고품질의 가구를 저렴한 가격으로 제공하고 고객들이 자신들의 역할을 쉽게 수행할 수 있는 사업시스템을 구축한다. 예를 들어, 매장에는 판매원의 도움 없이도 고객들이 스스로 선택을 할 수 있도록 줄자, 노트, 연필, 카탈로그 등을 갖추어 놓았고, 제품들은 제품의 이름, 제원, 가격 등이 분명하게 명시되어 있다. 또 한 가지 특징은 제품을 그룹화하여 리빙 공간처럼 진열함으로써 단순히 의자나 탁자를 제공하는 것이 아니라 리빙 디자인을 제공한다는 것이다. 카페, 식당을 비롯하여 아이들을 위한 시설 등이 있으며 이케아를 단순한 가구매장이 아닌 가족의 나들이 장소로 만들려는 노력도 기울이고 있다.

　이케아는 고객의 역할이 가치를 소비하는 것이 아니라 가치를 창출하는 것이라는 것을 고객이 이해하기를 바라고 있다. 이케아의 목적은 고객으로 하여금 특정 작업을 하지 않아도 되게끔 하는 것이 아니라 오히려 그들이 예전에 해보지 않았던 것들을 하도록 하는 것이다. 이렇게 고객을 가치 창출에 참여시키기 위해서는 전 세계적으로 저비용 고품질의 제품을 제공할 수 있는 공급자들을 선정하여 그들이 이케아의 사업시스템에서의 역할을 하도록 하는 것이 중요하다. 따라서 일단 이케아 시스템의 구성원이 되면 장기적인 관계를 맺고 글로벌 시장에 접근할 수 있는 기회를 제공받을 뿐만 아니라 기술적인 지원과 설비의 대여, 세계적인 품질 수준을 달성하는 데 필요한 조언 등을 제공받는다. 이를 위해 이케아는 공급자들의 기술적인 지원을 위한 팀을 운영하고 있으며 또한 컴퓨터 데이터베이스를 이용하여 공급자들에게 원자재 구입에 대한 정보나 새로운 사업 파트너를 소개하기도 한다.

이케아는 매우 효율적인 로지스틱스 시스템을 운영하고 있다. 비용을 최대한 감축하기 위하여 부품별로 공급자를 달리하고, 이러한 부품들을 일정한 곳에 집합하도록 하여 하나의 제품조립 키트로 구성하여 매장으로 배송한다. 물론 이러한 과정에서 재고를 최소화 하는 로지스틱스 시스템이 운영된다. 이러한 시스템에서는 실시간의 수요정보를 얻는 것이 중요한데 이를 위해 고객의 구입 정보를 가장 가까운 창고와 본사로 전달되도록 하고, 그 곳에서 판매에 대한 분석이 이루어진다. 창고는 단순한 보관시설로서의 역할이 아닌 로지스틱스의 통제 센터, 제품의 통합 센터, 수송 허브로서의 역할을 수행한다. 따라서 창고는 수요와 공급을 통합하고, 재고와 재고비용을 감축하며, 매장에서의 제품부족을 최소로 하는데 능동적인 역할을 한다.

이케아는 단순히 가치사슬에서 가치를 더하는 역할을 하는 것이 아니라 전 구성원을 위하여 시스템적으로 가치를 창출하는 역할을 수행한다. 이케아가 고객 및 공급자와의 작업공유 및 공동생산을 한다는 것은 고객이나 공급자로 하여금 가치에 대하여 새롭게 생각하도록 한다. 고객은 시간, 노동, 정보, 수송 등을 제공하는 공급자가 되는 것이며, 공급자는 이케아 사업이나 기술적인 서비스에 대한 고객이 된다. 결국 이케아는 가치가 창출되는 방법을 근본적으로 전환했기에 가능했는데 그것은 가치 창출 시스템의 변화를 의미한다. 이케아의 목적은 고객을 위해 가치를 창출하는 것이 아니라 고객이 제공하는 것을 가지고 고객이 가치를 창출하는 데 참여하도록 하는 것이다.

노르만과 라미레즈는 기업은 자신들이 고객에게 제공하는 것은 더 영리하게 하는 것도 중요하지만 마찬가지로 고객을 더 영리하게 하는 것도 중요하다고 한다. 이렇게 하기 위해서 기업은 가치창출시스템을 대응적이고 유연하며 활성화하기 위해서 그들의 능력과 관계를 지속적으로 평가하고 재디자인하는 것이 중요하다고 하며 새로운 가치 논리(new logic of value)에 대하여 다음과 같이 정리하고 있다.

- 가치가 순차적인 사슬에서 발생하는 것이 아니라 복잡하게 얽혀 발생하는 경우, 사업의 목적은 고객을 위해 가치를 제공하는 것이 아니라, 고객으로 하여금 스스로 가치를 창출하도록 참여를 유도하는 것이 중요하다.
- 기업이 제공하는 제품이나 서비스가 점점 복잡해지고 다양화되면서 그것을 생산하는 데 필요한 구성원의 관계 역시 복잡하고 다양화된다. 따라서 하나의 기업이 모든 것을 제공하는 것은 거의 불가능하며 가장 경쟁력이 있는 제품이나 서비스는 고객, 공급자, 사업 파트너 등의 조합으로부터 비롯된다고 할 수 있다. 따라서 기업의 주요한 전략적 과업은 관계와 비즈니스 시스템을 재구성하는 것이다.
- 가치를 창출하는 열쇠가 공동생산에 고객을 참여시키는 것이라면 경쟁우위의 원천은 가치창출 시스템을 고안하고 잘 운영되도록 하는 것이다.

1. 구성요소

코헨과 러셀(Cohen and Roussel)은 공급사슬전략의 구성요소로
다음의 다섯 가지를 제시하고 이러한 구성요소에 대한 의사결정에
따라 공급사슬전략이 정의된다고 보고 있다.

- 운영전략
- 유통전략
- 아웃소싱 전략
- 고객서비스 전략
- 자산 네트워크 전략

1) 운영전략

운영전략은 제품이나 서비스를 어떻게 생산할지에 대한 의사결
정이다. 즉, 비축생산, 주문생산, 주문조립, 주문제작 중 어느 것이냐
에 대한 의사결정이다. 운영 전략에 따라 프로세스 및 정보시스템의
디자인이 결정되고 이는 공급사슬 전체에 영향을 미치므로 매우 중
요하다. 운영전략별 특성을 살펴보면 다음과 같다.

- 비축생산: 비축생산이란 수요를 예측하여 생산을 한 뒤 판매
  전까지 재고로 보유하는 형태의 운영전략을 말하는 것으로 대
  량으로 판매가 이루어지는 표준화된 제품에 적합한 형태이다.
  생산비용이 낮다는 것과 제품을 재고로 보유하여 고객의 수요
  에 언제든지 대응할 수 있다는 것이 장점이다.
- 주문생산: 주문에 의하여 생산이 이루어지는 형태의 운영전략
  인데, 맞춤형 제품이나 수요가 빈번하지 않는 제품에 적합한

형태이다. 재고수준이 낮다는 점과 폭넓은 제품옵션을 제공할 수 있다는 점이 장점이다.

- 주문조립: 제품이 최종 완성제품 전 단계인 공통제품(generic product)단계까지는 완성된 상태로 생산된 후, 주문이 있으면 주문의 요구에 따라 최종제품이 완성되는 형태의 운영전략이다. 최종제품이 다양한 경우에 적합한 형태로 최종제품의 재고수준을 낮추고, 주문생산보다 짧은 리드타임을 제공할 수 있다는 장점이 있다.
- 주문제작: 주문생산의 특성과 거의 비슷하며 복잡한 제품을 특정고객의 요구에 맞추어 제작하는 경우에 이용되는 형태이다.

운영전략의 변화는 성과향상의 주요한 원천이 되기도 한다. 예를 들어, 비축생산에서 주문조립으로 운영전략을 변환하면 공통제품 수준에서 재고가 관리되므로 개별 제품별로 재고가 관리되는 경우에 비하여 재고수준은 낮아지며 또한 생산과 조달이 공통제품에 초점이 맞추어지므로 공급사슬 계획 측면에서도 단순화된다. 하지만 운영전략은 제품의 특성이나 목표시장의 특성에 따라 달리 선택되어야 하는 것이 보통이다. 예를 들어, 자동차 산업의 경우 주문생산 방식을 도입하는 데는 한계가 있는데, 그 것은 옵션의 수가 많기 때문에 리드타임을 경쟁적 수준으로 유지하는 것이 어렵기 때문이다. 또한 주문생산 방식으로 운영될 경우 공급자와 생산자간에 통합이 잘 되어 있지 않을 경우에 재고 위험이 매우 높고 생산 프로세스 자체도 주문생산 방식으로 전환하는 것이 쉽지가 않다. 그러나 자동차 산업에서도 시장에 따라 주문생산 방식의 도입율에 차이가 있다. 예를 들어, 미국의 경우는 20% 수준이나 독일의 경우 60% 정도 주문생산 방식으로 이루어지고 있다고 한다. 운영전략은 한 번 선택되면 끝이 아니라 시장의 상황이나 제품의 수명주기에 따라 변환되어야 한다. 예를 들어, 수요가 많은 성장기에서는 비축생산을 하다가 수요가 감소하는 쇠퇴기에는 주문생산으로 전환하면 재고 위험을 많이 줄일 수 있다.

2) 유통 전략

유통전략이란 제품이나 서비스를 고객에게 어떻게 전달하느냐에 관한 의사결정이다. 예를 들어, 유통업자나 소매상을 통하여 간접적으로 고객에게 판매를 할 것인지 아니면 인터넷이나 통신판매 등을 통하여 직접 판매를 할 것인지를 결정하는 것이다. 선도 기업의 경우 효과적인 유통 전략을 이용하여 경쟁우위를 확보한 경우가 많다. 예를 들어, Dell의 경우 중간의 도매상이나 소매상 없이 고객에게 직접 판매함으로써 경쟁우위를 확보하였으며, 월마트의 경우는 수퍼스토어 모델을 이용하여 경쟁우위를 확보하였다. 유통전략은 주로 목표시장의 특성에 따라 결정되는 것이 보통인데, 예를 들어, 식수 판매 산업의 경우에 가정이나 사무실에 배달하는 경우에는 서비스 대리점을 통하여 유통이 이루어지는 것이 보통이며, 일반 고객을 위해서는 소매상을 통하여 유통이 이루어지는 것이 일반적이다.

3) 아웃소싱 전략

아웃소싱에 대한 의사결정은 기존의 공급사슬의 전문성이나 능력을 분석한 후에 이루어지는 것이 보통이다. 강점이 있는 활동이나 전략적 차별화의 잠재성을 가지고 있는 활동은 아웃소싱을 하지 않는 것이 좋으며, 전략적인 중요성이 작거나 제3자가 오히려 더 잘, 더 신속하게, 더 낮은 비용으로 할 수 있는 활동이 아웃소싱의 대상이 된다. 아웃소싱을 하게 되면 다른 기업의 능력이나 전문성을 이용하여 유연성과 민첩성을 얻게 되고, 이는 경쟁적 시장에서의 상당한 이점으로 작용한다. 그러나 유의해야 할 사항은 단지 아웃소싱을 할 경우 비용 측면에서 절감이 되는가?라는 질문만으로 의사결정을 해서는 안 되며 또한 아웃소싱의 위험성과 전략적 효과를 신중하게 고려하여 의사결정이 이루어져야 한다. 특히 신제품의 시장진입, 재고수준의 관리, 경쟁적 고객 리드타임 유지 등을 위한 공급사슬의 구성 등은 제3자에게 맡길 일이 아니다. 일반적으로 아웃소싱을 할 경우 다음과 같은 효과를 기대할 수 있다.

- 규모의 효과: 제3자의 경우 일반적으로 고객이 많아 규모의 경제 효과를 얻게 되므로 단위당 비용이 낮은 경우가 많다. 또한 새로운 생산능력에 투자를 하지 않고 외부의 파트너를 이용하여 신속하게 생산능력을 증가시킬 수 있다.
- 범위의 효과: 새로운 시장이나 지역으로의 진입을 원하는 기업의 경우, 자신이 직접 하기에는 경제적이지 못할 때에 아웃소싱 파트너가 새로운 시장 진입을 도와줄 수 있다.
- 기술적 전문성 효과: 자신이 직접 개발하기에는 너무나 많은 투자가 요구되는 제품이나 프로세스 기술을 아웃소싱 파트너가 이미 가지고 있는 경우에 도움을 받을 수 있다.

아웃소싱은 위와 같은 장점이 있으나 그렇다고 아웃소싱이 항상 옳은 것은 아니다. 다음과 같은 경우에는 아웃소싱을 하지 않는 것이 좋다. 첫째, 차별화의 중심이 되는 분야나 활동의 경우 아웃소싱을 하지 않는 것이 좋다. 예를 들어, 제품이나 프로세스 기술이 차별화의 중심이라면 이러한 활동은 기업 내부적으로 수행하는 것이 좋다. 둘째, 생산능력이 거의 최대한으로 이용되고 있고 당분간 생산능력을 늘릴 계획이 없을 경우에 아웃소싱은 별 도움이 되지 않는다. 셋째, 외부의 기업이 복제할 수 없는 프로세스나 제품 특성을 가진 경우 이

것을 아웃소싱해도 제3자는 규모의 경제 효과를 얻기 어려우므로 별로 도움이 되지 않는다.

4) 고객 서비스 전략

고객 서비스 전략은 고객별 수익성 및 고객이 정말 원하는 것에 대한 이해에 바탕을 두고 만들어져야 한다. 고객에 대한 지식은 기업으로 하여금 자신의 능력에 대해 우선순위를 매기고 또한 어느 고객에게 초점을 맞추어야 할지에 대한 아이디어를 제공하기 때문에 중요하다. 즉, 모든 고객에게 동일한 수준의 서비스를 제공하는 것보다는 기업에 공헌도가 큰 고객과 아닌 고객을 분리하고 서비스 수준을 차별화 하는 것이 기업에 유리한데 이것이 바로 고객관계관리의 중심이 되기도 한다.

5) 자산 네트워크 전략

자산 네트워크 전략이란 공장, 창고, 생산설비, 서비스센터 등의 입지, 규모 등에 대한 의사결정이다. 대부분의 기업은 사업규모, 고객 서비스 요구사항, 세금 우위, 공급자 기반, 지역 규제, 임금 등을 고려하여 다음 모델 중의 하나를 선택하게 된다.

- 글로벌 모델: 글로벌 시장을 대상으로 하며 생산비용, R&D시설, 생산인력의 수준 등을 고려하여 결정된다.
- 지역 모델: 제품이 판매되는 지역에서 생산이 이루어지며 고객서비스 수준, 수입관세 수준, 제품의 현지화 수준 등을 고려하여 결정된다.
- 국가 모델: 시장이 있는 나라에서 생산이 이루어지며 수송비용이 많이 드는 제품의 경우에 적합한 모델이다. 관세나 시장장벽 등을 고려하여 현지 생산이 유리한 경우 선택되는 것이 일

반적이다.

　가격경쟁의 심화로 단위당 생산비용을 낮추기 위하여 임금이 저렴한 국가에서 생산이 이루어지는 경향이 있다. 이 경우 입지 선정의 기준으로 생산비용, 세금, 수출 인센티브, 주요 공급자의 존재, 무관세 수입, 인프라, 노동인력의 수준 등이 포함된다. 비록 단위당 생산비용이 중요하기는 하지만 특히 수요변동이 심하거나 제품의 수명주기가 짧은 제품의 경우에는 공급사슬의 유연성과 총공급사슬비용이 자산 네트워크 디자인에 중요한 고려 기준이 된다. 예를 들어, 중국의 경우 저렴한 임금, 부품 공급자 기반, 인프라 등으로 전자제품 생산자에게 인기가 높지만 중국에서 유럽까지는 수송기간이 길어 수요 변화에 대한 대응이 어렵다. 이러한 경우에 연기(postponement) 전략을 이용하여 공통제품 상태로 유럽으로 수송하고, 고객의 수요에 맞추어 최종 완성품 조립 및 포장을 고객에 가까운 유럽의 유통센터에서 하는 방법을 이용할 수도 있는데, 이 방법이 HP의 프린터의 경우에 이용된다. 또 다른 방법은 목표시장에 가까운 곳으로 생산기반을 옮기는 것인데 예를 들어, 유럽시장을 목표로 하는 기업의 경우 생산을 아시아에서 루마니아나 헝가리와 같은 중부 유럽으로 옮기는 경우도 있다.

2. 성공 요건

　앞서 공급사슬전략의 구성요소에 대하여 살펴보았다. 그러한 각각의 구성요소들이 다음과 같은 요건을 갖추어야 비로소 경쟁우위를 확보한다고 할 수 있다.
　• 사업전략과의 일치

- 고객의 요구와의 일치
- 시장이나 공급자에 대한 자신의 영향력 및 파워와의 일치
- 적응성

1) 사업전략과의 일치

공급사슬전략과 사업전략과의 일치가 의미하는 것은 사업전략이 추구하는 기업의 총체적인 전략적 목적, 고객에게 전달하려는 가치, 시장에서의 차별화 전략 등을 고려하여 공급사슬전략이 수립되어야 한다는 것이다. 예를 들어, 경쟁의 심화로 기업의 사업전략이 비용절감에 초점이 맞추어진다면 공급사슬전략도 정시배송 등 서비스에 초점을 맞출 것이 아니라 비용절감을 고려한 아웃소싱이나 시설의 통합 등에 초점을 맞추는 식이 되어야 한다는 것이다. 코헨과 러셀은 비용, 혁신, 서비스, 품질을 사업전략의 네 가지 주요 경쟁요소로 구분하고 그에 상응하는 공급사슬전략을 제시하고 있다.

- 비용 차원에서의 경쟁

비용 차원에서 경쟁을 하는 기업은 비용에 민감한 소비자를 유인하기 위하여 낮은 가격을 제시하여야 한다. 비용절감을 위해서는 매우 효율적이고 통합적인 관리가 요구되는데, 이때 공급사슬이 중요한 역할을 할 수 있다. 즉 공급사슬 측면에서 재고기간을 줄이거나, 자원의 이용률을 높여 전체적인 공급사슬 비용을 절감함으로써 저비용 전략의 목표를 달성할 수 있다. 한 가지 유의할 것은 저비용을 지나치게 강조하다보면 비용이 아닌 다른 부분에서의 문제가 생길 수 있음을 간과해서는 안 되며, 이를 고려한 총체적인 공급사슬 전략이 세워져야 한다는 것이다. 예를 들어, 저비용을 강조하여 임금이 저렴한 아시아에서의 해외 생산을 추구할 경우에 생산비용은 절감되겠지

만, 수송기간이 길어지므로 재고문제 및 긴 리드타임으로 인한 유연성 문제가 발생할 수 있다는 것이다. 따라서 득실을 고려한 공급사슬 전략이 수립되어야 한다.

- 혁신 차원에서의 경쟁

사업전략이 혁신에 맞추어져 있는 기업은 혁신적인 제품의 개발을 통하여 가격 프리미엄을 얻고 시장진입의 선두주자로서의 우위를 얻는다. 이러한 기업에게 중요한 것은 고객이 원하는 신제품을 신속하게 시장에 내어 놓을 수 있어야 한다는 것이다. 따라서 공급사슬의 역할은 선점우위효과(first mover advantage)를 얻을 수 있도록 신제품을 시장에 신속하게 내어 놓는 것과 시장의 수요를 충족시킬 수 있는 만큼의 생산수준을 갖추는 데 기여하는 것이다. 이를 위해 디자인과 공급사슬을 통합하여 운영하는 것이 중요한데, 이를 통하여 신속하고 지속적인 신제품의 시장진출이 가능하며 또한 수요가 증가할 때에 공급사슬이 준비가 되어 있어 필요한 만큼의 자재가 충분히 공급될 수 있고, 주문관리 시스템이 새로운 제품에 대한 정보를 지원하며 또한 판매 경로가 마련되게 된다. 예를 들어, 의류 산업의 경우 디자이너나 계획자들이 판매시점 정보를 이용하여 생산계획을 조정하거나 디자인을 인기 제품에 초점을 맞추는 경우에 시장진입의 시기가 빨라지고 수입 증대의 효과를 기대할 수 있다.

- 품질차원에서의 경쟁

품질 차원에서 경쟁을 하는 기업의 경우에 제품이나 서비스의 우수성뿐만 아니라 신뢰성과 일관성 있는 성능이 중요하므로 생산, 조달, 품질보증, 반품 등 공급사슬 프로세스가 매우 중요한 역할을 한다.

• 서비스 차원에서의 경쟁

서비스 차원에서 경쟁을 하는 기업의 경우 고객의 특별한 요구에 맞추도록 노력을 할 뿐만 아니라 탁월한 고객서비스를 제공한다. 고객의 충성도를 구축하기 위하여 제품이나 서비스를 맞춤형으로 제공하고 고객의 반복 구매를 유도한다. 서비스 차원에서 탁월하기 위해서는 고객관계관리 프로세스와 주문처리 정보시스템이 신속하고 일관성이 있으며 문제가 발생하지 않아야 한다. 일반적으로 탁월한 서비스를 제공하는 기업의 수입이 높은 경향이 있다. 그 이유를 살펴보면 탁월한 서비스를 제공하는 기업은 서비스 비용과 수익성과의 관계를 잘 파악하고 있으며 전략적으로 고객을 세분화하여 기업에 기여도가 작은 고객에게는 맞춤형 서비스를 제공하는 것을 피하고 기여도가 높은 고객에게 초점을 맞추어 관계를 구축함으로써 고객유지 비용을 낮추고 동시에 고객의 충성도를 높인다.

2) 고객의 요구와의 일치

고객의 요구와 일치시킨다는 것은 세분화된 시장별로 고객의 요구사항을 확인하는 것을 의미한다. 문제가 되는 것은 하나의 공급사슬로 세분화된 시장 모두를 커버할 것인지 아니면 시장별로 다른 공급사슬을 이용할 것인지에 대한 것이다. 제품별로, 시장별로, 지역별로 매우 다른 접근법이 요구되거나 혹은 사업단위별로 특별한 사업목적 달성을 위해 자신이 통제할 수 있는 공급사슬이 요구되는 경우에는 각기 다른 공급사슬을 이용할 필요가 있다. 그러나 하나의 큰 공급사슬 내에 서로 다른 특성을 가진 공급사슬이 있으면 복잡성이 증가하고 비용이 증가하며 프로세스나 정보시스템이 관리가 불가능한 경우가 생기는 위험성이 존재한다.

미셸린(Michelin)의 경우 자동차 생산업자에게 타이어를 공급하는 시장과 개인 고객에게 타이어를 공급하는 두 개의 시장으로 구분한다. 생산은 생산능력 이용률을 극대화하기 위해서 두 시장을 구분하지 않고 하나의 생산계획 프로세스로 통합되어 이루어지지만 타이어가 공장을 떠나는 순간부터는 수요계획, 주문처리, 수송, 보관 등 모든 활동이 시장별로 다르다. 즉 두 개의 시장별로 각기 다른 공급사슬을 이용하고 있다. 이렇게 두 개의 시장별로 서로 다른 공급사슬이 이용되는 이유는 두 개의 시장이 아주 다른 특성을 가지고 있기 때문이다. 즉 자동차 생산업자의 경우에는 자동차 생산계획에 맞추어 정시배송이 중요하므로 JIT공급이 이루어져야 하는 반면에 일반 고객을 대상으로 하는 시장에서는 유통업자나 소매상들이 재고를 보유하므로 정시배송이 상대적으로 덜 중요하다.

엡손(Epson)의 경우에는 효율성을 극대화하기 위해 다양한 제품별로 각기 다른 글로벌 공급사슬이 운영되고 있다. 즉 제품별로 공급자가 다르고 공장이 다르며 수송체계도 다르다. 그런데 특이한 것은 고객과의 접촉이 이루어지는 주문관련 공급사슬은 통합되어 운영된다는 것이다. 이러한 전략은 고객이 어떠한 제품을 구매하기를 원하든 간에 하나의 엡손(one Epson)과 거래를 한다는 확신을 제공함과 동시에 거래를 편리하게 하기 위함이다.

일반적으로 단일 공급사슬로 시장에서 요구하는 서비스수준을 적당한 비용수준에서 맞출 수 있다면 그렇게 하는 것이 좋다. 그러나 제품별로 혹은 시장별로 비용, 리드타임, 배송 측면에서 아주 다른 경우에는 부분적으로나 아니면 완전히 서로 다른 공급사슬을 이용하는 것이 좋다고 할 수 있다.

3) 시장이나 공급자에 대한 자신의 영향력 및 파워와의 일치

일반적으로 공급사슬을 어느 정도까지 자신의 전략적인 목적 달

성에 적합한 구성으로 할 수 있는지는 시장이나 공급자에 대한 자신의 상대적인 파워로 결정된다고 할 수 있다. 예를 들어, 월마트는 자신이 원하는 대로 공급사슬을 구성할 수 있다. 그렇다고 해서 규모가 작은 기업의 경우에도 기회가 없는 것은 아니다. 상대적으로 규모가 작은 기업들도 선택적으로 공급자 및 고객과 전략적으로 협력하면 경쟁우위를 확보할 수 있다. 예를 들어, 자신에게 공급을 하는 공급자가 상대적으로 파워가 커서 자신이 원하는 수준의 서비스나 협력을 얻지 못하는 경우에, 규모가 작은 공급자로 교체하여 그들에게 성장의 기회를 제공하는 대신 점차적으로 비용절감, 효율성 향상, 전체적인 성과향상을 위한 자신의 노력에 공급자의 협력을 얻을 수 있다.

규모에 의해 파워가 결정되기도 하지만 브랜드가 파워를 결정하는 경우도 있다. 고객이 원하는 브랜드를 생산하는 기업의 경우 소매상이나 유통채널 파트너에 상당한 영향력을 행사할 수 있다. 반면에 일등 브랜드가 아닌 제품을 생산하는 기업의 경우에는 비용이나 재고 차원에서 심각한 손해가 있음에도 불구하고, 소매상의 요구를 공급사슬에 반영하는 수밖에 없는 경우가 많다.

일단 공급사슬 전략을 개발 할 때에 공급사슬에서의 자신의 위치를 이해할 필요가 있다. 공급사슬이 브랜드 중심인지, 채널 중심인지, 공급자 중심인지를 파악할 필요가 있으며, 채널에서 누가 파워를 가지고 있는지 등도 파악하여 공급사슬전략을 수립할 때에 반영하여야 한다. 공급사슬을 자신이 전체적으로 완전히 통제하는 경우는 아주 예외적인 경우이며 대부분의 경우에는 공급사슬 구성원간의 협력이 중요하다.

4) 적응성

변화는 항상 있기 마련이다. 시장 상황이 바뀌고, 새로운 기술이 개발되며, 사업전략도 진화한다. 이러한 상황에서는 공급사슬전략도 진화해야 한다. 일반적으로 공급사슬의 변화가 필요한 요인으로 다음을 생각할 수 있다.

첫째, 새로운 기술의 개발로 산업의 역학이 변환되는 경우인데, 예를 들어, 인터넷의 발전으로 고객과의 직접 판매가 가능해진 경우가 그에 속한다.

둘째, 사업의 범위가 변화하는 경우이다. 예를 들어, 신제품을 개발하게 된 경우, 새로운 시장에 진입하는 경우, 판매 지역을 확장하는 경우 등이 여기에 속하는데, 이때 생산능력을 확장한다든지, 새로운 유통능력을 추가한다든지, 새로운 채널을 개발한다든지 등 공급사슬전략을 전체적으로 다시 생각할 필요가 있다.

셋째, 경쟁 환경에 변화가 생기는 경우이다. 새로운 경쟁자가 진입하였다든지, 시장점유율을 높이기 위하여 서비스 형태를 바꾸어야 한다든지, 신속한 배송, 유연성, 높은 품질이 요구되는 새로운 시장에서 경쟁을 하게 되었다든지 등이 여기에 속하는데, 이때에도 공급사슬전략 및 구성요소를 재점검할 필요가 있다.

넷째, 흡수나 합병의 경우이다. 흡수나 합병의 경우에 공급사슬을 재구성할 필요가 있다. 즉, 중복되는 것을 제거할 필요가 있는 지를 살펴보아야 하며, 분리하여 운영을 할 것과 통합하여 운영할 것 등을 점검해야 한다.

참고문헌

Baker, W., M. Marn, and C. Zawada (2001), "Price Smarter on the Net," *Harvard Business Review*, 79(2), 122-127.

Bovet, D. Y. Sheffi (1998), "The Brave New World of Supply Chain Management," *Supply Chain Management Review*, Spring, pp.14-22.

Crawford, F. and R. Mathews (2001), *The Myth of Excellence*, Crown Business

Fisher, M.L. (1997), "What is the Right Supply Chain for Your Product," *Harvard Business Review*, March-April, 105-117.

Geary, S. and J.P. Zommenberg (2000), "What It Means to Be Best in Class," *Supply Chain Management Review*, July/August, pp.42-48.

Margretta, J. (1998), "The Power of Virtual Integration: An Interview with Dell Computer's Michael Dell," *Harvard Business Review*, March-April, pp.72-84.

Narus, J. and J.C. Anderson (1996), "Rethinking Distribution: Adaptive Channels," *Harvard Business Review*, July-August, pp.112-120.

Normann, Richard and Rafael Ramirez (1993), "From Value Chain to Value Constellation," *Harvard Business Review*, July-August.

Peppers, D. and M. Rogers (1997), Enterprise One to One, New York: Doubleday

Pine, J.B. II and J. Gilmore (1998), "Welcome to the Experience Economy," *Harvard Business Review*, July-August, 97-108.

Pine, J.B. II, D. Peppers, and M. Rogers (1995), "Do You Want to Keep Your Customers Forever?" *Harvard Business Review*, March – April, 103 – 115.

Reichheld, F.F. (1996), "Learning from Customer Defections," *Harvard Business Review*, March – April, 57 – 69.

Seybold, P.B. (2001), *The Customer Revolution*, New York: Crown Business

Chapter 04

가치사슬과
공급네트워크 구축

요즈음 경쟁은 단일 기업간의 경쟁이라기보다는 공급네트워크 간의 경쟁이라고 볼 수 있다. 그 이유는 가치는 하나의 기업이 아닌 네트워크에 속한 모든 구성원에 의해 창출되기 때문이다. 따라서 공급네트워크를 어떻게 구축하느냐가 경쟁력과 지속가능성 확보에 핵심이 되었다고 볼 수 있다. 본 장에서는 가치 창출의 근간이 되는 가치사슬의 개념 및 경쟁력 있는 공급사슬의 디자인 및 운영을 위한 일반적인 원칙에 대하여 살펴보고, 또한 상황에 맞는 공급사슬 형태의 선택에 대해 살펴본다.

공급사슬관리의 목적은 결국 경쟁우위의 확보에 있다. 경쟁우위를 확보한다는 의미에 대하여 포터(Porter)는 가치사슬(value chain)이라는 개념을 소개하면서 다음과 같이 말하고 있다.

"경쟁우위는 기업을 전체적으로 보아서는 이해할 수 없다. 경쟁우위는 기업이 디자인, 생산, 마케팅, 배송, 제품에 대한 지원 등을 위해 수행하는 많은 개별적인 활동들로부터 발생한다. 이러한 활동들은 각기 기업의 상대적인 원가 경쟁력(relative cost position)에 기여하며 차별화의 토대가 된다. (중략) 가치사슬은 기업을 전략적으로 의미가 있는 활동들로 분리하여 비용의 움직임이나 차별화를 위한 기존의 혹은 잠재적인 원천을 이해하는 데 도움을 준다. 기업은 이러한 전략적으로 중요한 활동들을 경쟁자보다 저렴하고 보다 잘 수행하여 경쟁우위를 확보한다."

<그림 4-1>은 가치사슬을 나타낸다. 가치사슬 활동은 주활동과 지원활동의 두 가지 형태로 분류되는데, 주활동에는 입고로지스틱스, 운영, 출고로지스틱스, 마케팅 및 판매, 서비스가 포함되고, 지원활동에는 기업인프라, 인적자원관리, 기술개발, 조달 등이 포함된다.
이러한 가치사슬이 의미하는 것은 다음과 같다. 기업은 가치사슬에서의 개별 활동별로 경쟁자와 비교하여 경쟁우위를 가지는지를 검토하고 경쟁우위를 가지지 못하는 활동의 경우에 경쟁우위를 제공할 수 있는 파트너에게 아웃소싱할 것을 고려해야 한다는 것이다. 이러한 아웃소싱의 효과는 가치사슬을 확대하여 비즈니스의 경계를 뛰어넘는다는 데 있다. 이 의미를 공급사슬에 적용을 하면 다양한 구성

그림 4-1 가치사슬(value chain)

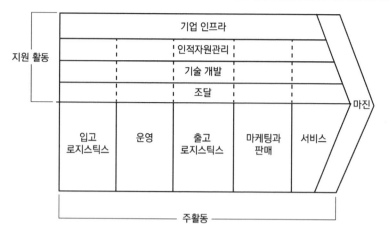

가치사슬은 주활동과 지원활동으로 구분된다.

자료: Porter(1985)

원의 네트워크인 공급사슬 자체가 가치사슬이 되는 것이며, 이 경우 가치는 네트워크내의 중심에 있는 기업이 아닌 네트워크에 연결된 모든 구성원들에 의하여 창출되는 것이다.

경쟁우위를 확보한다는 것은 공급사슬관리를 통하여 고객이 경쟁자보다 우리를 선호하도록함을 의미하며 이를 위해서 기업은 우선적으로 경쟁자와 차별화 되어야 하는데, 즉 비용과 가치면에서 경쟁자보다 우위에 있어야 한다. 여기서 비용우위란 경쟁기업에 비하여 낮은 비용으로 공급이 가능함을 의미하며, 가치우위란 고객에게 보다 나은 가치를 창출함을 의미한다. 공급사슬관리는 적은 비용으로 탁월한 고객가치를 제공하는 데 기여하며, 공급사슬관리를 통하여 비용우위와 가치우위를 동시에 추구하는 기업이 결국 경쟁우위를 확보하게 된다.

• 비용우위

비용우위는 생산량이 많아지면 단위당 평균생산비용이 감소한다는 규모의 경제를 통하여 얻을 수 있다고 알려져 있다. 이러한 비용우위를 전략적으로 이용하여 가격선도자가 됨으로써 비용이 높은 기업은 시장에서 생존하기 어렵게 만들 수 있다. 이것이 바로 포터의 일반 경쟁전략 중의 하나이다. 물론 이러한 규모의 경제를 통한 비용우위 확보도 가능하지만 점차적으로 공급사슬관리가 비용우위 확보의 수단으로 이용되고 있다. 특히 로지스틱스 비용이 전체 비용에 차지하는 비율이 높은 산업에서는 로지스틱스 프로세스를 근본적으로 개조하여 비용감축을 하고 있다. 예를 들어, 공급사슬관리 측면에서 생산능력의 이용률 향상, 재고감축, 공급자와의 통합 등을 통하여 비용우위에 기여할 수 있는 것이다.

• 가치우위

고객은 제품을 구입하는 것이 아니라 제품의 소유를 통하여 얻는 이익을 구입한다는 것이 마케팅에서의 원칙이다. 즉 고객은 제품 자체보다는 제품이 제공해주는 이익에 관심이 있기 때문에 제품을 구입한다는 것이다. 이러한 이익은 무형일 수도 있는데, 즉 제품의 특정 기능이 아닌 이미지나 서비스일 수도 있다. 어쨌든 제품이나 서비스가 경쟁기업과 차별화되지 않을 경우 고객은 단순히 가격이 가장 낮은 것을 택하게 된다. 따라서 경쟁기업과는 차별화되는 추가적인 가치를 제공하는 것이 중요하다.

가치차별화를 위해서 시도할 수 있는 것은 가치 측면에서의 시장세분화를 통하여 세분화된 시장에 맞는 가치를 제공하는 것이다. 즉 가치세분화를 통하여 고객을 그들이 중요성을 두는 가치의 종류에 따라 그룹으로 분류하고, 특정 그룹에 차별화된 가치를 제공함으로써 가치차별화의 기회를 얻을 수가 있다는 것이며, 이러한 가치차별화는 시장에서의 경쟁우위로 이어진다. 최근에 가치차별화의 한 가지 방법으로 부각되고 있는 것이 서비스이다. 점차적으로 시장이 점점 서비스에 민감해지고 있는데, 그 이유는 제품에 대한 기술적인 측면에서의 차별화가 점점 어려워지고 있고 또한 브랜드나 기업 이미지에 의한 차별화도 점점 어려워지고 있기 때문이다. 서비스는 고객에게 추가적인 것을 제공함으로써 고객과의 관계를 발전시키는 프로세스와 관련이 있으며 이러한 서비스는 다양한 형태로 나타나는데 예를 들어, 배송서비스, 애프터서비스, 기술적인 지원 등이 이에 포함된다. 이러한 서비스를 공급사슬관리 측면에서 적용한다면 고객의 요구에 대한 신속한 대응성, 공급신뢰성, 리드타임 감축, JIT 배송, 부가가치서비스 등을 의미하며 이러한 탁월한 서비스의 제공을 통하여 가치우위를 확보할 수 있다.

02 공급네트워크 구축의 일반원칙

경쟁력 있는 린 공급사슬을 디자인 할 때에 고려해야 할 사항으로 스리니바산(Srinivasan)은 다음과 같이 14가지의 원칙을 제시한다.

- 모든 하부시스템의 성과가 향상되더라도 시스템 전체의 성과가 반드시 향상되는 것은 아니다. 하부시스템 성과의 향상은 전체시스템에 미치는 영향에 따라서 평가되어야 한다.
전통적으로 크기가 크고 복잡한 시스템을 관리하기 위하여 시스템을 여러 개의 하부시스템으로 분리하고, 개별 하부시스템별로 최대한 효율적으로 운영하도록 노력을 기울이게 된다. 이와는 달리 시스템적 사고는 시스템의 하부시스템들이 어떻게 상호작용을 하는지에 초점을 맞춘다. '로컬 최적화의 합 = 글로벌 최적화'라는 등식이 항상 성립하는 것은 아닌 것처럼, 시스템의 성과 향상을 위해서 개별 하부시스템을 독립적으로 향상하는 것으로는 충분하지 않으며, 오히려 시스템 전체적으로 부정적인 영향을 미칠 수도 있음을 간과해서는 안 된다는 것이다.

- 린 공급사슬의 성과향상에 초점을 맞추되 공급사슬의 비즈니스 생태계를 무시하면 안 된다.

비즈니스 생태계는 기업, 고객, 공급자, 경쟁자, 주주, 정부 등의 이해관계자 모두를 포함한다. 비즈니스 생태계에 대한 이해를 통하여 위협이나 기회에 대한 인지를 신속하게 할 수 있으며, 이를 린 공급사슬의 개발이나 관리에 반영하게 되면, 유형·무형의 혜택을 얻게 된다. 근시안적으로 지엽적인 운영상의 이슈에만 관심을 기울일 것이 아니라 큰 그림을 보도록 노력해야 한다. 공급사슬은 네트워크이다. 비즈니스 생태계 시각을 가지게 되면, 네트워크상의 구성원들간의 파트너십관계를 보다 돈독히 하게 되고, 이러한 파트너십은 고객과의 관계를 촉진하는 기회를 제공한다.

- 제품을 디자인할 때에 고객의 요구와 프로세스에 초점을 맞추어라. 산업의 경계를 뛰어 넘는 최상의 관행을 통하여 경쟁우위를 얻을 수 있다.

고객 가치를 이해한다는 것은 자신의 제품이 고객의 구매대상으로 고려되고 궁극적으로 고객이 자신의 제품을 구매하도록 하기 위하여 제품이 갖추어야 할 속성을 확인하는 것이다. 이러한 속성은 세분화된 고객 집단에 따라 다르다. 공급사슬의 디자인도 집단별로 거기에 맞는 전략이 필요하다. 예를 들어, 고객의 요구가 불확실한 경우 가장 좋은 방법은 고객의 주문이 있을 때까지 기다렸다가 고객이 원하는 사양대로 생산하여 제품을 제공하는 주문생산방식이다. 그러나 이러한 방식은 고객이 기다린다는 가정하에서만 가능한 경우이며, 당장 자신이 원하는 제품이 없을 경우 주문을 하지 않고 경쟁자의 제품을 구입하는 성향을 가진 고객의 경우에는 판매기회의 상실을 의미하므로, 이때는 비축생산방식을 채택하여 완성품을 보유하는 것이 좋다. 즉 공급사슬의 대응시간이 고객이 기다릴 수 있는 시간보다 길 경우에는 비축생산방식을 채택하는 것이 바람직하다는 것이다.

미국의 포드자동차의 조립라인과 지속적인 재고보충이 이루어지는 수퍼마켓의 풀 시스템을 도요타 생산시스템에 적용하여 경쟁우위를 확보하였듯이, 산업의 경계를 뛰어 넘는 벤치마킹을 통하여 최상의 관행을 실천함으로써 경쟁우위를 확보할 수 있다. 벤치마킹에는 두 가지 형태가 있는데 하나는 경쟁적 벤치마킹이고 다른 하나는 기능적 벤치마킹이다. 경쟁적 벤치마킹은 자신이 속한 산업에서 일등 기업의 관행을 벤치마킹하는 것으로 이러한 벤치마킹의 경우 자신이 선도자가 아닌 추종자가 된다는 것이 단점이다. 반면에 기능적 벤치마킹은 산업의 경계를 벗어나 여러 다른 산업의 최상의 관행을 기능별로 벤치마킹하는 것으로 예를 들어, 고객 서비스는 디즈니를, 직접판매는 Dell을, 프로세스는 도요타를 벤치마킹하는 것이다.

• 내적 다양성을 최소화하는 반면에 외적 다양성은 최대화하라. 재고는 경제적으로 가능한 한 완성품이 아닌 공통제품의 형태로 보유하라. 수요의 변동성은 재고문제를 야기하므로, 될 수 있으면 수요변

동성을 감축하는 방향으로 공급사슬을 디자인하는 것이 좋다. 수요변동성을 감축하는 방법으로 상시저가정책을 이용한다든지, 배치크기를 작게 한다든지, 공급사슬의 대응성을 높이는 것 등도 중요하지만, 공급사슬의 디자인과 관련하여 유용한 방법 중의 하나는 내적 다양성을 최소화하고 외적 다양성을 최대화하는 방법이 있다. 이것이 의미하는 것은 제품의 모듈러 디자인을 통하여 공통제품의 형태로 재고를 보유하고 있다가 최종단계에서 모듈의 변경을 통하여 다양한 모델의 완성품을 생산하는 방식이다. 즉 완성품의 생산을 수요가 있을 때까지 연기하는 방법이다. 이 방법의 장점은 완성품 재고수준이 낮다는 점뿐만 아니라, 제품의 모델별 수요예측이 아닌 전 모델을 통합한 통합수요예측을 하게 되므로 통합수요예측이 개별수요보다 불확실성이 낮다는 혜택을 얻게 된다는 점이다.

- 수요의 변동에 대하여 재고가 아닌 여유능력으로 완충하라.

일반적으로 수요의 변동에 대처하는 방법은 대량의 완성품 재고를 보유하는 것이다. 완성품 재고를 보유한다는 것은 재고비용이 높아진다는 것뿐만 아니라, 리틀(Little)의 법칙(5장 참조)이 지적하듯이 재고수준이 높아지면 리드타임도 길어져 대응성이 낮아진다는 문제가 있다. 따라서 수요의 변동에 대처하기 위해서는 공급사슬에 유연성을 가지는 것이 바람직하며, 이러한 유연성을 위해서 여유능력을 가지는 것이 좋다는 것이다.

- 계획을 세울 때에는 수요예측을 이용하고, 실행을 할 때에는 풀시스템을 이용하라. 풀 신호에 반응하는 시스템은 푸시시스템보다 변동이 작다.

푸시시스템은 수요예측을 바탕으로 생산일정을 수립하고 완성품 재고를 보유하여 수요변동에 대처하는 형태이다. 반면에 풀 시스템에서는 수요신호가 있을 때까지 생산에 자원이 투여되지 않는다. 풀 시스템에서는 재고가 아닌 여유능력으로 수요의 변동에 대처하게 되므로 푸시시스템에 비하여 재고수준이 낮다는 장점이 있다.

- 재화와 서비스를 공급하는데 있어서의 공급사슬 전체적으로 비용을 절감하는 목적을 가지고 공급사슬의 구성원들과 전략적으로 파트너십이나 제휴관계를 구축하라.

공급자나 로지스틱스 제공자와 효과적인 파트너십관계를 가지는 것은 공급사슬 전체적으로 비용을 감축하는 데 도움이 된다. 이러한 파트너십을 구축하는 데에는 시스템적 사고를 가지는 것이 중요한데, 예를 들어, 공급자의 비용은 자신의 비용이라는 사고를 가져야 한다는 것이다. 재고비용을 줄이기 위하여 생산에 투여되기 전에는 재고의 소유권을 공급자가 가지게 한다든지 혹은 공급자로 하여금 가격할인을 강요한다든지 하는 것은 바람직하지 않다는 것이다. 이러한 행위에 대한 대가는 결국 자신에게 부정적으로 작용하게 되기 때문인데 예를 들어, 공급자에게 가격할인을 강요하게 되면 공급자는 자신이 살아남기 위해 비정상적인 지름길을 택하게 되고, 그래도 상황이 악화되면 종국에는 파산을 하는 지경에까지 이르게 된다는 것이다. 그러므로 중요한 것은 공급자와 협력하여 공급사슬 전체적으로 비용을 절감하는 목표를 가지고 임해야 한다는 것이다.

- 운영전략의 역할은 기업이 고객의 기호 변화에 대처하는 능력을 가지도록 하는 것이다. 제품이나 프로세스는 전략적 유연성을 촉진하도록 디자인되어야 한다.

기업이 고객의 기호변화를 수용할 수 있을 만큼의 유연성을 가지지 않으면, 자신의 생산능력과 시장의 선호도와의 불일치로 인한 시장점유율의 상실을 경험하게 된다. 신속하게 고객의 기호 변화에 적응하여 효과적인 해결책을 제시할 수 있는 기업이 고객을 추가적으로 확보하게 되고 시장점유율을 높이게 된다. 한 가지 유의할 것은 전략적 유연성은 단순히 고객의 기호변화에 맞는 제품을 제공함으로써 성취되는 것이 아니고 고객에게 신제품을 제공할 수 있는 능력을 가짐으로써 비로소 성취된다는 것이다. 기업은 전략적 유연성에 초점을 맞추고 필요시에는 프로세스와 시스템을 변경할 준비가 항시 되어 있어야 한다.

- 기업으로 하여금 기능을 더 잘 정렬하도록 하고, 또 기능지향에서 프로세스지향으로 방향전환을 하도록 성과측정 항목을 구성하라.

전통적인 기능 지향적 기업은 경직된 계층적 구조를 가지게 되므로 고객 수요의 변화에 대응적이지 못하고 프로세스나 기술변화에 대한 적응속도도 느리다. 반면에 린 기업은 고객에게 제품을 제공하는 프로세스에 초점을 맞추고, 이러한 프로세스를 제품의 원활한 흐름을 촉진하는 주요 요인으로 고려하고 있다. 프로세스 지향적인 기업들은 점차적으로 매트릭스 형태의 조직을 채택하고 있다. 기업이 프로세스 지향성을 촉진하기 위해서는 프로세스 지향성을 촉진하는 평가 측정치를 개발하는 것이 중요하다. 이때 이용될 수 있는 것이 BSC(balanced scorecard) 접근법인데, 재정, 고객, 기업 내적 프로세스, 학습과 성장 등 네 가지 측면에서 성과 측정치를 개발하는 것이다.

- 병목현상이 있는 자원에서 시간을 잃어버리면 공급사슬 전체적으로 생산성을 잃게 된다. 병목현상이 없는 자원에서의 시간절약은 의미가 없다. 프로세스가 상호 의존적인 시스템에서는 적어도 하나의 제약조

건이 있어 이것이 시스템의 성과를 제한하게 된다. 즉 기업의 수익 잠재성은 기업의 가장 약한 연결고리나 제약조건에 의하여 제한받게 되는데, 제한적인 자원으로 인한 산출 손실은 기업의 수익 감소를 초래하므로 수익을 얻는 데 장애가 되는 제약조건을 강화하는 데 초점을 맞추어야 한다. 제한적인 자원이 아닌 다른 자원의 성과를 향상시키는 노력은 기업의 현금창출률을 증가시키지 못한다. 이와 유사하게 공급사슬의 힘을 개선하기 위해서는 가장 약한 연결고리를 확인하고 그것을 강화하는 데 초점을 맞추어야 한다. 약하지 않은 연결고리를 강화하는 것은 공급사슬 전체의 힘의 강화에 영향을 미치지 못한다.

- 의사결정은 성장전략을 촉진해야 한다. 기업들이 현금창출률을 증가시키고, 재고를 감축하며, 운영비를 감소하는 것을 동시에 추구할 때에 현금창출률을 향상시키는 데 초점이 맞추어져야 한다.

제약이론에서 성과측정치로 이용되는 것에는 현금창출률, 재고, 운영비의 세 가지가 있다. 기업의 목표는 현금창출률을 증가시키고, 재고와 운영비는 감축하는 것이다. 그런데 재고와 운영비의 감축을 통한 수익 증대의 기회는 제한적이며, 현금창출률의 증대를 통한 수익증대의 기회는 상대적으로 제한이 없다고 볼 수 있다. 따라서 현금창출률의 향상이 가장 중요하다고 볼 수 있다. 예를 들어, 세 개의 프로세스로 구성된 시스템이 있다고 하고, 세 개의 프로세스 중에서 하나가 병목이라고 하자. 그러면 병목에 의하여 시스템의 흐름이 제한되므로, 병목이 아닌 다른 두 프로세스에서는 생산능력이 남게 된다. 운영비를 감축하는 차원에서 이러한 여유 생산능력은 감축대상이 된다. 이러한 감축은 단기적으로는 수익이 증대될지는 모르나 장기적으로는 성장의 기회를 없애는 셈이 된다.

- 병목현상이 있는 자원이 전체적인 흐름을 지배하므로 그 자원에 초점을 맞추어라. 가장 생산적인 제품에 병목현상이 있는 자원을 우선 할당하고, 병목현상이 없는 자원을 병목현상이 있는 자원을 지원하는데 할당하여 흐름을 맞추어라.

시스템에서의 제약조건은 병목 역할을 하고 이러한 병목이 시스템의 전체적인 흐름을 좌우하게 된다. 병목현상을 해결하는 방법 중의 하나는 추가적인 자원을 획득하는 것이다. 그러나 이러한 추가적인 자원의 획득이 즉시 이루어지기가 어려우므로 차선책을 찾아야 한다. 여기서 말하는 차선책이란 병목 자원을 최대한 효과적으로 이용하는 것이다. 일단 병목 자원에 대한 계획이 세워지면 이러한 계획을 토대로 하여 하부계획으로서 다른 모든 자원들에 대한 계획이 세워져야 한다.

- 생산능력을 균형화하는 데 초점을 맞추지 말고 대신에 흐름을 동기화하는 데 초점을 맞추어라.

변동성은 리드타임을 증가시키고, 공정중 재고나 완성품 재고를 증가시키며 흐름을 방해한다. 변동성이 존재하는 상황에서 생산능력의 균형화나 설비 및 인적자원의 이용률을 최대화하는 데 초점을 맞추는 것은 변동성으로 인한 문제를 해결하는 데 도움이 되지 못한다. 오히려 제품이 원활하고 신속하게 생산되도록 흐름을 동기화하는 데 초점을 맞추는 것이 바람직하다. 흐름의 동기화를 위해 수요와 병목의 생산능력을 일치시키고 비병목의 경우에는 여유생산능력을 보유한다.

- 시스템에서의 변동을 감소시켜라. 변동이 감소되면 공급사슬에서 낮은 재고수준 및 낮은 운영비 지출로 높은 현금창출률을 얻을 수 있다.

배치크기가 크면 채찍효과로 인하여 공급사슬에서의 변동성을 증가시키고 흐름을 방해한다. 따라서 배치크기를 줄이는 것이 중요하다. 배치크기의 축소와 함께 변동성을 줄이는 방법으로 풀 시스템을 통하여 흐름을 통제하는 방법이 있다. 풀 시스템은 푸시 시스템과 달리 수요를 예측하여 미리 생산을 하는 것이 아니라, 시장에서 수요가 있을 경우 그 수요만큼만 생산을 하게 되므로 수요와 공급의 불일치 등의 변동성으로 인한 재고문제 등이 없어진다는 장점이 있다.

03 공급사슬 형태의 선택

피셔는 공급사슬을 디자인하기에 앞서 제품의 수요에 대한 특성을 파악하는 것이 중요하며 수요의 특성에 맞는 공급사슬을 디자인하는 틀을 제공한다. 제품은 수요의 패턴에 따라 기능적 제품과 혁신적 제품으로 분류할 수 있다. 기능적 제품이란 기본적인 욕구를 충족시키는 제품으로 시간이 지나도 변함이 거의 없으며, 수요가 안정적이고 예측가능하고 긴 수명주기를 가지는 제품이다. 이러한 제품의 경우 경쟁이 심하고 수익성이 낮다는 특성이 있다. 반면에 혁신적 제품은 수익성은 높으나, 수명주기가 짧고 수요예측이 어렵다는 특성을 가진다. 기능적인 제품과 혁신적인 제품의 경우 근본적으로 다른 형태의 공급사슬이 요구된다.

공급사슬은 크게 두 가지 기능을 수행한다. 하나는 물리적 기능이며 다른 하나는 시장조정 기능이다. 물리적 기능이란 원자재를 제품으로 변환하는 것과 공급사슬의 한 지점에서 다른 지점으로 제품을 수송하는 것을 포함한다. 시장조정 기능이란 시장에 출고되는 다양한 제품이 고객이 구매하기를 원하는 것과 일치하는지를 보장하는 기능이다. 물리적 기능과 관련된 비용은 생산비용, 수송비용, 재고비용 등이며, 시장조정 기능과 관련된 비용은 공급이 수요를 초과했을 경우의 가격인하로 인한 손실 및 수요가 공급을 초과했을 경우의 기회손실 및 고객의 불만족으로 인한 비용 등을 포함한다.

기능적 제품의 경우 수요예측이 쉬워 수요와 공급의 일치가 예상되므로 시장조정은 쉬우며 따라서 물리적인 비용의 최소화에 초점을 맞추면 된다. 그러므로 기능적 제품에 적합한 공급사슬에서는 공급자, 생산자, 소매상간의 활동을 조정하여 최소의 비용으로 예측 가능한 수요를 충족시키는 것이 중요하다. 반면에 혁신적 제품의 경우에는 공급부족이나 공급과잉의 위험이 있으므로 시장정보를 빨리 읽고 신속하게 대응하는 것이 중요하다. 따라서 불확실한 수요에 대하여 재고와 생산능력을 공급사슬 내의 어느 곳에 보유할 것인가가 중요하며, 낮은 비용보다 스피드와 유연성을 가진 공급자를 선택하는 것이 중요하다.

공급사슬의 형태는 두 가지로 구분할 수 있는데, 하나는 물리적으로 효율적인 공급사슬이며, 다른 하나는 시장 대응적인 공급사슬이다. 두 공급사슬의 특성을 비교하면 <표 4−1>과 같다.

제품의 특성과 공급사슬의 특성과의 관계를 살펴보면 기능적 제품에 맞는 공급사슬은 물리적으로 효율적인 공급사슬이며, 혁신적 제품에 맞는 공급사슬은 시장 대응적인 공급사슬이다.

기능적 제품을 가진 기업이 대응적 공급사슬의 형태를 가지는 것은 매우 드문 일이며, 문제는 혁신적 제품을 가지고 있으면서도 대응적인 공급사슬을 갖추지 못한 경우이다. 대응적인 공급사슬을 갖추는 방법으로 다음의 네 가지 방법이 제시되고 있으며 기업의 상황에 맞추어 네 가지를 섞어 사용해야 한다고 한다.

표 4-1 공급사슬의 형태의 비교

	물리적으로 효율적인 공급사슬	시장 대응적인 공급사슬
공급사슬의 목적	예측 가능한 수요를 낮은 비용으로 효율적으로 공급함.	재고부족 및 과잉재고 최소화를 위해 불확실한 수요에 신속하게 대응함.
생산의 초점	평균 가동율을 높게 유지함.	완충 생산능력을 보유함.
재고전략	재고회전율을 높이고 공급사슬 전체적으로 재고수준을 최소화함.	주요 부품 및 완제품의 완충 재고를 보유함.
리드타임 초점	비용을 증가시키지 않는 한 리드타임을 단축함.	리드타임 단축하는 방향으로 과감하게 투자함.
공급자 선택 접근법	비용 및 품질을 우선적으로 고려하여 선정함.	스피드, 유연성, 품질을 우선적으로 고려하여 선정함.
제품디자인전략	성능을 최대화하고 비용을 최소화함.	제품의 차별화를 최대한 늦추기 위하여 모듈러 디자인을 이용함.

공급사슬은 효율적인 공급사슬과 시장대응적인 공급사슬의 두 가지 형태로 구분된다.
자료: Fisher(1997)

- 혁신적 제품에는 항시 불확실성이 따르며 불확실성이 높다는
  것은 그만큼 수익성이 높음을 의미하므로 불확실성의 긍정적
  인 측면을 받아들이는 것이 중요하다.
- 다양한 제품들이 공통부품을 가능하면 많이 공유하게 하여 부
  품수요에 대한 예측이 보다 더 정확해지도록 함으로써 불확실
  성을 줄인다.
- 리드타임 단축이나 유연성 증대를 통하여, 수요가 실현되거나
  수요예측이 가능해지는 시점에서 생산이 가능하도록 함으로써
  불확실성을 피한다.

• 완충재고나 여유생산능력으로 불확실성을 감축한다.

예를 들어, 주문생산 방식을 이용하면 공급과 수요를 일치시킬 수 있어 불확실성을 피할 수 있다. 물론 이 경우 고객에게 즉각적인 제품의 인도를 희생하는 대가를 제공할 수 있어야 한다. 이러한 대가로 대량 맞춤 개념을 이용하는 것이다. 즉 저렴한 가격으로 맞춤제품을 공급하는 것이다. 불확실성을 줄이는 다른 예로서, 의류제작 기업의 경우 소매상으로부터 주문을 미리 받는 방법, 리드타임의 단축, 과잉생산과 생산부족시에 발생하는 비용을 고려한 생산량 결정 방법 등을 이용하여 불확실성을 감축할 수 있다.

04 대응력 있는 공급사슬의 디자인

일반적으로 기업들은 효율성에 초점을 맞추어 비용감소, 생산능력의 효율적인 이용, 재고감소 등에 관심을 두어 왔다. 이러한 것이 중요한 것은 틀림이 없으나 이제는 효율성보다는 효과성에 초점을 맞추는 것이 중요한 것으로 보인다. 그 이유는 제품이나 기술의 수명주기가 단축되고, 경쟁심화로 제품변화의 빈도가 높아지며, 고객의 수요가 다양해지는 상황에서 기업에 가장 중요하게 요구되는 능력 중의 하나는 수요의 변화에 대한 대응성을 가져야만 경쟁우위를 확보할 수 있기 때문이다. 즉, 짧은 시간 내에 수요의 크기에 따라 생산량을 조절하거나 고객의 기호 변화에 따라 빠른 시간 내에 제품을 다양화할 수 있도록 민첩성 혹은 유연성을 가지는 것이 중요하다는 것이다. 공급사슬이 대응성을 갖추기 위해서는 민첩성을 가져야 하는데 공급사슬이 민첩성을 가지기 위해서는 다음을 고려해야 한다. 우선적으로 시장에 대하여 민감성을 가져야 한다. 이 말이 의미하는 것은 실제의 수요를 파악할 수 있어야 하고 대응할 수 있어야 한다는 것인데, 예를 들어, 판매시점 데이터와 같은 수요에 대한 실시간 정보를 수집하여 수요에 대응할 수 있어야 한다는 것이다. 이렇게 수집된 판매시점 데이터는 공급자와 구매자가 공유하도록 하는 것이 유리한데 그 이유는 정보공유를 통하여 수요가 가시화됨으로써 공급사슬 구성원들이 동일한 데이터, 즉 실제 수요에 기반을 두고 활동을 하게 되어 주문에만 의존할 경우 일어나는 채찍효과와 같은 수요의 왜곡현상을 피할 수 있기 때문이다. 공급사슬 구성원간에 정보공유가 순조롭게 되기 위해서는 제품을 공동으로 개발한다든지, 동일한 시스템을 갖춘다든지 등 구매자와 공급자와의 협조적인 관계를 유지하여야 한다. 요즈음은 개인 기업이 다른 기업과 경쟁한다기보다는 공급사슬이 다른 공급사슬과 경쟁하는 것으로 볼 수 있다. 따라서 네트워크 전체가 민첩성을 가지는 것이 중요하며 이를 위해서는 구성원간의 상당한 수준의 협조와 동기화가 필요하며, 네트워크 파트너의 강점과 능력을 최대한 이용하여야만 지속적인 경쟁우위를 유지할 수 있다.

크리스토퍼는 민첩성을 갖춘 공급사슬을 디자인할 때에 고려해야할 사항들을 다음과 같이 정리하고 있다.

• 정보공유를 통한 활동의 동기화

동기화란 공급사슬 구성원들이 모두 같은 북소리에 맞추어 움직이는 것처럼 정보의 공유를 통하여 공급사슬 구성원들이 동일한 수요예측 및 일정계획에 따라 움직이는 것을 말한다. 상당히 비현실적인 것으로 보일수도 있지만 정보기술의 발전으로 점차 가능하게 되었으며 실제로 월마트가 공급자에게 실시간으로 판매시점 데이터를 제공한다든지 패션 어패럴 산업에서 신속대응전략의 일환으로 소매상, 섬유생산업자, 의류생산자 사이에 수요정보 공유가 이루어지고 있다.

- 부가가치가 없는 활동의 제거

프로세스를 면밀하게 검토해보면 고객에게 가치는 창출하지 않으면서 비용만 지출되는 활동들에 소요되는 시간이 있음을 발견하게 된다. 재고에 투자되는 시간이 하나의 예이다. 즉 주문 후 배송이 이루어지기까지 2주가 걸린다면 2주 동안의 수요에 대비한 재고를 보유해야 한다. 원하는 결과를 더 짧은 시간에 적은 비용으로 얻기 위하여 조직의 프로세스를 단순화하고 재구성하는 활동인 BPR(business process reengineering)이 필요하며, 종종 프로세스의 단축을 위하여 몇 가지 공정을 동시에 작업을 한다든지, 부가가치를 생성 못하는 활동을 없앤다든지 하여 전체적인 프로세스 시간을 줄이기도 한다.

- 입고 리드타임 단축을 위한 공급자와의 파트너십 형성

협조를 통하여 대응성을 향상시키는 방법의 대표적인 예가 공급자 재고관리(VMI)이다. VMI는 재고에 대한 관리 및 보충에 대한 책임이 고객으로부터 공급자에게 이전되는데, 고객은 공급자에게 주문을 하지 않고 대신 판매정보를 공급자와 공유한다. 공급자는 이러한 판매정보를 이용하여 재고보충에 대한 의사결정을 스스로하게 되므로 생산 및 조달 계획을 자신의 상황을 고려하여 수립할 수 있어 생산능력을 효과적으로 이용할 수 있다. 고객과 공급자 모두 이득을 보게 되며 소비자도 가용성 및 신뢰도의 향상을 기대할 수 있다.

• 복잡성의 감축

복잡성은 민첩성에 장애로 작용하며 비용도 증가시킨다. 예를 들어, 고객이 실제로 원하는 것 이상으로 제품을 다양화하게 되면 제품의 가용성 관리에 어려움을 주고 수요의 불확실성을 높인다. 따라서 복잡성을 없애고 단순성을 추구하는 것이 바람직하다. 예를 들어, 여러 제품에 공통부품을 이용하는 것이 한 예이다.

• 제품의 차별화 연기

이것은 최종 제품에 대한 모델별 수요에 대한 파악이 이루어질 때까지, 생산 모델이 결정되는 제품의 최종생산단계를 될 수 있으면 지연시키는 것이다. 이를 위해서는 제품의 모듈화가 되어야 하고 모델이 결정될 때까지 공통제품으로 보유하고 있다가 수요에 대한 윤곽이 드러나 불확실성이 어느 정도 제거된 뒤에 생산이 이루어지므로 모델별 완성품재고를 감축할 수 있다는 장점이 있다. 예를 들어, HP 프린터의 경우 최종포장단계를 미루었다가 시장 수요가 파악된 뒤 그 시장에 맞는 전원코드, 설명서 등을 넣어 포장을 하는 것이 이의 한 예이다.

• 기능이 아닌 프로세스의 관리

기능을 중심으로 하는 조직은 시장이나 비즈니스 환경의 변화에 대응하는 속도가 상대적으로 느리다. 기능에서 다른 기능으로 거치다 보면 시간이 길어지기 마련인데, 예를 들어, 신제품개발 활동의 경우 R&D에서 제품 엔지니어링, 시장조사, 생산 등 순차적으로 진행하면 시간이 길어진다. 반면에 변화하는 고객의 요구에 신속하게 대응하는 기업은 주로 프로세스의 관리에 초점을 맞춘다. 이러한 프로세스는 고객에게 가치를 창출하는 활동들을 수평적이고 시장에 초점을 맞춘

순서로 나열한 것으로, 이러한 프로세스는 여러 기능과 연관이 있으므로 여러 분야를 망라하는 팀이 관리하는 것이 가장 좋다. 예를 들어, 혁신 프로세스, 고객관계관리 프로세스, 공급자관계관리 프로세스 등이 이에 속한다. 의사결정 단계가 여럿이 있는 조직보다는 프로세스 팀에게 자율권이 부여되는 경우 시장변화에 대응하는 것이 빠르고 또한 조직구조가 수평적인 경우에 공급사슬의 구성원 간의 연대가 촉진된다.

• 적합한 성과 측정치의 이용

일반적으로 이용되는 비용최소화, 자산이용율 최대화, 효율성, 생산성 향상 등의 기준이 민첩성을 장려하는 기준이라고는 볼 수 없다. 예를 들어, 생산 분야에서 단위당 생산비용을 기준으로 평가한다면 규모의 경제를 얻기 위하여 배치크기를 크게 하는 것이 유리하다. 그러나 배치크기를 크게 하면 유연성을 잃게 되고 또한 재고수준도 높아진다. 반면에 시간에 기준을 둔 측정치, 예를 들어, 사이클 타임 감축, 준비시간 단축 등에 초점을 맞추면 민첩성을 장려하게 된다. 또 측정치를 고객에게 초점을 맞추는 것도 민첩성을 장려하는 데 도움이 된다. 예를 들어, 고객에게의 정시배송 및 주문일치 정도에 프로세스의 초점을 맞추어 주문내용 완전충족률이나 정시배송률 등의 측정치를 이용하게 되면 민첩성을 높이는 데 대한 인센티브를 제공하게 된다.

<그림 4-2>는 기업이 대응성을 확보하는 데 필요한 주요 구성요소를 보여주고 있다. 예를 들어, 대응성 있는 기업은 민첩한 공급자와 밀접한 관계를 유지하고 가상 공급사슬 네트워크를 구성한다. 고객에게도 가까이하여 실질적인 고객수요에 대한 정보를 얻고 이 정보를 네트워크의 파트너와 공유한다. 기업 내적으로는 기능적이 아

그림 4-2 대응적인 공급사슬을 디자인하기 위한 로드맵

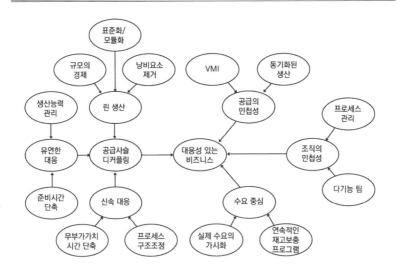

기업이 대응성을 갖추는 데 필요한 주요 요소들과 그것들이 어떻게 연결이 되는지 보여주고 있다.

자료: Christopher(2005) p.138

닌 프로세스에 초점을 맞추어 민첩성을 가진 조직을 구성한다. 생산 차원에서 린 개념을 도입하고 공급사슬 전략 차원에서 유연성과 신속성을 가지도록 한다. <그림 4-2>에서 좌측의 중심에 있는 '공급사슬 디커플링'이란 수요 예측에 의한 생산이 이루어지는 푸시사이드와 주문 후 수요충족이 이루어지는 풀사이드의 전환이 이루어지는 것을 의미하며 디커플링 지점에서 푸시와 풀의 전환이 이루어지고 재고가 보유된다.

공급사슬의 구성원들이 서로 분리되어 있고 각자가 자신의 성과 최적화에만 초점을 맞추는 경우에 공급사슬 구성원간의 상호작용은 재고나 시간 지연(time lag)으로 완충을 해야 하는 경우가 대부분이다. 이러한 공급사슬에서는 프로세스의 전체적인 시간이 길어지고 대응성이 낮아지며 총비용은 높아진다. 이러한 문제를 극복하기 위해서는 <그림 4-2>와 같은 공급사슬이 동기화된 네트워크 형태를 갖추도록 해야 한다. 동기화의 의미는 공급사슬의 구성원들이 연결되어 있고 동일한 북소리에 맞추어 움직이는 것을 의미한다. 공급사슬 구성원간의 연결은 정보공유를 통하여 가능하며, 이러한 정보공유의 대상이 되는 것은 수요데이터, 예측치, 생산일정 등이다. 공급사슬에서 이러한 정도의 가시성 및 투명성을 얻기 위해서는 상당히 높은 수준의 프로세스 조절 및 협력이 필요하다.

1. 가상 공급사슬의 구축

갈수록 기업 및 비즈니스의 본질이 변하고 있다. 즉 기업 및 비즈니스의 경계가 사라지고 있는데, 이것이 의미하는 것은 기업 내적으로는 수평적인 프로로세스 관리를 선호하여 기능간에 장벽이 없어지며, 기업 외적으로는 공급자, 유통업자, 고객간의 분리정도가 점점 줄고 있다. 이것이 바로 확장기업(extended enterprise)의 개념인데 이러한 개념의 등장으로 조직이 어떻게 경쟁을 해야 하며 가치사슬이 어떻게 다시 구성되어야 하는지에 대한 생각이 바뀌고 있다. 이러한 변화의 바탕에는 정보공유가 있으며, 정보공유를 통하여 여러 기능에 걸친, 수평적관리가 가능해지고 또한 공급사슬 구성원간의 흐름이 시장 대응적이 된다. 가상공급사슬이란 이러한 부가가치적인 정보교환에 기반을 둔 파트너간의 관계를 의미한다.

2. 가상공급사슬에서의 정보의 역할

정보기술의 발전으로 시간과 공간의 벽이 무너져서 공급자와 고객이 직접 연결되고 공급자는 시장의 변화에 대하여 실시간으로 대응을 하게 되었다. 이러한 전자상거래, 인터넷, 가상의 공급사슬 등을 포함하는 새로운 세계를 시장공간(market space)이라는 신조어를 만들어 표현하고 있다. 이러한 시장공간에서는 고객의 수요가 발생함과 동시에 확인되고 CAD/CAM과 유연생산시스템을 통하여 제품은 최소한의 배치크기로 만들어진다. 마찬가지로 글로벌 정보 네트워크와 같이 특수 공급자들의 네트워크들이 모여 항공기의 생산과 같이 복잡한 디자인이나 생산문제에 대한 혁신적이면서도 비용면에서 효과적인 해법을 만들어낸다.

인터넷은 공급사슬 구성원들이 서로 연결되는 방법을 바꾸어 놓았으며 가상공급사슬을 만드는 데 중요한 수단이 된다. 인터넷은 방대한 글로벌 시장을 최소한의 비용으로 진입할 수 있도록 하고 고객으로 하여금 조사시간 및 거래비용을 감축할 수 있게 하며 또한 공급사슬 구성원간 비용측면에서 효과적으로 정보를 공유하게 도와준다. 엑스트라넷을 이용하여 기술적으로 서로 다른 정보시스템을 가진 조직들이 고객의 판매나 제품이용과 관련한 자료에 접근할 수 있게 되었고 그 정보를 이용하여 재고보충관리를 한다든지 자신의 공급자에게 미래의 수요에 대해 정보를 제공할 수 있게 되었다. 기업 내부에서는 인트라넷을 이용하여 소매점간 정보를 교환한다든지 기업내부의 의사소통을 촉진할 수 있게 되었다.

로지스틱스 정보시스템은 기업으로 하여금 수요 자료를 더 빨리 얻게 해주고 또한 더 나은 계획과 일정계획으로 생산능력이나 수송능력을 보다 효율적으로 이용하게 해주어 기업이 전반적으로 효율적으로 운영되도록 도와준다. 또한 이러한 정보 및 정보기술의 이용으로 기업들의 고객에 대한 대응성이 높아지고 있으며 이러한 정보는 경쟁력있는 로지스틱스 전략을 세우는 데 동력이 된다. 최근에는 공급자와 고객의 운영시스템을 연결하는 통합적인 로지스틱스 시스템이 등장했다. 이러한 시스템은 정보공유를 통하여 공급사슬 구성원들이 동일한 수요정보를 바탕으로 운영이 되며 궁극적으로는 공급사슬이 수요사슬이 되는 것을 목표로 하고 있다.

3. 신속대응전략

동기화의 철학에서 발전된 개념이 신속대응(QR: quick response) 개념이다. 신속대응의 기본 아이디어는 시간 경쟁에서 경쟁우위를 확보하기 위해서는 대응성이 높고 신속한 시스템을 개발하는 것이 중요하다는 것이다. 신속대응이 가능하게 된 것은 정보기술의 발전 덕분인데 예를 들어, 인터넷을 통한 데이터 교환, 바코딩, EPOS(electronic point of sale) 시스템 등이 그에 속한다. 신속대응의 원리는 수요에 대한 정보가 될 수 있으면 실시간으로 수집되고 이러한 정보에 대한 즉각적인 대응이 이루어진다는 것이다. 이러한 예를 월마트와 P&G의 관계에서 볼 수 있는데, P&G는 월마트로부터 판매시점 데이터를 실시간으로 공급받고, 이 자료를 자신의 생산 및 배송 일정계획에 이용한다. 이로 인하여 월마트는 과잉재고나 재고부족현상도 줄일 수 있었으며 P&G의 경우에도 생산비용 및 로지스틱스 비용이 감소되는

그림 4-3　신속대응전략의 효과

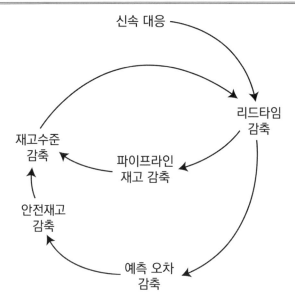

신속대응전략은 리드타임 감축에서 시작하여 다시 리드타임 감축으로 이어지는 사이클 효과를 가진다.

자료: Christopher(2005) p.192

효과를 얻는다.

　이러한 효과 이외에도 신속대응시스템은 리드타임 감축을 통하여 재고수준의 감축 효과가 있으며 재고수준의 감축은 다시 대응시간의 단축으로 이어져 <그림 4-3>에서와 같은 효과가 있다. 즉 신속대응이 가능하면 리드타임이 감축되고 이는 수송 중인 재고를 의미하는 파이프라인 재고의 감축과 예측 오차 감축으로 인한 안전재고 감축으로 이어져 궁극적으로 전체적인 재고수준의 감축 효과가 있다.

　신속대응은 고객의 다양한 요구를 짧은 시간에 충족해야 하므로 생산 분야에 상당한 압박을 주게 된다. 생산에서 이러한 문제를 해결하는 방법은 유연성을 갖는 것이다. 이상적으로 리드타임이 영이 되면 완전 유연성을 얻게 되는데 비록 이것이 가능하지는 않지만 이러한 방향으로 나아가야 한다. 작은 배치 크기로 다양한 제품을 생산하는 것은 규모의 경제에서 벗어나 범위의 경제를 추구하는 것을 의미하며 이때 가장 문제가 되는 것이 준비시간이다. 준비시간을 가능한 한 단축해야 한다. 이러한 준비시간의 단축은 도요타생산시스템과 같이 컨베이어 벨트에서 다양한 모델의 자동차 생산이 가능하게 해준다.

이 이외에도 신속대응을 지원하는 생산전략으로서 베네통의 전략을 검토할 필요가 있다. 옷 제작자인 베네통의 경우 옷을 제작할 때에 염색이 완료된 실을 이용하여 옷을 제작하는 것이 아니라 흰색이나 회색의 실을 이용하여 옷을 제작한 뒤 판매 시점에 이르러 고객의 색상에 대한 취향이 밝혀지면 그때 소규모의 배치로 염색을 하는 생산 프로세스를 개발하였다. 이 방법은 다양한 색깔의 옷의 재고를 보유할 필요가 없으며 또한 소규모의 배치 생산이 가능하여 유연성도 높다.

완성품 재고를 많이 보유하지 않고도 고객의 다양한 요구를 충족시키는 대량맞춤을 지원하는 방식이 있는데 그것은 제품의 모델이 결정되는 최종생산단계를 연기하며 제품의 차별화를 지연시키고 고객의 요구가 밝혀진 후 최종제품을 생산하는 방법을 채택하는 것이다.

4. 공급사슬 구성원 간의 협조

구매의 경우 전통적으로 하나의 공급자에 의지하는 것이 아니라 다수의 공급자와 거래를 하며, 다수의 공급자 간의 경쟁을 유도하여 가격을 하락시키거나 비용을 절감하는 방식으로 이루어진다. 그러나 이러한 경우에 공급자와의 관계는 우호적이지 않게 되며 실제로 이러한 방식은 최선이 아니라는 것이 일반적인 견해이다. 가격 협상에 기반을 둔 관계에서 가장 큰 문제점으로 지적되는 것은 품질이다. 공급자는 자신의 비용을 최소화하기를 원하므로 품질기준을 최소한으로 충족하는 수준으로 공급하게 된다. 이러한 상황에서 구매자는 입고품에 대한 검사비용 및 재작업로 인한 추가 비용이 발생하게 된다. 실제로 JIT와 같은 시스템과 같이 필요한 시기에 필요한 양을 지속적으로 공급받아야 하는 경우 다수의 공급자로부터 공급을 받는 것을 관리하는 것이 비현실적이라는 것이 판명되었으며, 주문 및 주문충족과 관련한 의사소통도 다수의 공급자의 경우 매우 힘들다.

구매자와 공급자 간의 관계가 밀접해질수록 양쪽의 전문성을 상호이익을 위해 적용할 수 있는 가능성이 높아진다. 실제로 많은 기업들이 공급자와의 밀접한 관계가 제품디자인, 부품의 가치공학 등 일반적으로 효율적인 방법을 찾는 데 도움이 된다는 것을 발견하였다. 이러한 공급자와의 관계를 공동제작 혹은 파트너십 소싱(partnership sourcing)이라고 하는데 공동제작은 상호신뢰를 근간으로 하여 소수의 공급자와 장기적인 관계를 구축하는 것이다. 공동제작의 기본철학은 연속성과 원활한 흐름을 위해 공급자를 생산자의 운영의 연장으로 보는 것이다. 이러한 철학을 도입하는 기업들은 생산자가 공급자에게 각종 지원을 제공하여 공급자가 운영의 향상을 통한 비용 절감 및 효율성 향상을 얻게 도와주고 이는 결국 생산자에게 혜택으로 돌아오게 되므로 결국 윈윈 결과를 얻는 셈이 된다. 즉 전통적인 생산자와 공급자 관계에서는 공급자의 마진을 줄여 가격하락을 유도하나 공동제작 관계에서는 공급자의 비용을 절감하여 가격하락을 유도한다.

공급자와의 협조 및 통합된 로지스틱스 계획 메커니즘을 통하여 생산자와 공급자가 모두에게 혜택이 되는 방향을 모색한다. 이러한 공동제작이라는 개념은 생산자와 공급자와의 관계에서만 찾아볼 수

있는 것이 아니라 생산자와 유통업자, 소매상, 소비자와의 관계에서
도 찾아볼 수 있다. 이러한 공동제작이 성공하게 되면 재고 감소를
통한 비용 절감 및 일정계획의 통합을 통한 준비비용의 감소 등의 혜
택이 있다.

5. 공급자 재고관리(VMI)

전통적으로 고객이 주문하고 공급자가 주문을 받아 주문충족을
하는 상황에서는 공급자가 사전에 주문량을 알 수가 없으므로 예측
을 하여 준비를 하게 되고 따라서 필요 이상의 안전재고를 보유하게
된다. 게다가 공급자는 종종 예상치 못한 수요에 직면하고 이는 생산
및 배송일정계획의 빈번한 변화로 이어져 추가적인 비용이 발생하게
되며, 이것은 또한 고객에게도 영향을 미치는데 재고 부족 빈도가 높
아져 고객서비스 수준의 하락을 경험하게 된다. 이러한 문제점을 해
결하는 방법의 하나로 제시되는 VMI(vendor managed inventory)에서는
고객이 주문하는 것이 아니라 수요정보를 공급자와 공유하게 된다.
이러한 정보는 판매데이터뿐만 아니라 보유재고수준, 판매촉진과 같
은 마케팅 활동 등도 포함한다. 이러한 정보를 바탕으로 하여 공급자
는 고객의 재고 및 보충에 대한 책임을 지게 되며 고객이 제시하는
재고수준의 상한 및 하한선 내에서 고객의 재고수준을 유지하게 된
다. VMI는 고객에게는 과잉재고나 재고 부족의 위험 감소의 혜택을
주며, 심지어는 제품이 판매될 때까지 대금을 결제하지 않아도 되므
로 현금흐름의 이점을 제공한다. 공급자는 수요정보를 얻게 되므로
생산 및 배송 일정계획을 더 잘 세울 수 있으며, 결과적으로 생산능
력을 효율적으로 이용할 수 있고 또한 안전재고수준이 감소하게 된
다. 크리스토퍼는 공급자와 생산자와의 협력이 있어야 가능한 시스템

이므로 재고공동관리(CMI: co-managed inventory)라는 용어가 더 적합하다고 주장한다.

06 글로벌 공급사슬관리

글로벌 기업은 지리적으로 분산된 지역에 다수의 조립 및 생산 시설을 가지고 전 세계를 원자재 및 부품의 공급원으로 하며 제품을 전 세계를 대상으로 판매한다. 기업이 글로벌 운영을 한다는 것은 높은 불확실성과 통제력의 감소를 감수해야 한다. 불확실성은 거리가 멀고, 리드타임이 길고, 시장에 대한 지식의 부족으로 생기는 것이며 통제력의 감소는 국제서비스 기업을 광범위하게 이용해야 한다는 것과 관세 및 거래제한 등과 관련한 정부의 관여에서 비롯된다. 그럼에도 불구하고 기업이 글로벌을 지향하는 이유는 시장을 확대하여 비즈니스의 성장을 도모함과 동시에 구매 및 생산에서의 규모의 경제를 통하여 비용 절감의 효과를 얻고자 함이다. 글로벌화는 상당한 매력이 있는 반면에 두 가지의 큰 문제를 극복하지 않으면 안 된다. 하나는 글로벌 시장들이 모두 동일한 것이 아니므로 지역에 맞는 제품을 제공해야 한다는 것이고, 다른 하나는 글로벌 공급사슬은 복잡하여 조정을 잘 하지 못하면 비용이 많이 들고 리드타임도 길어진다는 것이다. 따라서 글로벌 공급사슬관리의 핵심은 글로벌 생산표준화로 인한 비용 절감의 이점을 살리면서 지역별로 맞는 다양한 제품을 제공하는 것이다.

1. 글로벌 환경의 변화 및 글로벌 공급사슬관리

인터넷 등 정보기술의 발전으로 비즈니스 환경이 급격하게 변화함에 따라 기업들도 이에 걸맞는 전략을 수립해야 하는데 이러한 비즈니스 환경의 변화는 특히 시간과 공간의 제약을 받는 글로벌 기업의 경우에 영향을 많이 미친다. 최근의 비즈니스 환경변화를 요약하면 다음과 같다.

첫째, 의사소통이 시간과 공간을 초월하여 가능하다.
둘째, 자금의 이전이 순간적으로 일어난다.
셋째, 지적자산의 흐름이 실시간으로 진행된다.
넷째, 개별 고객의 요구에 맞는 제품의 차별화 정도가 증가한다.
다섯째, 원자재나 완제품의 글로벌 흐름은 국가나 기업의 경계와는 무관하게 자유롭다.
여섯째, 기업의 운영이 분산되고 자치적으로 이루어진다.

이러한 환경변화는 기업에 있어 기회를 제공함과 동시에 관리의 복잡성과 어려움을 초래하며 특히 글로벌 공급사슬관리의 필요성을 부각시킨다. 이러한 상황에서 선도기업들은 국제소싱의 개념에서 한 걸음 더 나아가 글로벌 공급사슬관리의 철학을 도입하고 있다. 카터(Carter)는 글로벌공급사슬관리의 발전 단계를 다음과 같이 세 단계로 구분한다.

- 국제구매: 글로벌 구매를 시작하는 기업들의 특성으로 가격 최소화, 재고비용관리 등에 초점을 맞춘다.
- 글로벌소싱: 해외소싱을 해온 대부분의 기업이 여기에 속하며, 공급자의 능력, 생산전략의 지원, 소비자시장 서비스에 초점을

맞춘다.
- 글로벌공급사슬관리: 효과적 공급사슬관리를 통하여 공급망을 최적화한다. 해외소싱의 위험을 효과적으로 최소화하고 기술 리더십을 소싱한다.

글로벌소싱은 국내소싱에 비하여 추가적인 노력을 필요로 하지만 그 대가는 크다. 글로벌 소싱을 하는 이유는 다음과 같다.
- 첫째, 최상의 품질을 확보하기 위해서이다. 지금의 비즈니스 환경의 특징 중의 하나는 경쟁의 심화이다. 이러한 환경은 기업이 글로벌 차원에서 경쟁하게 되면서 더욱 심해지고 있다. 이제는 일등 기업이 아니면 도태되는 심각한 상황에까지 이르게 되었으며 경쟁우위를 확보하기 위해서는 최상의 품질의 제품을 생산해야 한다. 따라서 최상의 품질의 부품을 제공할 수 있는 공급원을 찾는 것이 중요하다.
- 둘째, 일정계획에 맞추어 공급할 수 있는 공급자를 확보하기 위해서이다. Dell의 성공 이유 중의 하나는 신제품을 시장에 신속하게 공급할 수 있다는 점이다. 물론 JIT와 같은 시스템에서는 공급자가 거리상으로 가까이 있는 것이 유리하지만, 글로벌 공급원을 이용하는 경우가 리드타임이 짧은 경우가 많다.
- 셋째, 더 발전된 기술을 획득하기 위해서이다. 이제는 특정국이 기술을 독점하던 시대는 지났다. 글로벌 공급원들이 진보된 기술을 가지고 있는 경우가 많다. 글로벌 경쟁력 확보 차원에서 이러한 공급원을 이용해야 한다.
- 넷째, 공급자 집단을 확대하기 위해서이다. 공급원이 확대된다는 것은 공급자의 수를 늘리는 것이 아니라 더 나은 공급자를 선택할 수 있는 기회가 확대됨을 의미한다.

- 다섯째, 고객 집단을 확대하기 위해서이다. 글로벌소싱은 공급 원이 위치한 지역에 제품을 판매할 기회를 제공한다.
- 여섯째, 비용을 절감하기 위해서이다. 비록 글로벌소싱의 경우 국내소싱에 비하여 추가적인 비용이 발생하기는 하지만 제품 의 가격 등과 함께 전체적인 비용을 고려하면 글로벌소싱이 유리한 경우가 많다.

2. 글로벌 로지스틱스 전략

무역거래 장벽의 감소, 글로벌 수송의 발전 등으로 글로벌 비즈 니스는 확대되고 있고 이와 함께 경쟁 또한 심화되고 있다. 최근의 글로벌 환경을 살펴보면 거의 모든 산업에서 생산능력이 과잉인 상 태이다. 이러한 상황에서 경쟁우위를 확보하기 위해서는 비용 절감 및 서비스수준 향상이 절실하며 이를 위해 공급사슬의 효율성 및 효 과를 최대한으로 높이는 것이 중요하다. 공급사슬의 효율성 및 효과 를 최대로 하기 위한 글로벌 로지스틱스전략을 세우는 데 있어 몇 가 지 고려해야 할 사항은 다음과 같다.

- 집중생산

집중생산이란 하나의 생산시설에서 만들어지는 제품의 종류를 제한하여 규모의 경제를 얻는 것을 말한다. 예를 들어, 나라마다 공 장을 만들어 그 공장에서 다양한 제품을 생산하여 공급하는 것이 아 니라, 하인츠(Heinz)의 경우처럼 유럽의 전 지역에 공급하는 토마토 캐첩을 3개의 공장에서 생산하여 공급하는 것이다. 즉 세계의 시장을 하나로 보고 세계수요를 소수의 시설에서 생산하여 제공하는 것이다. 이러한 집중생산은 로컬생산보다 규모의 경제 효과로 인한 단위당 평균생산비용이 감축된다는 이점은 있으나, 몇 가지 단점이 있음을 유의하여야 한다. 첫째, 공장이 지역에서 많이 떨어져 있게 되므로 로컬생산에 비하여 수송비용이 증가한다는 것과 배송리드타임의 증가로 인하여 지역에서 보유할 재고수준이 높아진다는 것이다. 둘째, 동일한 제품이더라도 지역별로 다른 사양이 요구될 경우에 문제가 된다. 예를 들어, 사용 전압이 나라마다 다르므로 지역에 맞는 전원 코드가 요구된다든지 혹은 나라마다 사용하는 언어가 다르므로 지역에서 사용하는 언어로 작성된 설명서가 요구되는 경우에, 이러한 제품사양을 집중생산시에 고려하여 포장을 완료할 경우 수요예측의 불확실성으로 인한 재고부족 및 재고과잉의 문제가 생기게 된다. 이러한 문제는 제품차별화의 연기를 통하여 어느 정도 해결이 가능하다. 셋째, 고객이 한 기업으로부터 다양한 제품을 주문할 경우에 문제가 된다. 각 제품이 지리적으로 분산된 다른 시설에서 집중생산이 될 경우, 이를 고객에게 전달할 때에 주문 제품을 통합하여 배송하는 것이 문제가 된다. 이 문제는 크로스 도킹 등의 기법을 이용하여 어느 정도 해결이 가능할 것이다. 어쨌든 집중생산의 장단점을 고려하여 집중생산 전략의 선택 여부가 결정되어야 한다.

• 재고의 중앙집중화

재고를 중앙에서 관리하게 되면 요구되는 재고보유수준이 감소하므로 기업들은 창고의 수를 줄여 하나의 창고로 보다 넓은 지역을 커버하게 한다. 이러한 추세는 거의 모든 산업에서 발견되고 있다. 그러나 비록 재고의 중앙집중화가 재고보유수준을 감축한다는 이점은 있으나 지역관리에 비하여 수송비용이 증가하고 리드타임이 증가한다는 단점이 있다. 최근에는 실제 재고는 지역이나 생산지에 있으면서도 재고관리는 중앙에서 이루어지는 가상재고의 개념이 등장하였다. 가상재고의 기본 아이디어는 재고를 지역에 두어 유연성을 유지하면서도 정보를 이용한 중앙관리를 통하여 재고보유수준 감소의 효과를 얻을 수 있다는 것이다. 이 방법이 재고를 실제로 중앙에서 관리하는 방법보다 유리한 것은 제품을 중앙의 유통시설에서 관리 할 때에 발생할 수 있는 여러 비용을 절감할 수 있다는 것이다.

• 연기 및 현지화

현지화란 지역마다 고객의 요구가 다양하므로 제품을 현지 상황에 맞게 변경하여 제공하는 것이다. 현지화가 문제가 되는 것은 다양한 제품을 한 곳에서 생산할 경우에 제품의 표준화로 얻을 수 있는 생산비용 절감의 혜택을 얻을 수 없다는 것이다. 현지화를 통한 마케팅 성공을 극대화하면서 생산표준화를 통한 비용 절감을 얻을 수 있는 방법은 없는가? 이러한 방법의 하나로 제시되는 것이 연기 (postponement) 혹은 차별화지연 전략이다. 이 방법은 모듈러 디자인을 통하여 최종생산 공정 전까지는 공통제품이 되고 최종생산 공정을 거치게 되면 모델이 다른 제품이 되도록 디자인하여 일단 제품을 공통제품 상태로 보유하고 최종공정을 목적지 시장이나 고객의 요구사항이 알려질 때까지 연기하는 것을 말한다.

이러한 연기 전략의 장점은 다음과 같다. 첫째, 재고가 공통제품의 형태로 보유되므로 개별 모델별로 재고를 보유할 때보다 전체적인 재고수준이 낮다. 둘째, 공통제품의 형태로 보유되므로 최종 모델을 다양하게 만들 수 있어 유연성이 높으며 다양한 모델을 저렴한 비용으로 공급이 가능하므로 대량 맞춤이 가능하다. 셋째, 최종 모델별 수요 예측보다 통합수요예측이 쉬우며 불확실성도 덜하다. 이러한 연기 전략이 성공하기 위해서는 제품이나 공정이 모듈러 디자인되어

최종공정을 거치게 되면 고객에게 다양한 모델을 제공할 수 있도록
되어야 한다. 최종 공정은 현지 시장 혹은 지역에서 이루어지기도 하
며 유통센터나 3PL이 최종공정을 수행하는 경우도 있다.

참고문헌

Chen, F.Y., J.K. Ryan, and D. Simchi-Levi (2000), "The Impact of Exponential Smoothing Forecasts on the Bullwhip Effect," *Naval Research Logistics*, 47, pp.269-286.

Chen, F.Y., Z. Drezner, J.K. Ryan, and D. Simchi-Levi (2000), "Quantifying the Bullwhip Effect: The Impact of Forecasting, Leadtime and Information," *Management Science*, 46, pp.436-443.

Dornier, P.R., R. Ernst, M. Fender, and P. Kouveils (1998), *Global Operations and Logistics: Text and Cases*, New York: John Wiley.

Fisher, Marshall L. (1997), "What is the Right Supply Chain for Your Product?," *Harvard Business Review*, March-April.

Handfield, R. and B. Withers (1993), "A Comparison of Logistics Management in Hungary, Chaina, Korea, and Japan," *Journal of Business Logistics*, 14, pp.81-109.

Kogut, B. (1985), "Designing Global Strategies: Profiting from Operational Flexibility," *Sloan Management Review*, 27, pp.27-38.

Lee, H. and C. Billington (1992), "Managing Supply Chain Inventory: Pitfalls and Opportunities," *Sloan Management Review*, Spring, pp.65-73.

Lee, H., P. Padmanabhan, and S. Whang (1996), "Information Distortion in a Supply Chain: The Bullwhip Effect," *Management science*, 43, pp.546-558.

Lee, H., P. Padmanabhan, and S. Whang (1997), "The Paralyzing Curse of the Bullwhip Effect in a Supply Chain," *Sloan Management Review*, Spring, pp.93 – 102.

Lessard, D. and J. Lightstone (1986), "Volatile Exchange Rates Put Operations at Risk," *Harvard Business Review*, 64, pp.107 – 114.

Levitt, T. "The Globalization of Markets," *Harvard Business Review*, 61, pp.92 – 102.

Markides, C. and N. Berg (1988), "Manufacturing Offshore Is bad Business," *Harvard Business Review*, 66, pp.113 – 120.

McGrath, M. and R. Hoole (1992), "Manufacturing's New Economies of Scale," *Harvard Business Review*, 70, pp.94 – 102.

Ohmae, K. (1989), "Managing in a Borderless World," *Harvard Business Review*, 67, pp. 152 – 161.

Wood, D., A. Barone, P. Murphy, and D. Wardlow (1995), *International Logistics*, New York: Chapman & Hall.

Chapter 05

채찍 효과 감축 및
전략적 제휴

기업들은 공급사슬의 단계마다 재고, 주문, 수송 수준에 있어 상당한 변동을 경험하며, 특히 공급사슬의 단계에서 고객으로부터 멀리 떨어져 있을수록 그 변동은 커진다. 수요와 재고의 변동은 재고비용의 증대, 재고 부족으로 인한 손실, 그리고 무엇보다도 고객의 수요에 대한 대응성이 낮아지는 문제를 야기한다. 그런데 이러한 변동은 고객으로 인하여 발생하는 것도 있지만 오히려 공급사슬 자체의 문제로 인하여 발생하는 경우도 많은 것으로 판명되었다. 이러한 문제의 해결과 공급사슬의 경쟁력 확보를 위해서는 공급사슬의 모든 구성원들이 공동의 목적을 위해 노력을 하는 것이 중요한데, 이는 공급사슬 구성원 간의 효과적인 파트너십의 구축을 통하여 가능하다. 본 장에서는 채찍효과 현상에 대한 이해와 이러한 효과를 감소시키는 방안에 대하여 살펴보고, 특히 그 방안 중의 하나로 전략적인 파트너십에 대하여 살펴본다.

1. 채찍 효과

소매상 수준에서 경험하는 작은 수요변동에 대한 정보가 공급사슬의 상위단계로 주문의 형태로 전달될 때에 수요변동이 확대되어 나타나는 현상을 채찍 효과(bullwhip effect)라 한다. 이렇게 이름이 붙여진 이유는 채찍의 손잡이 부분에서의 작은 움직임이 채찍의 끝으로 전달되면서 그 효과가 크게 확대되어 나타나는 것과 같기 때문이다. 이러한 채찍 효과는 공급사슬에서 상당한 비효율성을 초래하는데, 즉 재고비용 증가, 고객서비스 저하, 수입 감소, 생산능력계획의 차질, 비효과적인 수송 및 생산일정 등을 초래한다. 현재는 기업들이 채찍 효과를 이해하고 재고 감소 및 고객수요에 대한 대응성 증가를 위해 공급사슬의 파트너와 협력하여 채찍 효과를 감소하는 노력을 기울임으로써 경쟁우위를 확보하려고 한다.

2. 맥주 게임을 이용한 채찍 효과의 확인

맥주 게임이라는 것은 공급사슬관리를 경험해 볼 수 있는 컴퓨터 시뮬레이션 프로그램이다. 공급사슬에 맥주 공장, 유통업자, 도매상, 소매상의 네 개의 기업이 있고, 게임 참가자들은 각기 네 기업 중의 하나를 관리하게 된다. 기업들은 매주 하위단계의 기업으로부터 주문을 받고 상위단계의 기업에 주문한다. 주문량의 결정은 하위단계로부터 받은 주문량과 자신이 보유하고 있는 재고수준을 고려하여 결정한다. 주문 후 주문량이 도착할 때까지 일정 기간이 걸리며 게임 참가자들은 서로 정보를 교환할 수 없다.

다음과 같은 상황을 설정한다.

- 고객의 수요는 첫 3주 동안 주당 맥주 3상자이며, 4주째에 수요가 6상자로 증가한다고 가정한다. 이러한 수요정보는 주초에 알려진다고 가정한다.
- 기업들은 처음에 각각 9상자의 맥주를 재고로 가지고 있는 것으로 가정한다.
- 주문은 매주 말에 한다고 가정하고 주문을 한 후 주문량이 도착하기까지 3주가 소요된다고 가정한다.
- 수요가 재고를 초과하면 이월주문을 하는 것으로 가정한다.
- 기업들은 다음의 규칙을 이용하여 수요 예측 및 주문량을 결정한다고 가정한다.
  수요 예측: 다음 3주 동안의 주당 수요는 가장 최근의 3주 동안의 주당 평균수요로 한다.
  주문량: 주문을 하면 3주 후에 주문량이 도착한다고 가정하고 주문을 하고 3주 후의 기말재고가 9상자가 되도록 주문량을 결정한다.

이러한 공급사슬에서 첫 3주 동안은 모든 상황이 안정적이다. 공급사슬의 모든 기업들에게 수요는 3상자이며, 주문도 3상자이다. 수요의 변동이 생기는 4주차를 살펴보기로 한다. 먼저 소매상의 경우를 살펴보기로 한다. 4주차의 초에 맥주 9상자가 재고로 있다. 그리고 1주차에 주문한 3상자의 맥주가 도착하여 4주차에는 총 12상자의 맥주가 있는 셈이 된다. 4주차의 수요가 6상자이므로 4주차의 기말에는 6상자가 재고로 남게 된다. 다음 3주 동안의 주당 수요는 가장 최근 3주 동안의 평균수요이므로 $(3+3+6)/3=4$상자임을 알 수 있다. 주문량이 도착하는 3주 후의 기말재고가 9상자가 되어야 하므로 주문량은 다음과 같이 결정된다.

주문량=목표재고수준(9)+다음 3주 동안의 예측수요(4+4+4)
－현재재고(6)-다음 2주 동안의 주문도착량(3+3)=9상자

그러므로 소매상은 도매상에게 9상자를 주문하게 된다. 이 경우에 수요가 3상자에서 6상자로 2배 증가하였는데 주문량은 3상자에서 9상자로 3배 증가한 셈이 되며, 따라서 채찍 효과가 있음을 알 수 있다.

도매상의 경우를 생각해보자. 4주차에 소매상과 마찬가지로 총 12상자의 맥주가 있는 셈이다. 그런데 소매상으로부터 9상자를 주문받게 되면 도매상의 4주차 기말재고는 3상자가 된다. 도매상의 경우 주문량은 다음과 같이 결정된다. 최근 3주의 평균수요＝(3＋3＋9)/3＝5상자이다. 따라서

주문량=목표재고수준(9)+다음 3주 동안의 예측수요(5+5+5)
－현재재고(3)-다음 2주 동안의 주문도착량(3+3)=15상자

그러므로 도매상은 유통업자에게 15상자를 주문하게 된다. 이것은 3상자에서 15상자로의 증가를 의미하므로 소매상의 경우보다 변동이 더 커짐을 알 수 있다.

유통업자의 경우를 살펴보자. 4주차에 도매상과 마찬가지로 총 12상자의 맥주가 있는 셈이다. 그런데 도매상으로부터 15상자를 주문받게 되면 유통업자는 재고가 부족하므로 부족한 3상자를 이월 주문하게 된다. 유통업자의 주문량은 다음과 같이 결정된다. 최근 3주의 평균수요＝(3＋3＋15)/3＝7상자이다. 따라서

주문량=목표재고수준(9)+다음 3주 동안의 예측수요(7+7+7)

　　　　　+이월주문(3)-현재재고(0)-다음 2주 동안의 주문도착량(3+3)

　　　　　=27상자

그러므로 유통업자는 맥주 공장에 27상자를 주문하게 된다. 이 것은 3상자에서 27상자로의 증가를 의미하므로 도매상의 경우보다 변동이 더 커짐을 알 수 있다. 이처럼 변동의 폭이 점차 커지는 채찍 효과를 볼 수 있다.

3. 정보공유의 효과

수요정보를 공유하게 되면 어떠한 효과가 있는지 알아보기로 한 다. 맥주 게임에서의 모든 상황은 정보공유가 없는 경우와 같고 단지 이번에는 수요정보를 공유한다고 가정한다. 즉 소매상의 예측 수요정 보가 상위단계의 공급사슬에 전달된다고 가정한다.

소매상의 경우에 주문량은 전과 같이 9상자이다. 도매상의 경우 는 소매상으로부터 9상자의 주문을 받아 이를 충족시키기는 하지만 수요 예측을 하는 것이 아니라, 소매상의 예측수요가 주당 4상자라는 정보가 전달되어 그 정보를 이용하게 되므로 주문량은 다음과 같이 결정된다.

도매상의 주문량=목표재고수준(9)+다음 3주 동안의 예측수요(4+4+4)

　　　　　-현재재고(3)-다음 2주 동안의 주문도착량(3+3)

　　　　　=12상자

유통업자는 도매상으로부터 12상자의 주문을 받아 그 주문을 충족하기는 하지만 이 주문량을 수요 예측에 이용하는 것이 아니라, 소매상의 수요 예측 정보를 이용하는 것으로 한다. 따라서 유통업자의 주문량은 다음과 같이 결정된다.

유통업자의 주문량=목표재고수준(9)+다음 3주 동안의 예측수요(4+4+4)
　　　　　　　　－현재재고(0)-다음 2주 동안의 주문도착량(3+3)
　　　　　　　　=15상자

맥주 공장은 유통업자로부터 15상자의 주문을 받아 그 주문을 충족시키기는 하지만 이 주문량을 수요 예측에 이용하는 것이 아니라 소매상의 수요 예측 정보를 이용하는 것으로 한다. 따라서 맥주 공장의 주문량은 다음과 같이 결정된다.

맥주공장의 주문량=목표재고수준(9)+다음 3주 동안의 예측수요(4+4+4)
　　　　　　　　+이월주문(3)-현재재고(0) -다음 2주 동안의 주문
　　　　　　　　도착량(3+3)=18상자

위의 결과에서 알 수 있는 것은 수요정보를 공유하면 채찍 효과는 감소하나 여전히 공급사슬의 상위 단계로 갈수록 주문량이 증가하는 것을 볼 수 있으므로 채찍 효과가 완전히 제거되지는 않음을 알 수 있다.

4. 리드타임 감축의 효과

앞의 예에서 보았듯이 주문량의 크기는 리드타임 동안의 수요의 크기와 직접 관련이 있으므로 리드타임을 축소하면 주문량의 크기가

감소하며 이는 보유재고수준의 감소뿐만 아니라 수요의 변동 폭을 줄이는 효과가 있다. 잘 알려진 리틀의 법칙(Little's law)에 의하면 시스템 평균 재고수준＝시스템 평균 리드타임×단위시간당 시스템 현금창출률이다. 즉, 이 법칙에 의하면 리드타임이 감소하면 재고수준이 낮아진다.

리드타임이 매우 작다면 공급사슬의 기업들이 풀 시스템으로 운영될 수 있어 거의 무재고 상태가 된다. 즉 고객이 주문하면 그때부터 프로세스가 시작되어 공급자에게 부품을 주문하고 부품이 도착한 뒤 생산을 하면 된다. 리드타임이 단축되면 또 하나의 이점이 있는데 그것은 수요 예측이 정확해진다는 것이다. 예를 들어, 리드타임이 4주일 경우, 미래의 4주 동안의 수요를 예측하여 재고로 보유해야 하지만 리드타임이 2주로 단축되면 미래의 2주 동안의 수요를 예측하여 재고로 보유하면 된다. 따라서 재고를 대비해야 할 기간이 짧으므로 재고수준은 낮아진다. 그와 더불어 리드타임이 작을수록 수요를 예측해야 하는 미래의 시점이 가까워지므로 그만큼 수요 예측이 정확해진다는 이점이 있다.

5. 채찍 효과의 원인 및 완화방법

채찍 효과의 원인은 공급사슬의 구조적 원인과 공급사슬 구성원의 행위적 원인으로 구분할 수 있다. 구조적 원인에는 다음과 같은 것이 있다.

- 판매시점 자료의 공유가 없거나 공급사슬 구성원 간의 의사소통이 결여되어 있다.

수요정보가 없으면 주문정보에 의존할 수밖에 없다. 주문정보에 의하여 수요 예측을 하게 되면 수요정보를 공유하는 경우에 비하여 채찍 효과가 크게 나타난다.

- 리드타임이 길다.

주문량은 리드타임 동안의 평균수요와 안전재고를 더한 값으로 결정된다. 리드타임이 길다는 것은 수요의 변동이 그만큼 커짐을 의미하므로 주문량의 변동도 커지고 따라서 채찍 효과는 더 크게 나타나게 된다.

- 공급사슬의 단계가 많다.

채찍 효과는 공급사슬에서 한 단계씩 올라갈수록 변동이 커짐을 의미하므로 단계가 많으면 최종 단계에서의 변동은 단계가 적을 경우에 비하여 크다.

- 풀 신호가 결여되어 있다.

도요타의 칸반시스템과 같은 풀 시스템에서는 후속 공정에서 필요한 부품 및 양에 대한 정보가 선행공정으로 전달된다. 따라서 채찍 효과가 발생할 여지가 거의 없다.

- 배치주문이 주를 이룬다.

소매상이 배치주문을 한다는 것은, 도매상에게는 대량주문을 받고 한동안 주문이 없다가 다시 대량주문을 받는 식의 주문형태를 보게 됨을 의미한다. 이러한 주문 패턴은 수요가 왜곡된 것이며, 주문 패턴 자체도 매우 변동이 심하다.

- 가격할인이나 판매촉진이 이용된다.

가격할인이나 판매촉진이 이용되면 그 시점의 수요가 갑자기 증가하는 현상이 나타나고 그 시점이 지나면 수요가 급격히 떨어지는 수요왜곡 현상이 나타나게 된다. 이러한 수요왜곡 현상은 채찍 효과를 증가시키는 역할을 한다.

행위적 원인에는 다음과 같은 것이 있다.

- 이월주문에 대하여 과잉 반응한다.
- 재고를 감축하기 위하여 주문을 보류한다.
- 가격상승 예상 혹은 판촉 때문에 필요한 이상으로 주문한다.
- 공급자에 대한 신뢰 부족으로 필요한 이상으로 주문한다.
- 수요 예측이 부정확하다.
- 월, 분기, 연도의 목표치를 달성하려고 한다.

이러한 채찍 효과를 완화하는 방법으로는 다음과 같은 것이 있다.

- 불확실성의 감소

채찍 효과를 감소시키거나 제거하기 위해 가장 빈번하게 제안되는 것은 수요정보를 중앙 집중화하여 공급사슬의 각 단계에 실제 수요에 대한 완전정보를 제공하여 공급사슬 전체적으로 불확실성을 감축하는 것이다. 한 가지 중요한 것은 수요정보가 같더라도 수요 예측방법이나 주문방식이 다를 경우에는 채찍 효과의 감축 효과가 반감되므로 공급사슬 구성원들이 수요 예측방법과 주문방식을 통일할 필요가 있다.

- 변동성의 감소

고객수요 자체가 안정적이면 채찍 효과는 감소하므로 고객수요를 안정적으로 하는 방법을 도입하도록 한다. 예를 들어, 상시저가정책(everyday low pricing)을 채택하여 제품의 가격을 안정적으로 유지하여 가격이 낮을 때에 필요한 이상으로 구매하거나 가격이 높을 때에 구매를 줄이는 식을 없애고 고객의 수요를 평준화한다.

• 리드타임 감소

리드타임이 길면 변동성이 증가한다. 따라서 리드타임을 감소하게 되면 채찍 효과를 완화시킬 수 있다.

• 전략적 파트너십

전략적 파트너십을 통하여 공급사슬에서 채찍 효과를 감소시키는 방향으로 정보공유와 재고관리가 이루어질 수 있다. 예를 들어, VMI 시스템을 도입하게 되면 소매상의 주문에 의한 재고관리가 아닌 생산자가 직접 자신의 제품에 대한 소매상의 재고를 관리하게 되므로 채찍 효과는 완전하게 제거된다. 일단 수요정보 공유를 통하여 채찍 효과가 감소하므로 소매상에게 정보를 공유하도록 인센티브를 제공하는 전략적 파트너십을 통하여 채찍 효과의 감소를 기대할 수 있다.

02 전략적 제휴

1. 파트너십

파트너십의 종류는 다음과 같이 구분하여 볼 수 있다.
• 독립적인 관계(arm's length relationship): 생산자가 부품이나

원자재 필요시에 최저가격을 제시하는 공급자와 단기간의 계약을 통하여 조달하는 경우의 관계를 말하는데 생산자와 공급자 모두 서로 신뢰하기가 어렵고 또한 정보공유를 꺼린다. 당사자들이 주로 자신의 이익의 최대화를 목표로 하므로 공급사슬 전체적으로 생산성을 향상할 수 있더라도 수행하기를 꺼리게 된다. 특히 공급자들이 특정 생산자를 위한 전용설비를 갖추기를 꺼리므로 생산성을 높일 수 있는 기회를 갖지 못한다.

- 수직적 통합(vertical integration): 부품이나 원자재를 기업 자체적으로 내부에서 생산하는 경우를 말하는 것으로 이론적으로 진입장벽의 효과, 전용설비에 대한 투자의 촉진, 제품품질의 향상, 일정계획의 개선, 기능 및 작업 조정의 원활화 등의 장점이 있는 반면에 높은 고정비용, 기술 변화가 빠를 경우와 수요가 불확실한 경우의 유연성 부족 등의 단점이 있다.

- 가상적 통합(virtual integration) 혹은 전략적 제휴: 기업 간에 장기적인 파트너십 혹은 전략적 제휴를 맺는 경우이다. 이 형태는 수직적 통합의 장점과 전문기업에 아웃소싱을 할 때의 장점을 동시에 얻을 수 있다는 장점이 있다. 예를 들어, Dell의 경우에 자신은 컴퓨터 조립과 고객에게 전달하는 데에만 중점을 두고 다른 활동들은 아웃소싱하는 전략을 채택하였다. 이러한 전략의 경우에 부품의 생산이나 조립시설에 투자되는 고정비용이 필요 없게 되었으며 전문공급자와 전략적 제휴를 하여 고객의 요구에 신속하게 대응할 수 있게 되었고 또한 기술변화에 대하여 신속하게 대응할 수 있게 되었다. 예를 들어, 새로운 프로세스가 개발되었을 경우 그 프로세스에 맞는 제품은 전문공급자가 신속하게 디자인할 수 있으므로 고정시설을 가진 다른 경쟁자보다 기술 변화에 더 신속하게 대응할 수 있

게 된 것이다.

2. 공급자와의 전략적 제휴

다이어(Dyer)에 의하면 지엠이나 포드가 공급자와의 관계에 있어서 파트너십(10%)에 비하여 독립적인 관계(35%)나 수직적 통합(55%)을 주로 이용하는데 비하여, 토요타의 경우는 상대적으로 파트너십(48%)의 비율이 독립적인 관계(25%)나 수직적 통합(27%)에 비하여 높다는 것이다. 물론 파트너십을 이용하는 것이 모든 산업에서 적합하다고는 할 수 없을 것이다. 예를 들어, 복잡하지 않은 제품을 생산할 때에는 독립적인 관계를 이용하는 것이 바람직할 수도 있으며, 복잡한 제품의 경우에는 철저한 조정이 필요하므로 수직적 통합이 바람직할 수도 있다. 그러나 Dell의 사업모델의 성공으로 린 공급사슬을 구축하려는 기업들이 점차 전략적 제휴의 방향으로 전환하고 있는 것이 사실이다. 전략적 제휴가 효과적인 이유는 다음과 같다.

- 신뢰와 협조를 바탕으로 하는 장기적인 관계는 전용설비 투자를 가능하게 하며 구매자와 공급자와의 경계를 없앤다. 도요타나 혼다(Honda)의 경우 공급자에게 직원을 파견하여 품질문제 등을 해결하는 데 도움을 제공하며 혹은 공급자들이 생산자에 직원을 파견하여 문제를 해결하는 데 돕기도 한다.
- 구매자의 생산일정을 공급자에게 제공하여 예측을 쉽게 하고 공급자의 재고수준을 낮춘다.
- 생산자와 공급자가 공급시스템 전체의 비용을 감소하는 차원에서 전략적 재고를 어디에 보유할지를 결정한다.
- 단일소싱(single sourcing)을 통하여 품질개선, 정보공유, 비용감소, 생산 및 배송일정의 조정 원활화 등의 혜택을 얻는다. 그

러나 단일소싱의 문제점도 있다. 단일소싱을 한다는 것은 공급자의 품질이 믿을 수 있어 검사를 생략할 수 있으며, 공급자가 적량을 적시에 배송할 것이라는 믿음이 있다는 것이다. 그러나 기대한 만큼의 품질을 제공하지 못한다거나 혹은 적량을 적시에 공급하지 못하면 생산자에게는 타격이 크다. 또한 단일소싱이라는 점을 이용하여 공급자가 가격상승을 요구할 가능성도 있다. 이러한 경우를 대비하여 대안 공급자를 유지하는 것이 일반적이다.

3. 전략적 제휴의 형태

전략적 제휴의 형태는 다음과 같이 크게 세 가지로 구분할 수 있다.

- 신속대응전략: 공급자는 소매상으로부터 판매시점 데이터를 제공받아 수요예측, 생산일정, 리드타임 단축 등에 이용한다. 소매상이 주문하면 그때 주문을 충족시킨다.
- 연속재고보충전략: 공급자는 소매상으로부터 판매시점 데이터를 받아, 이 정보를 약속된 재고수준을 유지를 위한 정기적인 배송 준비를 위해 이용한다.
- VMI시스템: JIT 유통이라고 불리는 것으로 소매상과의 수요정보 공유를 통하여 공급자가 재고수준을 결정하고 이 수준을 유지하기 위한 재고관리정책도 공급자가 결정한다. 이 시스템은 월마트와 P&G 파트너십에서 볼 수 있는데, 월마트에서는 수요정보를 매일 P&G에게 제공하고 P&G는 전날의 판매량만큼 다음날 재고를 보충하면 되므로 수요 예측에 의존하지 않아도 된다. 이처럼 VMI는 공급자와의 수요정보공유를 통하여

공급자가 주문에 의존하지 않고 스스로 재고를 보충하게 함으로써 구매부서의 구매, 검사 등과 관련한 거래의 수를 감축한다. 공급자 스스로 재고보충의 우선순위를 결정할 수 있으므로 보유 재고수준의 감소 및 재고 부족 감소의 효과가 있다. 게다가 공급자들이 수량할인을 통한 대량구매를 유도하려는 동기가 없어져 대량구매로 인한 채찍 효과 등의 영향을 없앨 수 있다. 그리고 과거에 생산부서에서 구매부서로 요청을 하고 구매부서가 공급자에게 주문하는 식의 단계가 생산부서와 공급자가 바로 연결되어 공급사슬의 조정이 향상된다는 장점이 있다. 이렇게 장점은 많으나 VMI의 실행과 관련하여 어려움도 있을 수 있다. 예를 들어, 공급자의 판매사원의 반대에 직면할 수 있는데 VMI에서는 많이 공급하는 것이 중요한 것이 아니므로 판매실적에 따라 받던 보너스가 없어지기 때문이다. 또한 VMI의 실행과 더불어 공급자가 중간 유통업자의 기능을 흡수하게 되므로 그들의 반대에 직면하게 된다. 한편 VMI를 통한 보유 재고수준 감축의 효과는 진열공간의 축소를 의미하고 이는 시장점유율의 감소로 비추어진다는 점도 단점으로 지적된다.

- CPFR(Collaborative Planning, Forecasting, and Replenishment)
  CPFR은 공급사슬에서 제품의 이용도는 높이면서 재고비용을 감축하는 것을 목표로 한다. CPFR은 구매자와 공급자가 제품에 대하여 단일 수요예측치에 이를 수 있도록 수요 예측을 일치시키는 방법이다. 기본적인 아이디어는 기업들이 인터넷을 통하여 수요예측치를 공유하는 것이며 기술적으로 데이터 분석이 이루어져서 배송이나 판매에 영향을 미치는 예외적인 상황이 발생하면 각 기업의 계획자들에게 경보가 발령되고 기업들은 서로 협조하여 계획을 조정하거나 주문을 촉진하거나 데이터입력 오류를 수정하거나 하게 된다. CPFR은 VMI와 연속재고보충시스템의 원리를 바탕으로 발전된 것이므로 공급사슬제휴 단계에서 VMI 다음 단계로 보는 것이 일반적이다.

CPFR은 원래 월마트와 워너램버트(Warner–Lambert) 사이에 리스테린 구강청결제의 재고관리를 위하여 도입된 시스템으로 리스테린의 제품 가용성이 월마트의 기준에 미달하는 것을 계기로 고객의 수요와 공급사슬의 재고보충 필요를 연결하는 프로세스를 정의하는 시스템을 만들었으며, CPFR 도입 이후 서비스 수준의 향상, 리드타임의 감소, 매출증가의 효과가 있음이 보고되었다.

현재 여러 기업이 이용하고 있으며, 계획 및 수요예측치를 온라인으로 구축, 공유, 조정하는 정교한 소프트웨어 시스템이 요구된다. CPFR을 통하여 재고보유수준의 감축, 매출증가, 주문충족률의 향상 등의 효과가 보고되었으며, CPFR의 장점 중의 하나는 고객의 리드타임 예상치에 적응하기 위하여 전략적으로 공급사슬의 어디에 재고를 보유할지를 공급사슬 전체적으로 결정할 수 있다는 장점이 있다.

4. 로지스틱스 서비스 제공자와의 파트너십

로지스틱스관리위원회는 로지스틱스를 다음과 같이 정의하고 있다. "로지스틱스는 고객의 요구를 충족시키기 위하여 시작점에서 소비시점까지 제품, 서비스 및 관련 정보의 효율적이고 효과적인 흐름 및 보관을 계획, 실행, 통제하는 공급사슬 프로세스의 일부이다." 코일(Coyle) 등은 로지스틱스는 , 적절한 제품을, 적정량으로, 적절한 상태로, 적소에, 적기에, 맞는 고객에게, 적절한 비용으로 제공될 수 있도록 하는 역할을 한다고 정의하고 있다. 로지스틱스 기능이 제공하는 서비스는 수송이나 보관 등과 같이 물리적인 활동뿐만 아니라 업자를 선택하거나 수송료를 협상하는 비물리적인 활동도 포함한다. 린 공급사슬에서 로지스틱스를 통합하는 것이 중요하다. 로지스틱스의 통합을 통하여 고객이 원하는 로지스틱스 서비스를 제공하는 것이 가능하며 또한 전략적 재고의 비치 장소에 관한 의사결정을 신속히 할 수 있으므로 더 나은 고객서비스를 제공할 수 있다. 또한 로지스틱스 통합은 여분의 재고나 생산능력으로 불확실성을 완충하지 않고도 최소한의 재고로 효과를 낼 수 있도록 해준다.

기업들은 제품을 신속하고, 값싸고, 소량으로 배송하라는 압력을 받고 있다. 그러나 많은 기업들이 이러한 압력에 대하여 적극적으로 대처하는 것을 꺼리는데, 그것은 기업들이 로지스틱스 기반을 갖추는 데 필요한 자금의 여력이 없거나, 있더라도 이러한 투자가 자신들의 핵심능력에 도움이 된다고 생각하지 않기 때문이다. 따라서 기업들은 로지스틱스를 제공하는 제삼자인 3PL(third party logistics)과의 파트너십 구축을 통하여 문제를 해결하고자 한다.

1) 3PL

3PL은 자기 자신의 자산이나 설비를 이용하여 보관, 주문관리, 유통, 수송서비스 등의 로지스틱스 서비스를 제공하는 기업이다. 3PL을 이용하게 되면 다음과 같은 장점이 있다.

- 3PL 기업의 경우 다수의 고객과 거래를 하므로 풀링을 통한 규모의 경제의 효과가 있어 개별 고객에게는 로지스틱스 비용이 감소된다.
- 3PL을 이용하면 이용하는 만큼의 비용만을 지출하게 되므로,

3PL 이용 전의 고정비용이 변동비용이 되며 사업의 시작과 규모 조정이 용이하다.

- 사업의 일부를 아웃소싱하게 되는 것이므로 기업은 자신의 핵심 능력에 집중하게 되고 사업의 복잡성도 감소된다.
- 3PL 기업들이 경쟁력 강화 차원에서 지속적으로 자신들의 정보기술 및 설비를 업데이트 하므로 정보시스템이 향상되고 개발비용이 감소된다.
- 3PL은 로지스틱스 전문성을 제공한다.
- 3PL의 전문적인 서비스 제공으로 서비스 품질이 개선된다.
- 3PL의 네트워크를 이용하여 국제시장에의 즉각적인 접근이 용이하다.

2) 3PL의 형태

코프잭(Kopczak) 등은 3PL의 역할 및 장점에 대하여 <그림 5-1>에서와 같이 예를 들어 설명하고 있다.

- 단일 창고(single bulk warehouse): 기업의 유통센터에 공간이 부족하여 3PL에게 최종제품에 대한 보관 및 유통센터로의 수송을 맡기는 경우로 3PL은 보관 및 수송 이외에 검사, 분류, 간단한 재작업과 고객의 반품처리 등의 부가가치 서비스를 제공한다. 이 경우 3PL을 이용할 경우의 혜택은 기업이 핵심사업에 전념할 수 있다는 것과 로지스틱스 비용이 가시화된다는 것이다. 임금이 낮아지고, 시설비용이 낮아지며, 고정비용 및 변동비용이 낮아진다는 이점이 있으며, 특히 고정비용이 낮아지므로 기업의 유연성이 높아진다.
- 공급자 허브(supplier hub): 3PL이 다수의 공급자로부터 생산자에게 공급되는 원자재 및 부품을 받아 보관하고 있다가, 생산

그림 5-1 3PL의 형태

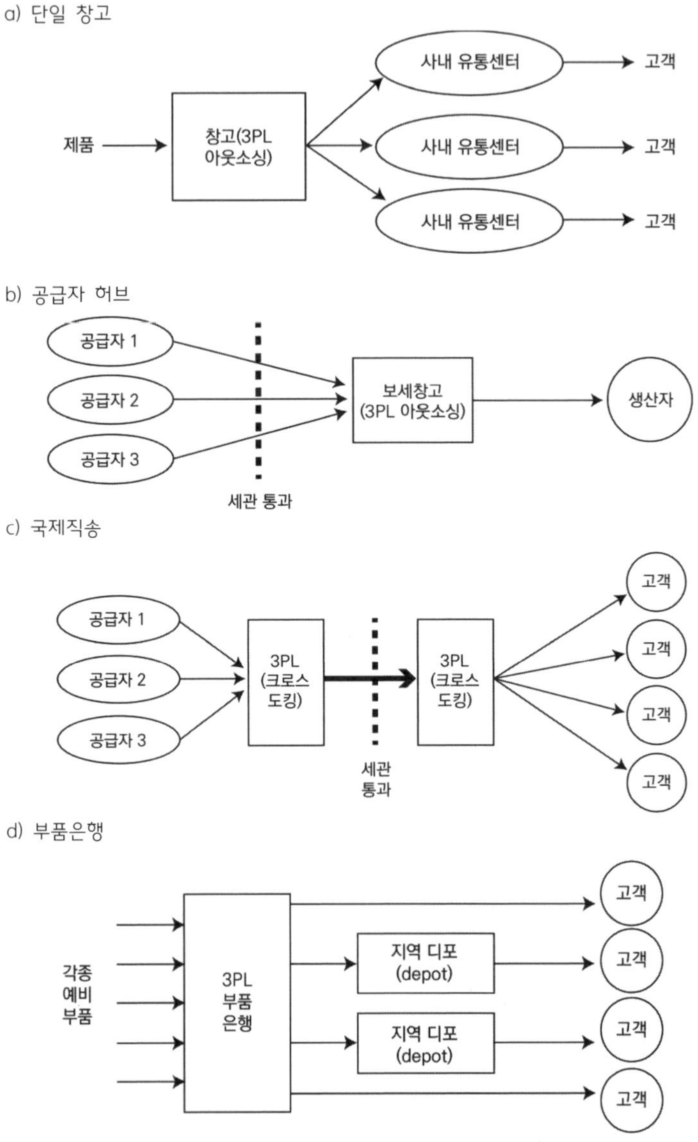

a) 단일 창고

b) 공급자 허브

c) 국제직송

d) 부품은행

자료: Kopczak et al.(2000)

자가 필요시에 수송을 하는 일을 하는 경우이다. 3PL은 수송뿐만 아니라, 세관통관 업무, 입고 화물의 추적, 보관, 생산시설과 창고 사이의 왕복, 화물 통합 등의 서비스를 제공한다. 이 경우 창고는 단일 공급자 전용의 창고가 아닌 다수의 공급자가 공용하는 시설이 되고, 재고는 생산자에게 수송이 될 때까지 공급자의 소유로 남게 된다. 3PL을 이용할 경우의 장점으로는 보세창고로 운영되어 생산자에게 수송이 될 때까지 관세 및 부가가치세가 보류될 수 있다는 것과 원자재에 대한 비용 지급이 늦춰진다는 것, 신속한 통관절차, 원자재에 대한 추적 등 거의 모든 단계에서 3PL에 의하여 지속적으로 이루어지므로 수송중재고에 대한 가시화가 증대된다.

- 국제직송(international direct shipment): 3PL이 매일 정해진 시간에 출고 제품을 가지러 공장으로 가서 제품 수령 후 도착지로 보낸 후 도착지에서 통관절차를 거친 후 화물을 분류하여 지역의 고객에게 배송한다. 종종 공급자가 화물을 보낼 때에 대량으로 포장하여 보내면 3PL이 도착지에서 소량으로 재포장하여 배송함으로써 화물 크기를 줄여 수송비용을 줄일 수 있다. 3PL의 경우 출발지나 도착지에 창고를 가지고 있을 필요가 없으며 주로 크로스 도킹을 이용한다. 공급자의 경우 고정비용과 변동비용이 감축된다는 이점 이외에 3PL을 이용함으로써 재고감축, 대응시간 단축, 신제품의 도입 및 시장 철수의 용이, 수송비용 절감 등의 혜택을 얻는다.

- 부품은행(parts bank): 예비 부품의 보관 및 배송을 소포배송업체가 맡는 것으로 이 형태는 페덱스(FedEx)가 자동차 예비 부품의 배송을 위해 창출한 서비스 형태이다. 3PL이 수송허브 근처에 창고를 세워 예비 부품의 재고를 보관하고 있다가 생

산자의 배송요청 및 요건에 맞추어 배송하는 형태이다. 이러한 시스템의 장점은 재고가 중앙에서 관리되어 재고수준이 감축된다는 점과 수송비용이 절감되고, 재고의 가시화가 개선되며, 신제품의 진입이나 시장 철수가 원활하다는 것이다.

3) 크로스 도킹

일반적으로 유통센터 혹은 물류센터가 어떻게 운영되는지를 생각해보자. 여러 종류의 제품이 있다고 가정했을 경우 그 제품의 생산자들이 제품을 생산하여 물류센터로 제품을 보내면 물류센터는 그 제품들을 받아 재고로 보관하게 되고 정기적으로 혹은 개별 소매상이 주문하는 제품들을 모아 트럭으로 배송을 하는 것이 일반적이다.

그림 5-2 크로스 도킹

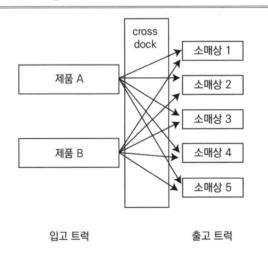

각 소매상으로 갈 출고 트럭이 대기하고 있다가 입고 트럭이 도착하면 제품을 옮겨 싣고 출발한다.

자료: Kopczak et al.(2000)

크로스 도킹은 위와 같은 전형적인 운영방식에서 발견할 수 있는 여러 가지 낭비 요소를 제거하는 방식이며, 제품을 소매상에게 배송하기까지의 보관시간을 최소로 하는 배송 방식이다. 이상적으로는 보관시간을 0으로 하는 것이다. 기본적인 원리는 다음과 같다. <그림 5-2>에서와 같이 유통센터에 하역작업을 할 수 있는 도크가 있고 도크의 한쪽은 생산자로부터 제품을 싣고 오는 트럭들이 하역하는 곳이고 반대쪽은 소매상으로 갈 트럭들이 대기한다. 생산자로부터 제품들이 도착하면 수 시간 내에 각 소매상의 주문 목록에 따라 제품들이 분류되어 대기 중인 트럭들로 옮겨지고 각 트럭은 목적지 소매상으로 가게 된다.

크로스 도킹의 장점은 하역작업과 관련된 비용이 절감되며, 주문에 따라 창고에서 제품을 수집하는 비용이 절감되며, 보관비용도 절감된다. 그러나 크로스 도킹을 효율적으로 운영하는 데에는 어려움이 있으며 정교한 컴퓨터 정보시스템이 요구된다. 크로스 도킹시에 모든 입고 트럭과 출고 트럭이 대기하고 있어야 하는데 한 대라도 늦게 도착하게 되면 전 시스템이 늦게 된다. 특히 입고 트럭들은 서로 다른 생산자로부터 오는 것이기에 도착시간을 조정할 수 있는 정보시스템에 대한 투자가 필요하다.

4) 수송중 병합

컴퓨터 본체는 우리나라의 부산에서 생산되고, 모니터는 중국의 공급자로부터 공급받으며, 대전에 유통센터를 가진 PC 생산업자를 생각해 보자. 모니터는 인천으로 도착하여 그곳의 창고에 보관하다가 대전의 유통센터로 수송되고 컴퓨터 본체는 부산에서 대전의 유통센터로 수송되어 유통센터에서 고객의 주문에 따라 본체와 모니터를 결합하여 고객에게 배송된다고 하자. 만일 서울에서 거주하는 고객이

그림 5-3 수송중 병합

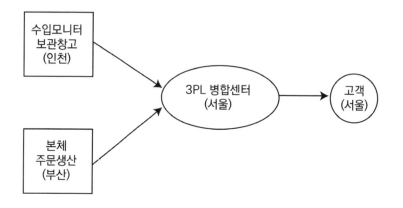

고객의 거주지에 가까운 3PL의 병합센터에서 제품이 결합되어 고객에게 배송이 이루어진다.

자료: Kopczak et al.(2000)

주문했을 경우에 모니터의 경로를 살펴보면 인천에서 대전의 유통센터로 갔다가 다시 서울로 오게 되므로 필요 이상으로 먼 거리를 움직인 셈이 된다. 이러한 문제를 해결하는 방식이 수송중 병합 방식이다. <그림 5-3>과 같이 고객의 주문이 들어오면 3PL이 부산에서는 본체를 인천에서는 모니터를 각각 고객의 집에서 가까운 자신들의 병합센터로 배송하고 병합센터에 제품이 도착하면 결합하여 고객에게 배송하는 형태이다. 그러나 이러한 형태를 실제로 실행하기는 쉽지는 않다. 특히 결합해야 할 제품의 수가 많다면 더욱 어려워진다. 원활한 운영을 위해서는 정교한 정보시스템이 갖추어져야 하며 컴퓨터 생산기업과 3PL간에 주문정보와 수송정보가 원활하게 신뢰성 있게 상호 교환되어야 한다.

그림 5-4 판매대리인 모형

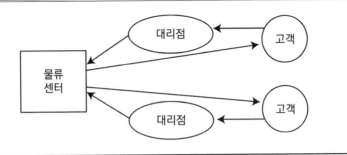

자료: Kopczak et al.(2000)

5) 판매대리인 모델

　자동차 대리점의 경우에 고객이 주문하고 마냥 기다려주지도 않을 것이므로 재고를 보유하지 않을 수는 없으나, 그렇다고 해서 자동차의 모델 및 옵션이 무수히 많으므로 모두 재고로 보유할 수도 없다. 재고를 보유하지 않아 발생할 수 있는 판매기회상실로 인한 손실을 최대한 회피하는 방식이 판매대리점 모델이다. <그림 5-4>와 같이 지역유통센터를 운영하여 그곳에 대량의 재고를 보유하고 딜러들은 이 재고를 다른 딜러들과 공유하는 셈이 된다. 딜러들은 컴퓨터 시스템을 통하여 지역유통센터에 어떠한 자동차가 재고로 있는지를 확인할 수 있으며 고객이 자동차를 구입하면 지역유통센터로 연락을 하여 지역유통센터에서 직접 고객에게 자동차를 배송하거나 아니면 딜러에게 배송된 후 고객에게 전달하는 형태이다. 이 경우 딜러들은 물질의 흐름이 아닌 정보의 흐름에만 관여하는 셈이며 그러므로 판매대리인인 셈이다.

Buzzell, R.D. and G. Ortmeyer (1995), "Channel Partnerships Streamline Distribution," *Sloan Management Review*, 36, pp.85.

Chesbrough, H. and D. Teece (1996), "When is Virtual Virtuous: Organizing for Innovation," *Harvard Business Review*, Vol.74, No.1, pp.65−74.

Davis, D. (1995), "Third Parties Deliver," *Manufacturing Systems*, 13, pp.66−68.

Dyer (2000), *Collaborative Advantage: Winning through Extended Enterprise Supplier*, Oxford University Press

Fites, D. (1996), "Make Your Dealers Your Partners," *Harvard Business Review*, March−April, pp.84−95.

Harrington, L. (1996), "Logistics Assets: Should You Own or Manage?" *Transportation & Distribution*, 37, pp.51−54.

Kopczak, Laura R., Hau Lee, and Seungjin Whang (2000), "Note on Logistics in the Information Age," Case #:GS19, *Graduate School of Business*, Stanford University, May.

Leahy, S.,P. Murphy, and R. Poise (1995), "Determinants of Successful Logistical Relationships: A Third Party Provider Perspective," *Transportation Journal*, 35, pp.5−13.

Lewis J. (1990), *Partnerships for Profit*, New York: Free Press

Maltz, A. (1995), "Why You Outsources Dictates How," *Transportation & Distribution*, 36, pp.73−80.

Narus, J. and J.C. Anderson (1986), "Turn Your Industrial Distributors into Partners," *Harvard Business Review*, March−April, pp.66−71.

Narus, J. and J.C. Anderson (1996), "Rethinking Distribution: Adaptive Channels," *Harvard Business Review*, July−August, pp.112−120.

Schonberger, R.J. (1996), "Strategic Collaboration: Breaching the Castle Walls," *Business Horizons*, 39, pp.20.

Troyer, C. and R. Cooper (1995), "Smart Moves in Supply Chain Integration," *Transportation & Distribution*, 36, pp.55−62.

Chapter 06

공급사슬의
스루풋 최대화

스루풋이란 시스템을 거쳐 처리되는 양을 말하며 혹은 매출을 통하여 돈을 버는 속도를 의미하기도 한다. 공급사슬을 여러 활동이 연결된 하나의 '흐름' 시스템이라고 보면 흐름에 문제가 생긴다는 것은 스루풋에 차질이 생긴다는 것을 의미하고 이로 인하여 목표를 달성하지 못하는 상황이 초래된다. 흐름에 문제가 생기는 이유는 여러 가지가 있을 수 있으나 다음 세 가지가 핵심적인 요인으로 고려된다.

• 제약(혹은 병목)

• 낭비

• 변동성

따라서 스루풋을 최대화하려면 이러한 문제점들의 개선에 초점을 맞추어야 한다. 전통적으로 수익성 개선을 위해서 '비용 최소화'에 초점을 맞추는 경향이 많았다. 그러나 이제는 비용 최소화를 통한 수익성 개선에는 한계가 있음을 인식하고 스루풋을 최대화하는 데 노력을 기울여야 한다.

스루풋이라는 용어는 골드랫과 콕스의 저서인 더골(The Goal)에 등장하는 용어이며 스루풋은 매출을 통하여 기업이 돈을 버는 속도를 의미한다. 이러한 스루풋의 최대화를 위해서는 시스템적 사고를 가지는 것이 중요하다. 몇 가지 예를 이용하여 시스템적 사고를 설명하면 다음과 같다.

1. 비용과 시스템적 사고

일반적으로 비용 감축 통하여 수익을 최대화하려고 한다. 따라서 비용증가를 수반하는 직원의 충원이나 새로운 설비의 도입 등을 꺼리게 된다. 그러나 이러한 경향은 시스템적 사고와는 거리가 멀다고 할 수 있다. 시스템적 사고는 새로운 사람이나 설비의 추가를 통하여 스루풋에 어떠한 영향을 미치는지를 검토하고, 만일 추가로 투입되는 비용보다 스루풋의 증가로 인한 혜택이 크다면 비용의 지출은 긍정적으로 고려된다. 물론 이때 스루풋의 증대가 지속 가능한지에 대한 검토는 필요하다.

2. 생산능력과 시스템적 사고

생산시스템의 효율성을 최대화하기 위해서는 '생산능력의 균형화'를 추구하는 것이 일반적이다. 이러한 생산능력 균형화를 위해서는 현재의 시장수요를 고려하여 탁트타임(takt time)을 계산하고 단계별 생산능력을 탁트타임과 일치시킨다. 탁트타임이란 가용시간을 시장수요로 나눈 값인데 수요를 충족시키기 위해서 요구되는 단위당 생산시간을 말한다. 생산능력의 균형화를 추구할 때에 탁트타임을 고려한 생산능력을 초과하는 생산능력은 낭비에 해당되므로 제거의 대상이 된다. 그러나 이렇게 생산능력의 균형화를 지향하는 것은 시스템적 사고와는 거리가 있다고 할 수 있다. 그 이유는 생산시스템에서는 변동성이 항상 존재하기 마련이므로 여유생산능력 없이 운영하게 되면 시스템에 변동이 발생하는 경우에 대처하는 능력이 떨어지기 때문이다. 따라서 시스템적 사고에서는 변동성에 대비한 여유생산능력을 갖는 것을 추천한다.

3. 재고와 시스템적 사고

재고는 긍정적인 측면과 부정적인 측면이 공존한다. 긍정적인 측면이란 수요와 공급의 조정 역할을 한다는 것이고 부정적인 측면이란 비용이 발생한다는 것이다. 만일 재고의 부정적인 측면만을 강조하여 제거하려고 한다면 이는 시스템적 사고와 거리가 멀다고 할 수 있다. 시스템에는 변동성이 존재하기 마련이고 이러한 변동성에 대비하기 위해서는 재고가 필요하다. 예를 들어, 수요가 갑자기 증가할 것에 대비하기 위해서는 완성품 재고가 필요하며, 또한 일거리가 없어 아까운 병목 자원을 놀리는 것을 막기 위해서는 병목 자원 앞에 공정중재고를 일정 수준 유지할 필요도 있다.

4. 프로세스 개선과 시스템적 사고

시스템을 개선할 때에 시스템을 구성하는 개별 프로세스들의 능력 차이를 고려하지 않고 모든 개별 프로세스를 동시에 개선하는 것이 일반적이다. 그러나 개별적인 프로세스의 개선이 가치는 있겠지만 시스템 전체에 미치는 영향은 다를 수 있으며 이를 고려하지 않고 개선을 할 경우에 그 효과가 미미할 수 있다는 것이 문제이다. 예를 들어, 특정 개별 프로세스가 시스템에서 제약으로 작용하고 있다면 그 프로세스가 아닌 다른 프로세스를 개선한다고 해서 시스템 전체의 스루풋이 증가하지는 않는다. 이것을 설명하는데 종종 '체인원리'가 이용된다. 체인은 여러 연결고리로 구성되는데 특정 연결고리가 약한 경우에 다른 강한 연결고리를 아무리 더 강하게 하더라도 결국 체인의 강도는 약한 연결고리에 의해서 결정이 된다. 따라서 개별 프로세스 중에서 가장 문제가 있는 것을 우선적으로 개선을 하면 시스템 전체의 스루풋이 증가한다고 보는 시각이 시스템적 사고이다.

5. 낭비와 시스템적 사고

낭비는 무조건 제거하는 것이 좋다고 생각하는 것은 시스템적 사고와는 거리가 멀다고 할 수 있다. 낭비도 우선순위를 정하여 제거되어야 하며 낭비 제거에 대한 평가는 시스템 전체적으로 미치는 영향을 분석하여 이루어져야 한다. 그 이유는 낭비의 제거가 분명히 운영비용이나 재고비용의 감축에는 도움이 되겠지만 스루풋을 오히려 감축시킬 수 있는 가능성도 있기 때문이다. 예를 들어, 변동성에 대비한 여유생산능력이나 재고 등을 제거하면 당장 비용 감축에는 도움이 되겠으나 변동이 발생하는 경우에 스루풋에 악영향을 미치게 된다.

의사결정은 시스템적 사고를 바탕으로 이루어져야 하며 이는 곧 스루풋을 최대화하는 방향이 된다. 그러면 좀 더 구체적으로 시스템적 사고의 실천을 통한 스루풋 최대화를 위해서 어떻게 해야 하는지에 대해서 살펴보기로 한다.

02 스루풋 최대화의 도구

스루풋 최대화의 최대 장애 요인은 제약, 낭비, 변동성이다. 이러한 장애 요인을 제거하기 위한 도구로서 제약이론(TOC: Theory of Constarints), 린(Lean), 6시그마(Sigma)가 있다. 도구라는 용어를 사용하기는 했지만 이 세 가지는 일종의 경영철학 혹은 시스템이라고 보아도 된다. 제약이론은 시스템 제약을 개선하는데 도움이 되는 도구이며, 린은 낭비요소를 제거하는데 도움이 되고 6 시그마는 변동성을 제거하는 데 도움이 된다.

비즈니스 분야는 몇 번의 획기적인 패러다임의 변화를 거쳐 발전을 해왔다고 보는 것이 타당할 것이다. 패러다임의 변화란 변화의 본질이 너무나 근본적이어서 과거의 운영방식이나 경쟁방식이 더 이상 적용될 수 없는 경우를 말한다. 이견은 있을 수 있으나 20세기의 패러다임의 변화로 가장 먼저 손꼽을 수 있는 것은 아마 대량생산시스템일 것이다.

20세기 초반의 포드 자동차의 대량생산시스템으로 인하여 생산비용의 감소, 조립라인의 등장, 부품의 교환성, 분업과 반복 작업, 품질의 균일성, 대량소비 등 다양한 변화를 경험하였다. 헨리 포드가 찾고 있었던 것은 자동차를 대량으로 값싸게 제작하기 위한 간단하면서도 효율적인 해결책이었다. 하지만 대량생산시스템은 점차적으로 유연하지 않은 시스템이 되어갔다고 볼 수 있다. 따라서 이를 대체하거나 보완할 수 있는 시스템에 대한 필요성이 대두되었다.

　20세기 후반에 세 가지 중요한 도구 혹은 경영철학이 등장하였는데 제약이론, 린, 그리고 6 시그마가 이에 해당된다. 이 세 가지 도구는 개별적으로도 충분히 그 가치가 있지만 잘 결합을 하면 시너지 효과를 얻을 수 있다고 본다. 이 세 가지 도구에 대해서 간략히 살펴보면 다음과 같다.

1. 제약이론

　제약이론의 창시자는 이스라엘 출신의 물리학자인 골드랫이다. 그는 기업을 운영하던 친구를 위해 일정계획을 수립하는 데 도움이 되는 알고리즘을 개발하게 되었고 이를 일반화하여 1980년 초에 OPT(optimized production technology)라는 이름의 프로그램을 개발하여 판매하게 되었다. 이 프로그램의 원리는 다음과 같다. 모든 프로세스에는 하나 이상의 병목이 있으며 이러한 병목으로 인하여 프로세스의 아웃풋에 제약을 받게 된다는 것이다. 따라서 우선적으로 병목을 최대한 이용하는 데 초점을 맞추는 것이 중요하며 비병목 자원은 그에 맞추어 일정계획을 수립해야 한다는 것이다.

　이 프로그램은 초기에 상당 수량 판매가 이루어졌으나 성공이라고 보기에는 미흡하였다. 프로그램의 원리는 간단하지만 사용자의 프로그램에 대한 이해가 부족하다고 생각한 골드랫은 콕스와 함께 1984년에 더골(The Goal)이라는 제목의 책을 출간하였다. 이 책은 OPT 프로그램의 원리를 소설의 형식을 빌려 설명한 책인데 주인공이 어려움에 처한 공장을 OPT 프로그램의 원리를 적용하여 살려내는 내용을 담고 있다. 이 책에서 담긴 내용을 확장하고 일반화하여 제약이론이 탄생하게 된 것이다. 이 제약이론의 원리를 살펴보면 다음과 같다.

1) 시스템적 사고

제약이론은 프로세스로부터 최대의 결과를 얻기 위하여 제약조건을 확인하고 관리하는 시스템적 사고에 기반을 두는 기법이다. 시스템적 관점에서 보면 비즈니스는 인풋을 아웃풋으로 전환하는 상호 종속적인 프로세스의 집합이다. 이러한 프로세스 중의 하나가 병목으로 작용한다면 아무리 다른 프로세스가 우수하다고 할지라도 그 병목으로 인하여 시스템 스루풋은 제한적이 될 수밖에 없다. 따라서 스루풋을 향상하는 데 있어서의 핵심은 프로세스의 아웃풋 최대화를 방해하는 병목, 즉 제약조건을 관리하는 것이다. 대부분의 기업들은 생산이나 서비스 프로세스를 개별적으로 측정하고 개별 프로세스별로 개선이 이루어진다. 이러한 것을 로컬 최적화라 할 수 있다. 그러나 이러한 개별적인 개선이 전체 프로세스의 개선으로 항상 이어지는 것은 아님을 인식해야 하며, 특히 비병목의 개선은 시스템 전체적으로는 전혀 도움이 되지 않는다. 따라서 글로벌 관점에서는 개별 프로세스 특히 비병목의 속도를 개선하는 것을 시간과 돈의 낭비로 본다. 왜냐하면 특정 프로세스가 스루풋의 속도를 제약하지 않는다면 개선할 필요가 없기 때문이다. 따라서 스루풋을 제약하는 것을 제거하는 것이 결국 낭비 요소를 제거하는 셈이 된다. 비즈니스 활동은 상호 종속적인 프로세스로 구성되어 있다. 그렇다면 프로세스는 함께 작동되어야만 주주에게 수익을 창출할 수가 있다. 그런데 프로세스 전체의 능력은 가장 약한 프로세스의 능력에 의하여 제한된다.

제약이론에서는 다음 두 가지가 핵심이다.

핵심 1. 비즈니스의 목표는 수익을 창출하는 것이다.

핵심 2. 상호 종속적인 프로세스로 구성된 시스템의 수익 창출 능력은 시스템의 성능을 제한하는 병목에 의하여 제한된다.

체인의 능력을 높이기 위해서는 가장 약한 연결고리를 찾아 그 것을 강화해야 하며, 다른 강한 연결고리를 아무리 더 강화해도 체인 전체의 강도는 향상되지 않는다. 이처럼 수익을 창출하는 데 제약이 되는 병목을 강화하는데 초점을 맞추어야 한다. 병목에서 잃어버린 아웃풋은 수입 감소로 이어지며 비병목의 성능 향상을 위한 최적화 노력은 기업의 스루풋을 증가하는 데 도움이 되지 않는다. 그러므로 시스템 전체의 성능 최적화를 위해서는 나무가 아니라 숲을 보는 시 각을 가져야 한다. 즉 개별 프로세스의 최적화가 아닌 시스템 전체의 최적화에 초점을 맞추어야 한다. 그러나 일반적으로 우리는 이러한 것에 익숙하지가 않다. 그 이유는 관리에 이용되는 전통적인 측정치 가 시스템 전체의 최적화를 위한 측정치가 아닌 개별 프로세스의 최 적화에 초점이 맞추어져 있기 때문이다.

2) 글로벌 최적화

전통적인 관리 접근법에서는 시스템 최적화를 위해서 규모가 작 고 관리가 쉬운 부분들로 쪼개려는 경향이 있다. 예를 들어, 대규모 비즈니스의 운영을 위해서 여러 개의 자율적인 운영 부문으로 분리 하여 운영하며 본사는 조정 역할만 하는 것이다. 이 경우에 운영 단 위들은 개별적인 수익 센터로서 역할을 하며 목표도 할당을 받는다. 따라서 개별적 성과 향상에만 초점을 맞추게 된다. 이러한 전통적인 관리 접근법의 기본 논리는 운영 단위별로 향상되면 전체적으로도 향상될 것이라는 것이다.

그러나 로컬 최적화는 목표달성에 도움이 되지 않는다. 즉 전체 시스템의 성과 향상을 위해서는 특정 기능들을 개별적으로 향상하는 데 초점을 맞추는 것으로는 충분하지 않다는 것이다. 그 이유는 이러한 로컬 최적화 접근법이 여러 다양한 기능 간의 상호 종속적인 관계를 무시하기 때문이다. 예를 들어, 어느 한 부문에서 비용이 A만큼 증가하면 다른 부문에서는 증가한 비용의 2배, 즉 2A만큼 비용이 감소하여 시스템 전체적으로는 이득이 되는 경우가 있다고 하자. 문제는 비용증가를 받아들이려는 부문이 잘 없다는 것이다. 시스템적 사고가 결여되면 글로벌 최적화가 아닌 로컬 최적화를 위한 측정치, 정책, 절차를 수용하게 된다. 대부분의 사람들은 이러한 전통적인 측정치들이 문제가 있음을 직관적으로 알고 있지만 로컬 최적화를 위한 측정치를 사용하도록 지속적으로 강요를 당하면 판단이 흐려지게 된다.

제약이론은 수익창출을 촉진하기 위하여 무엇이 필수적인지를 보여주고 이러한 목표달성을 위해 필요한 글로벌 최적화를 위한 측정치를 제시한다. 이러한 측정치들은 스루풋 중심의 관점에서 만들어진 것으로 비용 절감보다는 성장전략을 통하여 목표를 달성하는 데 초점을 맞추고 있다.

3) 스루풋 회계 시스템

표준원가회계시스템에서는 간접비를 직접노동비에 비례하여 할당하는 것이 보통이다. 그러나 이렇게 간접비를 할당하는 것은 진정한 원가를 산출하는 데는 문제가 있다는 시각이 많다. 그리고 전통적인 표준원가회계시스템에서는 자재가 완성품이 될 때까지 여러 개별적인 공정단계를 거치는 경우에 모든 생산관련 비용이 공정별로 소요된 시간에 비례하여 할당되며 이렇게 할당된 비용이 제품의 가치를 높이는 것으로 간주된다. 만일 공정별로 제품에 추가하는 가치를 기준으로 개별 공정에 대한 평가가 이루어지게 되면 공정별로 최대한 신속하게 제품을 산출하려는 동기가 생긴다. 그러나 이러한 행동은 시스템 전체적으로는 도움이 되지 않을 수도 있다. 왜냐하면 특정 공정을 거친 제품이 다음 단계에서 필요하지 않을 수도 있기 때문이다. 게다가 자원을 얼마나 효율적으로 운영하는지에 따라 평가하게 되면 개별 공정을 거의 100% 수준에서 운영하는 스케줄을 수립할 동기가 생기게 된다. 이 경우에 다음 단계의 요구량을 초과하는 수준으로 운영되면 공정중재고는 지속적으로 쌓이게 된다. 이렇게 쌓이는 공정중재고와 과잉 생산된 완성품 재고는 판매가 되기 전에는 사실상 가치는 없는 셈이다.

표준원가회계시스템의 문제점을 지적하여 등장한 활동 중심의 원가회계 시스템에서는 자원의 운영비용을 여러 제품에 직접 할당을 하는 것이 아니라 특정 제품을 생산하는 데 관여되는 활동을 파악하고 그러한 활동의 비용을 산출한다. 활동 중심으로 간접비를 할당한다는 것이 개념적으로는 단순하지만 실제적으로는 어려움이 많다. 예를 들어, 활동과 관련한 자료 수집이 필요한데 이 비용이 상당하다는 것이다. 게다가 비용을 할당하는 기준 활동을 선정할 때에도 객관적이 아니라 임의성이 존재한다는 것이다. 즉 여러 활동들이 동시에 관련된 경우에 그 모두를 반영하는 할당 기준을 찾는 것이 어렵다는 것이다. 게다가 할당 기준을 잘못 선정하게 되면 기업이 원하는 것에 반하는 결과를 초래할 수 있으므로 할당 기준 선정에 신중하여야 한다. 예를 들어, 만일 구매 관련 비용이 구매요청회수를 기준으로 부서들에게 할당을 한다고 하면 부서들은 구매요청회수를 감축하려는 동기가 생기게 되고 이는 1회 주문량이 상대적으로 커져서 재고보유 수준이 높아지는 좋지 않은 결과를 초래하게 된다. 결국 활동 중심의 원가회계시스템도 전통적인 표준원가회계시스템과 마찬가지로 잘못된 의사결정을 초래할 확률이 높다는 것이다.

제약이론을 지지하는 사람들은 의사결정에 있어서 변동비만 고려해야 한다고 보고 있다. 이러한 시각을 스루풋 관점이라고 한다. 앞서 언급했듯이 제약이론에서는 기업의 목표는 수익을 창출하는 것이며 시스템의 제약조건이 아웃풋을 결정한다고 보고 있다. 따라서 의사결정은 글로벌 시각을 가지고 기업 전체의 목표달성을 위한 방향으로 이루어져야 한다는 것이다. 실제적으로 시스템 전체에 대한 완벽한 이해가 어려우므로 시스템의 제약조건에 초점을 맞추어야 한다는 것이 제약이론의 관점이다. 성과를 모니터링하기 위해서 제약이론에서는 다음과 같은 세 가지 측정치가 이용된다.

스루풋(T: Throughput): 시스템이 매출을 통하여 수익을 창출하는 비율

재고(I: Inventory): 시스템이 판매를 목적으로 구입하는 데 투자한 금액

운영비용(OE: Operating expense): 재고를 스루풋으로 전환하는데 지출한 금액

이러한 측정치들은 글로벌 측정치이며 제품원가를 산정하는 데 이용되는 간접비의 할당과 같은 근사치 접근법으로 인한 왜곡도 발생하지 않는다. 스루풋은 매출액에서 변동비를 차감하여 계산되며 변동비에는 직접재료비가 포함된다. 특이한 것은 직접노동비가 변동비에 포함되는 것이 아니라 운영비용에 포함된다는 것이다. 재고에는 자재 재고, 공정중재고, 완성품 재고가 포함되며 특이하게 설비에 투자한 금액도 포함된다. 한 가지 흥미로운 것은 제약이론에서는 부가가치라는 개념이 이용되지 않는다. 즉, 공정중재고나 완성품 재고의 가치는 자재 가치로 계산되며 직접노동비 등이 포함되지 않는다. 운영비용의 경우에는 모든 고정비용이 포함되며 여기에는 매니저의 임

금이나 감가상각비, 판매 및 일반관리비 등이 포함된다.

제약이론의 측정치와 전통적인 재무비율과의 관계는 다음과 같다.

순수익=T−OE
투자수익률=(T−OE)/I
재고회전율=T/I
생산성=T/OE

비용 중심의 관점에서 보면 효율성을 향상하기 위해서 비용을 절감하는 데 초점을 맞출 것이다. 그러므로 스루풋이나 재고보다는 운영비용의 감축에 초점을 맞춘다. 그러나 바라는 바와는 달리 경쟁력을 잃어버리게 되는 결과를 초래하게 될지도 모른다. 비용 절감이 단기적인 효과는 있을지라도 장기적인 스루풋 향상에는 도움이 되지 않기 때문이다. 반면에 스루풋 중심의 관점에서 보면 재고나 운영비용보다는 스루풋에 초점을 맞추게 된다. 재고나 운영비용은 절감에 한계가 있으나 스루풋의 경우에는 제한이 없다.

4) 흐름의 균형화

일반적으로 균형이 잡힌 라인을 갖추기 위하여 자원들을 탁트타임을 기준으로 할당하고, 초과능력은 일종의 낭비로 취급되어 제거 대상이 된다. 이렇게 생산능력을 균형화하는 것은 변동이 있는 경우에 시스템의 잠재능력을 제한하게 된다. 제약이론에서는 생산능력이 아닌 흐름의 균형에 초점을 맞추어 비병목 자원의 초과능력은 제거 대상이 되지 않는다. 초과능력은 일종의 보호 능력으로 작용하며, 이러한 초과능력이 제거되면 병목 자원이 아니었던 자원이 병목 자원이 될 가능성이 있다는 것이다.

스리니바산은 "생산능력을 균형화하려고 하지 말고 흐름을 균형화하려고 하라"고 말하고 있다. 흐름을 균형화한다는 의미는 시장수요와 병목의 능력을 맞추라는 것이며 비병목의 경우에는 앞서 언급이 되었듯이 초과능력이 있더라도 제거 대상이 아니다. 흐름에 영향을 미치는 요소 중에 변동성과 종속성이 있다. 작업 흐름을 디자인할 때에 여러 가지 상황을 고려하여 디자인이 이루어지지만, 예를 들어 주문이 취소된다든지, 공급자가 노동자의 파업으로 인하여 공급을 하지 못한다든지 등의 여러 가지 다양한 이유로 변동이 생기기 마련이며 이러한 변동은 흐름에 영향을 미치게 된다. 한편 2개의 공정이 서로 종속되는 경우에, 즉 선행 및 후속 관계에 있는 경우에 선행공정에서의 변동은 후속 공정에 영향을 미치게 되어 시스템 전체적인 흐름에 영향을 미치게 된다.

중요한 것은 제품을 순조롭고 신속하게 움직이는 것이며 생산능력 균형화에 초점을 맞추게 되면 일정계획이 어려워지고 특히 변동이 심하면 재고를 많이 생성하게 되며 상당한 혼란을 초래하게 된다. 따라서 될 수 있으면 시스템의 변동을 줄이는 것이 중요하며 변동을 줄이기 위해서는 흐름에 초점을 맞추어야 하고 이렇게 되면 낮은 재고수준과 낮은 운영비용으로 높은 스루풋을 얻게 된다는 것이다.

5) 시스템 개선을 위한 5단계 프로세스

제약이론에서는 다음과 같은 5단계의 프로세스를 이용하여 시스템 개선이 이루어진다.

시스템의 제약조건 확인

생산능력의 부족이나 노동숙련도 부족 등이 제약조건이 되는 내부 제약과 고객들의 수요가 감소하는 시장 제약, 공급자로부터 자재를 공급받지 못하는 경우인 공급자 제약과 같이 세 가지 제약조건이 있다. 내부 제약은 프로세스 앞에 공정중재고가 쌓이는 경우, 시장 제약은 잠재적인 고객에게 제품에 대한 정보를 제공하는 능력이나 제품을 고객에게 배송하는 능력이 부족한 경우, 공급자 제약은 지속적으로 늦거나 배송 취소되는 경우에 확인이 가능하다.

단계 2
제약조건을 최대한 활용하기

만일 제약조건이 기계라면 기계의 유휴시간은 낭비이다. 유휴시간이 없도록 하는 것이 최대한 활용이라는 의미에 부합한다. 따라서 기계가 작업이 도착할 때까지 기다리는 시간을 없앤다든지 혹은 불량품의 작업에 기계 시간을 낭비하는 등의 활동을 제거하여 제약조건을 최대한 활용할 수 있다. 다음은 제약조건을 최대로 활용하기 위한 방법들이다.

- 준비시간을 최소화한다.
- 작업중단시간을 최소화한다.
- 제약조건에 도착하기 전에 자재를 검사한다.
- 스루풋을 최대로 하기 위해 제약조건을 신중하게 관리한다.
- 전사적 생산보전을 실천한다. 전사적 생산보전이란 설비의 효능을 개선하고 설비로 인한 생산성의 손실을 제거하기 위해

체계적인 유지보수 활동을 하는 것을 말한다.

시스템 운영의 모든 것을 단계2의 결정에 종속시키기

단계2에서 제약조건의 페이스가 결정되면 이 페이스에 맞추어 상위 혹은 하위 프로세스가 진행되어야 한다. 이는 제약조건에서 이용되는 자재보다 더 많은 양을 생산하는 것을 피하게 된다. 병목에 모든 것을 종속시키는 방식을 병목풀 프로세스라고 한다.

단계 4
제약조건의 능력 향상하기

제약조건의 능력을 향상하는 것은 시스템의 성과를 개선하는 방법을 찾는 것이다. 만일 기계가 제약조건이라면 동일한 기계를 하나 더 구입하거나 아니면 하청을 주거나 하는 것 등이 여기에 해당하며 만일 시장이 제약조건이라면 광고를 더 많이 한다든지 새로운 시장을 개척하는 것 등이 여기에 해당한다. 이 이외에도 다음과 같은 방법으로 제약조건의 능력을 개선할 수 있다.

- 추가적인 기계의 구입
- 추가적인 직원의 고용
- 하청
- 준비시간의 단축을 통한 신속한 전환 확보
- 신속한 전환을 위한 도구 개선

기존의 제약조건이 개선되면 다른 약한 연결고리가 등장하게 된다. 이렇게 신규로 등장한 제약조건의 개선을 위해서는 다시 단계1로 돌아가야 한다.

2. 린

린(Lean)은 낭비 요소를 제거하자는 것이다. 활동을 위해 자원이 소요되지만 가치를 창출하지 않는 모든 인간의 활동이 낭비에 해당하며, 수요가 없어 재고가 쌓이는 제품을 생산한다든지, 실질적으로 필요 없는 공정 단계를 거친다든지, 작업자나 제품이 특별한 목적 없이 이곳에서 저곳으로 이동한다든지, 상위 단계에서 작업이 지체되어 하위 단계에서 대기한다든지, 재작업이나 수정이 필요한 실수를 저지른다든지 등이 포함된다. 린은 노력, 설비, 시간, 공간을 덜 투여하고도 더 많은 것을 얻을 수 있는 방법을 제공한다. 이러한 린 개념은 도요타 생산 시스템에서 시작 되었으나 이제는 더 이상 생산이나 제조 분야에만 적용되는 개념이 아니라 서비스분야를 포함한 다양한 분야에서 적용이 가능하다.

낭비에 대한 일종의 해독제 역할을 하는 린은 고객들이 원하는 것을 되도록 완벽하게 제공하는 데 도움이 되는 방법을 제공한다. 이를 위해 린은 가치를 창출하는 활동을 최상의 순서로 구현하며, 이러한 활동이 막힘이 없이 원활하게 수행하도록 하고, 또한 더욱 효과적으로 실행하는 방법을 제공한다.

워맥과 존스(Womack and Jones)는 린 개념을 다음과 같이 다섯 가지 원칙으로 요약하고 있다.

- 가치에 대한 정의의 명확화
- 가치 흐름의 확인
- 흐름
- 풀(pull)
- 완벽성

1) 가치에 대한 정의의 명확화

가치는 궁극적으로 고객에 의하여 결정되므로 가치에 대하여 정확하게 정의를 한다는 것은 고객이 정말 원하는 것이 무엇인가에 초점을 맞추는 것을 의미한다. 그런데 가치를 정확하게 정의하는 것은 어려운데, 그 이유 중의 하나는 생산자나 고객이나 기존의 틀에서 벗어나지를 못하기 때문이다. 따라서 가치에 대해 다시 정의한다고 하더라도 전통적인 가치인 저비용, 제품의 다양화, 신속배송 등에만 의존하게 된다는 것이다. 가치에 대한 정의가 어려운 또 다른 이유로는 고객의 관점에서 보는 제품 전체에 대한 가치보다는 제품을 제공하는데 기여하는 구성원들의 개별적인 가치에 초점을 맞추기 때문이기도 하다. 따라서 가치에 대한 정확한 정의를 위해서는 생산자가 고객과 새로운 방법으로 의사소통을 하는 것이 필요하며 또한 제품의 제공에 기여하는 구성원들 사이에 새로운 방법으로 의사소통이 이루어져야 한다.

워맥가 존스는 가치의 명확화와 관련한 왜곡 현상에 대하여 주의를 환기시킨다. 예를 들어, 주로 엔지니어들이 운영하는 독일 기업의 경우에, 전문가 이외에는 관심이 없는 기술적인 복잡성과 정교함을 가진 제품을 추구하는 것이 최선이라고 생각하고 있으며, 그러한 제품에 대하여 관심없는 고객들도 일단 설명을 하면 그 제품을 원하게 될 것이라고 믿고 있다는 것이다. 따라서 설사 제품이 실패하더라도 그 책임을 고객에게 전가하여 고객이 제품의 장점을 받아들일 만큼 정교하지 못하다고 생각한다는 것이다. 이러한 생각은 독일 산업의 위기를 초래하였는데, 결론적으로 독일 엔지니어들이 선호하는 복잡한 디자인과 정교한 생산 기술은 지나치게 비싸서 고객들이 구입할 수가 없었으며, 종종 그러한 제품은 고객들이 진정으로 필요한 것도 아니었다는 것이다.

가치의 명확화에 대한 왜곡 현상은 자국의 사회적 기대치만 고려할 때에도 발생한다. 예를 들어, 일본의 경우에 장기고용 및 안정적인 공급자 관계 등과 같은 일본의 사회적 기대치를 고려하여 가치가 정의된다는 것이다. 이는 요즈음의 글로벌 환경에 적합하지 않은데, 그 이유는 글로벌 경쟁을 위해 필요한 현지화가 어려워지기 때문이다. 또 다른 가치 명확화의 왜곡 현상 중의 하나는 경영자들이 지나치게 주주나 단기적인 성과에 관심을 기울이는 경우에 고객을 위한 가치 창출 및 가치의 명확화보다 재무성과의 중요성이 우선한다는 것이다.

이러한 왜곡 현상 이외에도 가치의 정의는 기존의 조직의 힘, 기술, 자산, 규모의 경제에 대한 구식의 사고 등 다양한 요인으로 인하여 변형된다. 예를 들어, 많은 경영자들이 일단 기존의 기술이나 자산을 이용하여 제품을 만들고, 고객이 반응하지 않는 경우에 가격을 낮춘다든지 아니면 다른 방법을 동원하면 된다는 식의 생각을 하고 있다는 것이다. 그러나 이러한 사고는 바람직하지 않으며 고객의 관점에서 근본적으로 가치를 재고해야 한다. 이러한 예로 종종 거론되는 것이 항공 산업의 예이다. 고객이 원하는 것은 자신이 원하는 곳까지 적절한 가격으로 안전하고 혼잡함이 없이 여행하는 것이다. 그런데 항공 산업에서는 기존의 자산을 가장 효율적으로 이용하는 것에 초점을 맞추고 있어 주로 일정 규모 이상의 도시에 거대한 공항을 건설하고 거대한 항공기로 허브 간 승객을 수송하는 허브 시스템이 선호되고 있다. 그러나 정작 고객이 원하는 시스템은 작은 항공기로 작은 도시를 연결하는 지점 대 지점(point to point) 시스템이다. 항공 산업이 허브 시스템이나 거대한 항공기에서 벗어나지 못하는 이유는 구식의 효율성에 대한 사고와 기존의 자산 및 기술에 대한 집착에서 기인한다. 그 결과는 우리가 현재 보고 있듯이 항공사는 거의 파산 직전에서 운영되고 있으며 고객의 불만은 커지고 있다.

잘못된 제품이나 서비스를 제공하는 것은 분명하게 낭비 요소이 므로 린 사고에서의 가장 중요한 첫 단계는 명확하게 가치를 정의하 는 것이다. 즉 린 사고는 고객과의 대화를 통하여, 특정 가격에 특정 기능을 가진 특정 제품을 제공할지에 대하여 명확하게 가치를 정의 하는 것으로부터 시작된다. 이를 위해서는 기존의 틀을 파괴하는 것 이 중요한데, 예를 들어, 기존의 자산이나 기술을 무시하고 새로운 시각을 가지는 것이 중요하다. 이러한 의미에서 기술전문가의 역할을 재정의해야 하며, 또한 가치를 세계의 어느 곳에서 창출할 것인지에 대하여도 다시 생각해야 한다.

2) 가치 흐름의 확인

고객에게 특정 제품을 제공하기 위하여 기업이 수행하는 업무는 크게 다음과 같이 세 가지로 구분된다. 즉 디자인 및 엔지니어링을 통한 개념 개발에서부터 생산착수까지에 걸친 문제해결 업무, 일정계 획을 통한 주문의 수주에서 배송까지에 걸친 정보관리 업무, 그리고 자재에서부터 완성품까지의 물질적변환 업무가 이에 포함된다. 가치 흐름이란 이러한 세 가지 업무를 통하여 특정 제품을 제공하는 데 요 구되는 특정 활동들의 집합을 말하며 각 제품에 대한 전체의 가치 흐름을 확인하는 단계를 통하여 항상 거대한 낭비 요소가 노출된다.

일반적으로 가치 흐름 분석을 통하여 활동을 세 가지 형태로 구분한다.

- 명확하게 가치를 창출하는 활동
- 가치는 창출하지 않으나 현재의 기술이나 생산자산으로는 피할 수 없는 활동
- 가치를 창출하지 않고 즉시 피할 수 있는 활동

가치 흐름 분석에서 중요한 것은 특정 제품을 창출하고 생산하는 데 필요한 활동들의 집합을 전체적으로 보아야 한다는 것이며, 이를 위해 전체적인 가치 흐름을 창출하는데 관련된 구성원들 간의 지속적인 의사소통이 필요하다. 그렇다고 해서 새로운 조직이 필요한 것은 아니고 단지 모든 관련된 구성원의 자발적인 협력이 요구된다. 이러한 메커니즘을 워맥과 존스는 "린 기업(lean enterprise)"으로 지칭한다. 이러한 메커니즘을 창출하기 위해서는 기업 간의 관계를 새롭게 생각하는 것이 필요하며, 기업들이 원칙에 따라 행동하고 있는지를 확인할 수 있도록 가치 흐름의 모든 단계에서의 투명성이 요구된다.

3) 흐름

흐름이란 가치 흐름에서 낭비 활동을 제거한 후 남은 가치 창출 활동의 흐름이 연속적이게 하는 것이다. 우리는 기능이나 부서의 개념에 익숙해져 있는데 이는 일반적으로 활동들이 형태별로 그룹화되어야 관리가 쉽고, 효율적으로 수행되는 것으로 배워왔기 때문이다. 하나의 기계로 A, B, C라는 세 가지 부품을 생산해야 할 경우, A라는 부품을 모두 생산한 뒤, B라는 부품을 모두 생산하고, 그 다음 C라는 부품을 모두 생산하는 식, 즉 일들을 효율적으로 수행하기 위해서는

활동들을 묶음으로 하는 것이 좋다고 배워왔다. 그러나 배치 생산은 작업을 기다리는 부품의 경우에 차례가 올 때까지 항상 긴 기다림을 의미한다. 따라서 흐름은 연속적이지 못하다.

연속적인 흐름의 예는 컨베이어벨트 생산시스템에서 찾아볼 수 있다. 이러한 생산 방식은 소품종 대량 생산의 경우에 적합한 시스템으로 알려져 있다. 그러나 다품종 소량 생산의 경우에도 준비시간의 단축, 셀룰러 생산 방식 등을 통하여 연속적인 흐름을 얻는 것이 가능하다. 연속적 흐름이 정착되면 제품의 개념 창출에서 시장진입, 판매에서 배송, 자재에서 완성품까지 걸리는 시간이 대폭 단축된다.

4) 풀

풀이 의미하는 것은 하위 단계의 고객이 요청하기 전에는 상위 단계에서 생산을 하지 않아야 한다는 것이다. 즉 고객이 제품을 요청하면 이를 즉시 충족시키고, 이를 보충하기 위해 상위 단계에 주문을 하게 되는 식으로 가치 흐름의 단계를 거꾸로 거슬러 올라가면서 주문이 이루어지게 된다. 전통적인 푸쉬시스템에서는 수요를 예측하고 예측된 수요만큼 배치생산을 하게 되므로 재고가 쌓이게 된다. 이러한 전통적인 시스템에서 풀 시스템으로 전환을 하기 위해서는 우선적으로 A 제품 생산 모드에서 B 제품 생산 모드로 전환하는 데 걸리는 시간을 대폭 단축해야 하고 또한 배치 크기를 줄여야 한다. 풀 시스템에서는 주문을 예를 들어, 주별 혹은 월별로 하는 것이 아니라 일별로 할 수 있게 되고 이렇게 되면 전체적으로 재고수준이 대폭 감소하게 된다.

5) 완벽성

린을 실천하는 조직의 경우에 낭비요소를 제거하는 프로세스는 끝이 없음을 인지하게 된다고 한다. 즉 개선이 여러 차례 이루어졌다고 해도 항상 또 다른 개선이 가능하다는 것이다. 이러한 지속적인 개선은 점진적으로 이루어지기도 하며 혹은 급진적으로 이루어지기도 한다. 점진적인 개선은 개선행사를 통하여 이루어지며 급진적인 개선은 개혁을 통하여 이루어진다.

3. 6시그마

6시그마(sigma)라는 용어는 결점을 제로에 가깝게 줄인다는 의미를 내포하고 있다. 시그마는 통계학에서 사용하는 표준편차인데 집단의 변동성을 나타내는 단위이다. 6시그마를 통계적인 관점에서 보면 변동을 줄여서 제공하는 제품이나 서비스 거의 모두가 고객의 요구를 만족시키거나 초과하게 한다는 것이다. 6시그마는 품질 분석기법과 광범위한 통계기법을 적용하여 생산이나 서비스 전달프로세스에서 바람직하지 않은 결과물을 야기하는 프로세스 인풋을 찾아낸다. 그 결과 인풋의 변동을 최소화하고 더 일관된 제품을 만들어낸다.

1) 시그마에 대한 이해

시그마는 통계학에서 데이터가 평균으로부터 얼마나 떨어져 있는지를 나타내는 표준편차이다. 품질 용어로는 프로세스에서 나오는 불량품 수를 나타내며 시그마 수준이 높을수록 불량품의 수는 줄어든다. 정규분포에서 중앙은 평균을 나타내고 평균을 기준으로 ±k시그마의 양쪽 바깥의 부분이 불량이 발생하는 확률로 보는 것이다. 즉 6시그마 수준에서의 불량이 발생하는 확률은 (평균±6시그마)의 양쪽 바깥의 면적이 된다.

통계적으로 엄밀하게 말하면 6시그마 수준에서의 양쪽 바깥의 면적은 거의 0이다. 따라서 이 확률에 백만을 곱해도 거의 0이므로 백만 개당 불량수가 0개인 셈이다. 그런데 일반적으로 6시그마 수준이 백만 개당 3.4개의 불량이 생기는 수준이라고 하는 이유는 프로세스의 중앙오류 문제 때문이다. 프로세스의 중앙오류는 프로세스가 시작 시점에서는 안정적이지만 오래되면 공구의 마모 등으로 프로세스의 폭이 넓어져서 분포의 중앙이 이동하기 때문에 발생한다. 중앙이 좌측으로 이동되는지 혹은 우측으로 이동되는지는 상황에 따라 다르다. 어쨌거나 이동되는 크기는 일반적으로 1.5시그마 정도로 본다. 만일 오른쪽으로 1.5시그마 정도 이동한다면 6시그마 수준은 4.5시그마 수준이 되고 4.5시그마 수준에서의 오른쪽 끝의 면적은 0.0000034가 되어 여기에 백만 개를 곱하면 3.4개가 된다.

엄밀히 말하면 6시그마 수준이란 예를 들어 세탁기를 백만 대 생산하면 3.4대의 불량 세탁기가 생산되는 수준을 말하는 것은 아니다. 제품에는 다양한 품질특성이 있어 세탁기 한 대에도 발생할 수 있는 결함 수는 여럿일 수가 있다. 따라서 실제로 시그마 수준은 제품 한 대에 발생할 수 있는 평균 결함수를 의미하는 것이며 이와 같은 이유로 백만 기회당 결함수라는 의미를 가진 DPMO(defects per million opportunities)라는 단위를 사용한다.

<표 6-1>은 시그마수준과 DPMO와의 관계를 보여주는 표이다. DPMO 대신에 ppm(parts per million)을 이용하기도 한다.

2) 6시그마의 특성

6시그마는 다음과 같은 특성을 가진다.

(1) 통계학의 이용

6시그마가 TQM(total quality management), 린을 비롯한 다른 품

표 6-1 시그마수준과 불량품 수의 관계

시그마수준	DPMO
1시그마	690,000
2시그마	308,000
3시그마	66,800
4시그마	6,210
5시그마	230
6시그마	3.4

질개선 기법들로부터 많은 것을 도입하지만 6시그마가 다른 기법들과 다른 점은 이러한 기법들을 통계학으로 잘 결합하여 데이터를 기반으로 하는 의사결정을 한다는 것이다.

(2) 6시그마 조직

6시그마를 실천하기 위해서는 탄탄한 조직을 갖추어야 한다. 조직의 구성을 살펴보면 다음과 같다.

- 리더십 그룹 혹은 위원회: 비전창출, 6시그마 목표 설정, 6시그마 지원 등의 역할을 수행한다.
- 프로젝트 스폰서와 챔피언: 6시그마를 감독하는 고위급 경영자로서 프로젝트 개선팀에게 명확한 지침을 제시해주어야 하며 팀이 조직 내에서 어려움에 처하게 되면 도와주어야 한다. 챔피언의 역할을 수행하려면 이틀간의 훈련이 요구된다. 개선을 방해하는 장애물을 없애는 방법과 6시그마 프로세스의 관리에 대하여 교육을 받는다.
- 6시그마 실행리더 혹은 코치(마스트 블랙벨트): 통계 측정 도구에서부터 관리및 프로세스 설계 전략 변경에 이르기까지 전 영

역에 걸쳐 프로세스 책임자와 6시그마 개선팀들에게 전문가적인 조언을 제공하는 역할을 한다. 블랙벨트 경험이 요구되고 전사적인 프로젝트의 경험이 요구된다. 블랙벨트를 훈련하고 블랙벨트의 멘토 역할을 한다.

- 팀 리더 혹은 프로젝트 리더(블랙벨트): 프로젝트에서 반복적으로 이루어지는 업무와 그 결과에 대해서 일차적으로 책임을 져야 하는 사람이다. 블랙벨트의 임무는 코치의 임무와 유사하나 팀 하나만을 상대한다는 것이 다르다. 4주간의 훈련이 요구된다. 시험을 통과하여야 하며 2개의 프로젝트를 완료해야 한다. 블랙벨트는 풀타임으로 프로세스 이슈에 대한 관리를 하며 그린벨트와 옐로우벨트를 훈련하고 프로젝트 수행에 있어서 멘토 역할을 한다.
- 그린벨트: 1주간의 훈련이 요구되며 하나의 프로젝트를 완료해야 한다. 그린벨트는 파트타임으로 자신의 부서에서 문제해결을 위해 노력한다.
- 옐로우벨트: 이틀간의 훈련이 요구된다. 파트타임으로 그린벨트나 블랙벨트의 팀원으로 역할을 수행한다.

대부분의 기업의 경우에 프로그램을 시작하기 위해서 외부의 전문가를 이용하는 것이 보통이다. 약 6개월 후에는 마스트 블랙벨트를 정식으로 고용하여 가장 유능한 블랙벨트들을 마스트 블랙벨트가 되도록 훈련을 한다. 6시그마 공인인증에 관심이 있는 직원은 품질 개선에 특화된 외부의 전문기관에서 교육을 받은 후 인증을 받을 수 있다.

3) 6시그마의 실천을 위한 필수요소

펀데(Pande) 등은 6시그마를 달성하기 위해서 다음과 같은 것이 갖추어져야 한다고 보고 있다.

- 고객에 대한 진정한 관심: 고객에 대한 진정한 관심은 6시그마에서 최우선적으로 중요한 요소이다. 6시그마는 고객의 요구사항을 충족시키는 것이 궁극적인 목표이기 때문이다. 6시그마에서 줄이고자하는 결함은 고객의 요구사항을 충족시키지 못하는 실패를 말하는 것이며 6시그마의 개선의 정도는 고객의 요구사항을 어느 정도 충족시키느냐에 달려 있다. 결국 6시그마에서 성과측정은 고객의 목소리에서 시작해서 그것으로 끝난다고 해도 과언이 아니다.

- 데이터와 사실에 의한 경영: 6시그마는 프로세스의 개선을 위해 철저하게 객관적인 자료의 수집, 분석에 의존한다. 이러한 과정에서 통계학이 대폭적으로 이용된다.

- 프로세스 지향, 관리, 그리고 개선: 6시그마에서 목표로 하는 것은 통합적인 업무의 개선이다.

- 전향적 경영: 결함이 발생하고 그에 대처하는 것은 이미 때가 늦을 수도 있다. 결함이 발생하기 전에 예방 차원에서 프로세스를 개선하는 것이 중요하다.

- 상호 협력: 조직의 기능 간에는 보이지 않는 벽이 존재하는 경우에 의사소통에 방해가 되고 공동의 목표를 향해 나아가는데 장애물로 작용하는 경우가 많다. 이러한 것을 제거하여 오로지 고객의 요구사항을 충족시킨다는 공동의 목표를 향해 나아가자는 것이다.

- 완벽을 향한 노력 및 실패에 대한 용인: 지속적인 개선을 통한 완

벽성을 추구하는 것이 6시그마에서 요구된다. 6시그마에서 가장 큰 위험은 실패에 대한 두려움이다. 실패를 두려워하여 변화를 추구하지 않는 것은 개선이 없음을 의미한다.

4) DMAIC 5단계 접근법

6시그마가 다른 기법과 특별히 다른 점은 개선활동을 어떻게 실행하라는 구체적인 실행절차를 제시한다는 점이다. 프로젝트로 진행되는 개선 프로젝트는 기업에 따라 세분화되기는 하지만 기본적으로 정의, 측정, 분석, 개선, 관리의 5단계로 구성된다.

6시그마 프로젝트를 본격적으로 수행하기 전에 정지작업을 할 필요가 있다. 즉 개선하기 전에 프로세스를 검토하여 아예 제거가 가능한 프로세스의 경우에는 제거하고 또한 린 도구를 적용하여 정리할 필요가 있다. 이를 통하여 문제가 아예 해결되는 경우도 있고 아니더라도 문제의 확인이 쉬워지며 6시그마 프로젝트가 단순해진다.

6시그마 프로젝트가 성공하기 위해서는 프로젝트를 신중하게 선정하는 것이 매우 중요하다. 프로젝트는 비용 절감이나 고객 만족에 대한 잠재적인 혜택이 어느 정도인가에 기반을 두고 선정되어야 한다. 모든 6시그마 프로젝트가 비용을 절감하는 것이 아니다. 만일 특정 문제가 고객 만족이나 제품이나 서비스의 품질에 영향을 미친다면 그러한 문제를 고치는 것은 올바른 것이다.

다음은 품질팀이 6시그마 프로젝트의 대상으로 선정하기에 적합한 영역이다.

- 고객 불평
- 폐기자재
- 재작업
- 고객 반품

- 보증 클레임
- 잔업
- 과잉재고
- 제품이나 서비스의 전달비용
- 고객서비스 비용
- 사업 평균보다 낮은 운영수준

6시그마는 품질문제의 해결을 위해 5단계 접근법을 이용한다. 즉 정의, 측정, 분석, 개선, 관리의 DMAIC라는 5단계를 적용한다.

(1) 정의

기본적으로 정의(define) 단계에서는 6시그마 프로젝트의 범위를 정하는 단계이다. 문제가 무엇인지 어떻게 측정할 것인지가 분명해진다. 연구의 범위가 정해지고 문제가 고객의 인식에 어떻게 영향을 미치는지가 정해진다.

정의 단계는 다음과 같은 절차로 이루어진다.

- 문제를 분명하게 서술한다. 상황을 명확히 하고 프로세스계획이나 개선의 기회를 분명하게 설명할 수 있도록 문제점/기회 진술서를 만들어야 한다.
- 고객의 요구사항을 파악한다. 문제에 영향을 받는 고객과 접촉하여 그들의 요구사항이 무엇인지에 대하여 의견을 듣는다. 이를 위해 카노(Kano) 모델이 이용될 수 있다. 카노 모델은 설문조사를 통하여 고객의 요구사항을 당연적 속성, 일원적 속성, 매력적 속성 등으로 분류하는 기법이다.
- 분석대상이 되는 프로세스를 파악한다. 조사를 통하여 프로세스가 정상적으로 어떻게 작동을 해야 하는지를 파악한다. 이

때에 도움이 되는 것이 SIPOC(supplier, input, process, output, customer) 다이어그램이다. 이 다이어그램에는 공급자, 인풋, 프로세스, 아웃풋, 고객에 대한 내용이 포함되므로 프로세스 전체를 파악하는 데 도움이 된다.
- 프로젝트의 범위를 결정한다. 프로젝트의 범위는 특정 시설에서 프로세스의 시작에서부터 끝이다.

(2) 측정

이 단계에서는 기본적으로 현행 프로세스의 성과를 측정하는 단계이다. 측정(measure) 단계에서 가장 어려운 것은 어떤 척도를 사용할 것인지 결정하는 것이다. 기본적으로 프로세스는 어떻게 수행되고 있는지, 변동이 고객에 미치는 영향은 무엇인지, 이 문제의 원인은 어디에 있는지 등과 같은 구체적인 물음에 답하기 위해 어떤 자료를 수집해야 하는지를 결정하면 된다. 중요한 것은 프로세스가 왜/어떻게 고객요구사항을 만족하고 있는지 아닌지에 대한 해결의 실마리를 가져다 줄 수 있는 자료여야 한다. 이 단계는 다음과 같은 절차로 이루어진다.

첫째, 고객의 요구사항에 대한 성과 측정을 계획하고 실행에 옮긴다. 이를 위해서 다음을 실천한다.
- 무엇을 측정할 것인가를 선택한다.
- 여러 사람이 수행하는 데이터의 수집과 해석의 일관성을 유지하기 위하여 무엇을 관찰하고 측정할지를 명확히 정의한다.
- 기존의 데이터를 이용할 것인지 아니면 새롭게 수집할 것인지를 결정한다.
- 데이터 수집 및 샘플링 계획안을 준비한다.
- 측정 프로세스를 실행하고 보강한다.

둘째, 프로세스의 시그마 성과를 측정하고 개선기회를 파악한다. 이를 위해 다음을 실천한다.

- 프로세스 전체의 현재의 시그마 수준을 계산한다.
- 부적합품질비용(COPQ: cost of poor quality)을 측정한다.

(3) 분석

분석(analyze) 단계에서는 데이터 분석이나 프로세스 분석을 통하여 불량의 원인을 찾아내는 것이다. 데이터 분석은 패턴이나 추세 등을 찾아내기 위해 수집하는 데이터를 이용하는 것이고 프로세스 분석은 기존의 프로세스를 세밀히 관찰하여 문제가 있는 부분을 찾아내는 것이다. 데이터 분석의 경우에 다음과 같은 절차를 이용한다.

- 탐색: 수집된 데이터를 이용하여 문제점의 근본 원인에 대한 단서를 발견한다. 파레토도, 막대그래프 등이 유용하다. 파레토도는 빈도수가 높은 것부터 낮은 순서로 막대그래프를 그리고 추가적으로 누적 선그래프를 그린 것으로 어느 요인이 가장 중요한지 얼마나 중요한지를 한 눈에 볼 수 있는 장점이 있다.
- 가설 도출: 탐색단계에서 알아낸 정보를 이용하여 결함 원인에 대한 아이디어를 도출한다. 생선뼈 다이어그램 등이 유용하다. 생선뼈 다이어그램은 원인과 결과도, 혹은 이시카와 다이어그램이라고도 하는데, 문제의 원인을 체계적으로 찾아가는 데 도움이 되는 도구이다. 주로 4M(men, method, machine, material) 차원에서 그 원인을 살펴보게 되며 그 다이어그램의 모습이 생선뼈를 닮았다.
- 원인 증명: 추가적인 분석을 통하여 가설이 맞는지를 확인한다. 통계학의 상관 분석, 회귀 분석 등이 유용하다. 상관분석은 두 변수 간의 관계가 양인지 음인지 그리고 그 강도는 어느 정도

인지 알아보는 데 유용하고, 회귀분석은 종속변수와 독립변수와의 관계를 분석하는 데 이용된다.

프로세스 분석의 경우에는 다음과 같은 절차를 이용한다.
- 탐색: 프로세스 맵을 작성한다. 이때 흐름도가 유용하다.
- 가설 도출: 프로세스의 어느 단계에서 부가가치를 창출하지 않는지를 분석한다.
- 원인 증명: 프로세스의 변화를 시도하여 문제점들이 사라지는지를 검토한다.

(4) 개선

개선(improve) 단계에서는 프로세스에서의 문제를 어떻게 해결할지를 결정한다. 즉 해결방안을 만들고, 선별하고, 실행한다. 이 단계에서는 다음과 같은 절차를 따른다.
- 문제를 해결할 방안을 도출한다. 이를 위해 브레인스토밍 기법이 유용하다.
- 가장 적은 비용과 복잡성으로 문제를 해결할 방안을 선택한다.
- 시범적용을 해본다.
- 전면적으로 확대 실행한다. 시범 적용시에 발견되지 않은 문제점들이 있을 수 있으므로 이러한 문제에 대한 분석을 위해 FMEA기법(failure mode and effect analysis)이 유용하다. FMEA 기법은 실패의 유형, 원인, 영향, 발생가능성, 탐지의 어려움, 심각성, 위험 프로파일점수, 실패의 감축 방법 등을 조사하고 분석하여 실패의 위험을 최소화하는 데 도움이 된다.

(5) 관리

관리(control) 단계는 개선된 프로세스가 상태를 유지하도록 하는 것이다. 프로세스 개선 후에 관리 프로세스를 실행하여 만일 프로세스가 다시 문제가 있는 상태로 돌아가면 경고신호를 보내도록 한다. 이 단계는 다음과 같은 절차로 진행한다.

- 안정적이고 예측 가능한 프로세스 유지를 위해 조직적인 차원에서의 교육 및 훈련과 더불어 평가를 통한 포상이 이루어져야 한다.
- 개선 사항을 문서로 기록하여 공유에 문제가 없도록 한다.
- 지속적인 프로세스관리를 위한 척도를 확립하여 모니터링의 토대를 만든다. 이때 관리도가 유용하다. 관리도는 관리상한선 및 관리하한선을 파악하고, 여러 번 샘플을 뽑아 그 측정치를 관리도에 타점한 후에 그 점들이 관리한계 내에 있는지 그리고 패턴 등의 특이 사항은 없는지를 모니터링하는 데 유용하다.

Dettmer, William H.(1997), *Goldratt's Theory of Constraints: A Systems Approach to Continuous Improvement* ,Milwaukee: ASQ Quality Press.

Dettmer, William H.(1998), *Breaking the Constraints to World−Class Performance, Milwaukee*, WI: ASQ Quality Press.

Dettmer, William H.(2002), *Beyond Lean Manufacturing: Combining Lean and the Theory of Constraints for Higher Performance*, Goal System International.

Goldratt, E.M. and Jeff Cox (1984). *The goal*. Great Barrington, MA: The North River Press.

Goldratt, Eliyahu M.(1994), *It's Not Luck* ,Great Barrington, MA: North River Press.

Goldratt, Eliyahu M.(1994), *The Goal: A Process of Ongoing Improvement*, second edition, Great Barrington, MA: North River Press.

Moore, Richard, and Lisa Scheinkopf (1998), "Theory of Constraints and Lean Manufacturing: Friends or Foes?", Chesapeake Consulting Inc.

Motorola University (2008), *Six Sigma through the years*.

Nave, Dave(2002), *How to Compare Six Sigma, Mean and the Theory of Constraints*, ASQ, Quality Progress.

Ohno, Taiichi (1988), *Toyota Production System: Beyond large−scale production*, NY: Productivity Press.

Womack, James P., and Daniel T. Jones (2003), *Lean Thinking: Banish Waste and Create Wealth in Your Corporation* ,New York:Simon & Schuster.

Womack, James P., Daniel T. Jones and Daniel Roos (1991), *The Machine That Changed the World*, NY: Harper Perennial.

memo

Chapter 07

협력적 공급사슬에서의
재고관리

재고관리와 관련하여 우리는 종종 다음과 같은 딜레마에 빠지게 된다. 예측의 불확실성이나 시장수요의 변동성으로 인한 재고부족 현상을 막기 위해서는 높은 재고수준이 요구되지만 한편으로 재고비용을 최소화하기 위해서는 낮은 재고수준을 유지할 필요가 있다. 높은 재고수준 시스템과 낮은 재고수준 시스템은 분명히 양립할 수 없다. 그러나 우리는 재고비용은 최소화하면서 재고부족도 최소화하는 방법을 찾아야 한다. 게다가 재고관리를 더 어렵게 만드는 것은 재고관리가 단순히 한 기업의 문제에 국한되는 것이 아니고 공급사슬을 구성하는 다른 개체들과의 관계를 고려해야만 하기 때문이다. 본 장에서는 협력적인 공급사슬과 비협력적인 공급사슬에서의 재고관리 방법에 대해서 살펴보기로 한다.

홀트(Holt)는 다음과 같이 두 가지 형태의 공급사슬을 구분한다.

- 협력적인 공급사슬이란 공급사슬을 구성하는 개체들이 전체 공급사슬에 대한 자신의 종속성을 인식하고 개체간의 정보공유와 의사소통을 통하여 전체 사슬의 위험과 이익을 공유하고 궁극적으로 전체 사슬의 목표 달성에 자신을 종속시킨다.
- 비협력적인 공급사슬이란 공급사슬의 각 개체들이 전체 사슬이 아닌 각자 자신의 이익을 최대화하는 데 초점을 맞추는 경우이다.

협력적인 공급사슬의 경우와 비협력적인 공급사슬의 경우에 재고관리에 대한 접근법은 달라야 하며 먼저 협력적인 공급사슬의 경우에 적합한 재고관리에 대해서 살펴보면 다음과 같다.

골드랫은 그의 저서인 *Isn't It Obvious?*(번역서 제목: '폴은 어떻게 재고관리 해결사가 되었을까?')에서 재고관리에 대한 해결책을 제시하고 있다. 근본적으로 수요예측은 어려우며 수요예측 오류로 인한 재고비용 문제가 심각하므로 수요예측 오류를 최소화하고 재고회전율을 높이는 방법을 찾아야 한다는 것이 핵심 내용이다. 지역창고로부터 재고보충을 받는 대형 소매점의 재고관리 문제를 해결하는 과정을 중심으로 이야기가 전개된다. 대형 소매점의 경우에 일부 품목은 재고가 넘쳐나지만 반면에 일부 품목은 재고가 부족한 현상이 발생하고 있다. 매장에 재고를 보유할 수 없는 상황이 발생하여 매장의 재고를 지역창고로 옮긴 후 소매점에 긍정적인 효과가 나타나기 시작한다. 이러한 긍정적인 효과가 어디에서 비롯되는지를 소설의 형식을 빌려 설명하고 있다. 이 책의 내용으로부터 핵심 교훈을 알아보기로 한다.

공급사슬에 다음과 같이 네 가지 개체가 포함되며 각 개체별 분석을 통하여 전체적인 이해를 돕도록 한다.

- 소매점
- 지역창고
- 중앙창고
- 공급자

1. 소매점의 경우

소매점에서 매장에 보유하던 재고를 지역창고로 옮겨야 하는 상황이 발생한다. 물론 소매점의 매니저 입장에서는 자신이 재고를 통제할 수 없게 되므로 불만을 가지는 것은 당연하다. 그런데 이렇게 재고를 지역창고로 옮긴 것이 소매점의 실적을 높이는 결과를 초래하게 된다. 그 이유는 재고회전율이 높아지고 재고부족이 발생하는 품목의 수가 줄었기 때문이다.

한편 매장에서 지역창고로 재고가 이동되어 재고보충 방법이 달라지게 된다. 즉 매일 주문을 하는 방식으로 전환하여 이전과는 달리 재고보충이 자주 이루어지게 된 것이다. 매장에서는 품목별로 일일평균매출의 20배의 물량을 재고로 보유하고 매일 판매량이 얼마인지를 체크하게 된다. 품목별 판매추이를 알아보기 쉽게하기 위하여 색깔을 이용하여 구분하게 된다. 만일 재고회전율이 예상보다 높은 품목의 경우에는 빨강코드를 부여하게 되고 이것이 일주일간 지속되면 목표재고수준을 높이게 된다. 만일 재고회전율이 낮을 경우에는 초록코드를 부여하고 이것이 2주간 지속되면 목표재고수준을 낮추게 된다. 빨강과 초록 사이의 노랑코드의 의미는 적절한 재고수준이 유지되고 있음을 의미한다.

2. 지역창고의 경우

과거에는 지역창고가 특정품목을 박스 단위로 소매상에 재고보충을 하였으나 만일 이렇게 한다면 소매점에 예전과 같이 재고가 넘쳐나게 될 것이다. 따라서 이제는 소매점이 필요한 만큼만 재고보충이 이루어지도록 한다. 지역창고가 소매점이 원하는 대로 소량의 주문을 충족시키게 되고 이는 지역창고의 입장에서는 도매창고에서 소매창고로의 전환을 의미한다.

소매점의 입장에서 과거에는 주문 물량이 종종 늦게 도착하여 재고부족 현상이 발생하기도 했다. 그러나 이제는 소매점이 판매가 발생하는 품목에 대하여 즉시 지역창고에 알리고 또한 지역창고로부터의 재고보충이 신속하게 이루어진다. 결국 소매점은 낮은 보유재고 수준으로 더 많이 판매하는 셈이 된 것이며 이로 인하여 재고회전율은 높아지고 재고부족이 발생하는 품목의 수는 줄어들게 된다. 결과적으로 낮은 비용으로 많이 팔게 되어 수익이 증가하고 재고회전율이 높아져서 투자수익률이 높아지게 된다.

3. 중앙창고의 경우

소매점의 재고를 지역창고로 옮기는 것이 성공적인 것으로 판단되어 구역 내의 다른 소매점들도 동참하여 지역창고로 재고를 옮기게 되어 모든 소매점의 재고가 지역창고로 통합된다. 과거에 특정 소매점에 특정 품목의 재고가 부족하면 그 품목의 재고가 있는 다른 소매점에 부탁하여 교차수송을 통하여 그 재고를 이용하였다. 그러나 이제는 더 이상의 소매점들끼리의 교차수송이 없어지고, 동일한 품목에 대하여 특정 소매점은 재고부족을 겪고 다른 소매점은 재고과잉이 되는 경우가 없어지게 된다. 소매점들이 필요한 만큼만 지역창고에서 재고보충이 이루어지므로 지역창고가 소매창고로 전환된 것이다.

이제 공급자로부터 물건을 공급받고 이를 지역창고로 보내는 역할을 담당할 중앙창고의 필요성이 대두된다. 중앙창고는 여러 지역에서 팔리는 품목의 재고를 보유하게 되고 지역창고간에 이루어지던 교차수송을 필요 없도록 만드는 중요한 역할을 한다.

4. 공급자의 경우

하나의 소매점의 개선에서 시작하여 그 다음 여러 개의 소매점이 동참하여 개선이 이루어지고 그리고 여러 지역의 개선이 이루어진다. 여기서 한걸음 더 나아가 공급자와의 협력을 통하여 기업 전체의 공급사슬의 개선이 이루어진다. 즉 공급자에게 수개월 단위의 대규모 배치 주문을 하던 것을 주 단위로 전환하여 공급자나 구매자나 모두 혜택을 볼 수 있게 된 것이다. 물론 대규모 수송에 비하여 수송비용이 증가할 가능성이 있으나 이는 다양한 품목의 통합 수송을 통하여 문제가 해결된다. 주 단위의 주문이 이루어지면 중앙창고는 물건을 일찍 받아서 좋고 공급자는 주 단위의 대금지급을 받게 되어 현금 흐름이 좋아지게 된다.

결국 다음과 같은 내용이 협력적인 공급사슬에서의 재고관리의 핵심이라고 볼 수 있다.

• 보유재고수준을 최소화하라.

소매점들이 매장에는 몇 일 분의 재고만 보유하고 나머지는 지역창고에 보유할 것을 제안하고 있다. 매장의 선반은 수개월 분량의 재고를 보유하는 데 사용할 것이 아니라 다양한 품목을 전시하는 용도로 이용해야 함을 강조한다.

• 매출이 발생하는 품목에 대하여 집중적으로 재고를 보충하라.

잘 팔리는 품목이 결국 수요가 있는 품목이므로 일일 판매데이터를 검토하여 잘 팔리는 품목을 집중적으로 재고보충하면 재고부족현상을 줄일 수 있다는 것이다.

• 재고를 소매점별로 보유하지 말고 지역창고에 보유하라.

지역창고에 재고를 보유하게 되면 모든 지역소매점에서 가장 많이 요구되는 품목 및 재고부족 품목 등을 추적할 수 있다. 이러한 데

이터는 지역소매점의 수요를 통합한 통합구매를 가능하게 하고 가장 필요한 품목을 적시에 구매하는 데 도움이 된다. 주문이 앞당겨 이루어지므로 구매와 배송의 사이클 타임이 축소되고 소매상의 재고부족 품목을 보충하는 데 걸리는 시간이 축소된다. 예를 들어, 만일 10개의 지역소매점이 있을 경우에 4개의 지역소매점에서 특정 품목의 수요가 높을 경우에 이 품목에 대한 수요가 있음을 인지하게 되고 이를 고려하여 주문을 앞당기게 되므로 나머지 6개의 지역소매점은 이 품목에 대한 적시 재고 보충이 이루어져서 재고부족 현상을 피할 수 있게 된다.

- 재고회전율을 높여라.

재고와 관련한 비용 중에서 가장 큰 것은 재고에 자금이 묶이게 된다는 것이다. 소량으로 재고를 보유하면 판매가 신속하게 이루어지고 따라서 재고회전율이 높아진다는 것이다. 예를 들어, 특정 품목의 년간 수요가 1,000개일 경우에 1,000개를 한꺼번에 주문하는 것이 아니라 250개씩 4번에 걸쳐 주문을 하는 것이 재고회전율을 높이는 방법이 된다.

- 협력적 공급사슬에서의 재고관리에 DBR시스템의 적용

자재 공급부터 고객까지의 공급사슬에서 일반적으로 고객이 공급사슬의 제약으로 작용한다. 그 이유는 고객의 수요가 공급사슬에 동력을 공급하기 때문이다. 고객의 수요는 충족이 되어야 하며 고객의 요구에 즉각적으로 대응하기 위해서는 소매점 수준에서 완충재고를 유지해야 한다. 이러한 완충재고를 출하버퍼(shipping buffer)라고 한다.

고객 이외에도 공급사슬에서 특정 연결부분이 흐름의 병목으로 작용하거나 혹은 전략적으로 중요한 역할을 할 수도 있다. 예를 들

어, 생산능력이 수요에 못미친다면 생산부분이 흐름의 병목으로 작용하게 된다. 시스템 전체 재고를 축소하면서도 고객에 대한 대응을 최대화하기 위하여 중앙물류창고에 재고가 보유되어야 한다면 이 중앙물류창고가 전략적으로 중요한 역할을 하는 셈이다. 이러한 것들이 제약으로 고려되어야 하며 DBR시스템(Drum, Buffer, Rope)으로 관리가 되어야 한다. 이러한 제약의 경우에는 시스템의 흐름 원활화를 위해 능력을 최대화해야 하며 따라서 제약버퍼(constraint buffer)를 유지할 필요가 있다.

DBR시스템은 제약이론을 적용하여 생산일정계획 수립에 이용되는 것으로 시스템의 제약을 중심으로 일정계획이 수립된다. 제약이 드럼 역할을 하고 제약이 일거리가 부족하여 유휴시간이 발생하는 것을 막기 위하여 버퍼를 유지하며 반대로 제약에 일거리가 과잉되는 것을 막기 위하여 로프가 이용된다. 수요와 제약자원을 고려한 주생산스케줄이 드럼 역할을 하며 버퍼는 리드타임의 크기로 조정되고 자재투입스케줄이 로프의 역할을 한다.

예를 들어, <그림 7-1>에서와 같이 생산부문이 제약으로 작용한다고 할 경우에 다음과 같이 운영이 되어야 한다.

그림 7-1 협력적인 공급사슬

(생산자가 제약일 경우)에서의 재고관리에 DBR시스템 적용

자료: Holt(2014)

즉 제약으로 작용하는 생산부분은 수요와 자재투입과 관련한 정보를 교환하기 위하여 다른 개체들과의 의사소통을 하게 된다. 소매상으로부터의 수요정보를 바탕으로 생산이 촉발되며 이를 바탕으로 자재투입시기와 양이 결정되어 자재공급자에게 전달된다. 출하버퍼는 재고부족을 피하는 데 도움이 되며 제약버퍼는 자재부족으로 생산이 중단되는 경우를 막게 된다.

따라서 재고는 최소화하면서 버퍼의 이용으로 재고부족이나 자재부족으로 인한 손실로부터 최대로 보호받는 시스템을 구축하게 된다. 이러한 시스템에서는 흐름이 원활해지고 대응속도가 빨라진다. 그러나 위의 시스템을 잘 살펴보면 시스템 전체의 흐름 원활화를 위해 소매상과 생산자가 재고를 많이 보유하게 되어 그들의 희생이 요구되는 불공평한 경우라고 생각될 수 있다. 따라서 일방적으로 일부 개체들의 희생을 요구할 것이 아니라 모두가 공평하게 부담하는 방식을 마련하는 것이 중요하다. 예를 들어, 소매상의 경우에 실제로 판매가 이루어지기까지는 재고가 위탁되는 형태로 운영이 될 수도 있다.

02 비협력적인 공급사슬에서의 재고관리

비협력적인 공급사슬을 구성하는 개체들은 각자가 자신의 수익 최대화를 위해 노력하는 서로 경쟁관계에 있는 경우라고 볼 수 있다. 따라서 개체별로 매우 대응적이고 낮은 재고수준을 유지할 수 있는 시스템을 구축해야만 수요충족에 있어서 유연성을 확보할 수 있다.

특정 개체의 공급자나 고객이 모두 독립적인 개체이므로 공급자와 고객의 협력없이 스스로 완충장치를 창출해야 한다. 예를 들어, 단일 공급자를 이용하게 되면 유연성의 문제가 있으며 경쟁이 축소되고 독립성이 위험에 노출이 될 수 있으므로 복수의 공급자를 이용하는 것이 좋다. 이와 유사하게 수요의 변동성에 대비하기 위해서는 단일 고객이 일정 수준 이상으로 과도한 수요를 가지지 않도록 하는 것이 좋다. 이 이외에도 일반적으로 비협력적인 공급사슬의 경우에 개별 기업은 다음에 제시하는 전통적인 재고관리 기법을 이용하게 된다.

공급사슬관리에서 가장 중요한 문제로 부각되는 것 중의 하나가 보유재고수준 문제이다. 고객의 입장에서는 자신이 원하는 제품이 항시 준비되어 있어 원할 때는 언제든지 그 제품을 소유할 수 있기를 바란다. 이러한 것을 제품의 가용성이라고 하는데 공급자는 될 수 있으면 제품의 가용성을 높이도록 노력을 해야 한다. 하지만 문제는 제품의 가용성을 높이기 위해 보유재고수준을 마냥 높일 수는 없다는 것이다. 그것은 바로 재고보유에 따른 비용의 증가 때문이다. 따라서 비용은 최소로 하면서도 가용성을 높이는 방법을 찾게 된다.

1. 재고 및 안전재고의 개념

재고란 수요에 대비하여 미리 보유하는 것을 말하며 일반적으로 주문리드타임 동안의 평균수요에 안전재고를 더한 수준만큼 보유하는 것이 보통이다. 여기서 주문리드타임이란 주문을 한 뒤 주문량이 도착할 때까지 걸리는 시간을 의미하며, 평균수요란 주문리드타임 동안의 수요의 평균을 말하는데, 평균이라는 개념이 등장하는 이유는 수요가 항상 일정한 것이 아니라 변동이 있으므로 그 수요의 평균을 말한다. 안전재고(safety stock)란 주문리드타임동안 예측수요를 초과하는 수요를 충족시키기 위해 보유하는 재고를 말한다. 안전재고를 보유하지 않게 되면 수요가 평균수요를 초과할 경우 재고부족현상이 발생하여 고객이 이월주문을 하지 않는 이상 판매기회의 손실을 초래한다.

예를 들어, 주당 평균적으로 10단위의 제품을 판매하는 소매상을 생각해보자. 주문리드타임이 2주라면 2주 동안 판매를 위해 필요한 양은 20단위이다. 따라서 20단위가 재고로 남은 시점에서 주문을 하면 20단위가 다 팔리자마자 2주 전에 주문했던 주문량이 도착되어 판매를 계속할 수 있게 된다. 문제는 주문량이 도착하기 전에 수요가 예상했던 20단위를 넘었을 경우이다. 이 경우에 물론 고객이 주문량이 도착할 때까지 기다리겠다고(이월주문) 한다면 문제가 없으나, 못 기다린다면 이는 판매기회의 손실을 의미한다. 따라서 이와 같은 현상을 막고자 한다면 20단위가 남은 시점에서 주문을 하는 것이 아니라 30단위가 남았을 경우 주문을 하게 되면 주문리드타임 동안의 수요가 30까지 되어도 이상이 없게 된다. 이 경우 추가적인 10단위가 바로 안전재고이다.

안전 재고가 이와 같이 수요의 불확실성에 대비하는 수단이기는 하지만 무조건 많이 보유하는 것은 바람직하지 않다. 그것은 재고를 많이 보유하면 재고비용이 증가하기 때문이다. 결국 재고관리와 관련하여 기업의 관심은 두 가지이다. 즉 적정안전재고수준은 무엇이며 안전재고를 최소한으로 하면서 제품의 가용성은 높이는 방법은 무엇인가이다.

2. 재고관리 모형

재고관리는 수요의 패턴을 고려하여 주문량과 주문시기를 결정하는 것이다. 위에서 언급한 적정재고수준이나 제품의 가용성을 높이는 것 등이 이러한 의사결정에 고려된다. 재고관리에 있어 주문시기와 주문량의 결정은 결국 총재고비용이 최소화되는 방향으로 결정되어야 한다. 여기서 말하는 재고비용은 크게 세 가지로 구분된다.

- 주문비용: 주문비용이란 외주하는 경우에는 주문발송비, 검사비, 수송비 등을 포함하며, 기업 내부에서 생산하는 경우에는 준비비용이 이에 포함된다.
- 재고유지비용: 재고유지비용에는 재고보관비, 감가상각비, 재고에 묶인 자금에 대한 기회비용 등이 포함된다.
- 재고부족비용: 재고부족비용이란 판매의 기회가 있음에도 불구하고 재고가 없어 그 기회를 상실할 경우에 발생하는 판매기회상실, 고객상실, 신용상실 등과 관련된 비용을 포함한다.

재고관리 모형은 앞서 언급이 있었듯이 수요의 패턴에 따라 달라진다. 먼저 수요가 안정적인 경우의 재고관리 모형에 대하여 살펴보고 그 다음에 수요가 확률적인 경우를 살펴보기로 한다.

1) 수요가 안정적인 경우의 재고관리 모형

수요가 안정적인 경우에 적용되는 재고관리 모형은 경제적 주문량모형(EOQ: economic order quantity)인데 재고관리 모형 중에서 가장 기본적이고 고전적인 모형으로 다음과 같은 가정을 한다.

- 수요가 일정하고 확정적이다.
- 주문량이 정수일 필요는 없으며 크기에 제한이 없다.

- 단위당 변동비용(가격)은 일정하고 가격할인은 없다.
- 비용은 변하지 않는다. 즉 인플레이션이 없다.
- 주문 리드타임은 0으로 한다.
- 재고부족은 발생하지 않는 것으로 한다.
- 주문량은 동시에 전량 배송된다.

<그림 7-2>는 경제적 주문량모형을 보여주고 있다. 주문량은 Q이며, 재고수준이 0이 되면 재고보충이 이루어진다. 연간 수요가 일정하다고 가정했을 경우에 1회 주문량이 많으면 주문횟수가 작아지므로 주문비용은 작아지나 상대적으로 한 번에 많은 양이 들어와 보유해야 하는 평균재고수준이 높아져 재고유지비용은 증가한다. 반대로 1회 주문량이 작으면 주문횟수가 증가하여 주문비용은 증가하지만 한 번에 작은 양이 들어오므로 평균재고수준은 낮아져 재고유지비용은 감소한다. 이러한 보상관계를 고려하여 총재고비용을 최소화하는 1회 주문량을 결정하는 것이 경제적 주문량모형이다.

그림 7-2 경제적 주문량 모형

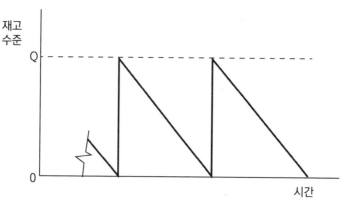

주문량은 Q이며 재고수준이 0이 될 때에 재고보충이 이루어진다.

경제적 주문량을 결정하는 공식은 다음과 같이 유도된다.
단위 기간을 1년이라고 가정한다면

D: 연간 수요
Q: 1회 경제적 주문량
A: 1회 주문비용
r: 연간 1원을 재고로 묶어 두었을 경우의 비용
v: 단위당 변동비(구매단가)
$v \times r =$ 단위당 연간 재고유지비용

총재고비용＝주문비용＋재고유지비용
$\qquad$ ＝(주문횟수×1회 주문비용)
$\qquad$ ＋(평균재고수준×단위당 연간 재고유지비용)
$$= \frac{D}{Q} \cdot A + \frac{Q}{2} \cdot vr$$

참고로 경제적 주문량 모형에서는 재고부족이 발생하지 않는다고 가정하므로 재고부족비용은 총재고비용에 포함하지 않는다.

총재고비용을 최소로 하는 Q값을 구하기 위하여 Q에 관하여 미분한 뒤 그 값이 영(0)이 되는 Q를 찾는다.

$$\frac{-D \cdot A}{Q^2} + \frac{vr}{2} = 0$$

따라서 경제적 주문량은
이다.

$$Q = \sqrt{\frac{2 \cdot D \cdot A}{vr}}$$

EOQ모형의 가정 중에서 가격할인이 허용되지 않는다는 가정과 재고부족이 발생하지 않는다는 가정을 각각 없앨 경우의 최적주문량을 결정하는 방법이 개발되어 있으나 본서의 범위에서 벗어나므로 생략한다.

2) 수요가 확률적인 경우의 재고관리 모형

일반적으로 이용되는 재고관리모형은 크게 두 가지로 구분되는데 하나는 연속적 조사시스템(continuous review system)이고, 다른 하나는 정기적 조사시스템(periodic review system)이다. 연속적 조사시스템이란 거래가 발생할 때마다 재고상태기 갱신되어 재고수준이 항상 알려진 경우이며 정기적 조사시스템이란 일정 기간마다 정기적으로 재고상태 점검을 통하여 재고수준을 아는 경우이다.

연속적 조사시스템에는 (s,Q)모형과 (s,S)모형이 있다. 각 모형의 장단점을 살펴보면 다음과 같다. 여기서 s는 재주문점, S는 목표 재고수준, Q는 주문량이다. 참고로 Q는 주로 EOQ를 이용한다.

- (s,Q)모형은 재고수준이 s 이하이면 Q만큼 주문하는 모형이다. 이 모형의 장점은 일정한 양을 주문하므로 실수의 가능성이 작다는 것이고, 또한 공급자의 경우에 생산량을 예측할 수 있다는 점이다. 단점은 지속적으로 재고수준에 대한 조사가 필요하므로 비용이 많이 든다는 점과, Q를 주문해도 s수준보다 낮을 가능성이 있다는 것인데 이 경우 Q의 정수배를 주문하는 것이 보통이다. 예를 들어, 재주문점이 20이고 주문량이 50이라면 만일 특정일에 재고수준이 재주문점 아래인 15가 되었다면 50만큼 주문하게 된다.
- (s,S)모형은 재고수준이 s 이하이면 재고수준이 S가 될 만큼 주문량을 결정하는 모형이다. 이 모형의 장점은 (s,Q)시스템보다 비용이 절감된다는 것이고 단점은 S값을 찾는 것이 쉽지

않다는 것이며 또한 주문량이 매번 달라지므로 실수의 가능성이 높다는 것이다. 예를 들어, 재주문점이 20, 목표재고수준이 100 이라고 하고 만일 특정일에 재고수준이 재주문점 아래인 15가 되었다면 목표재고수준을 채우도록 85만큼 주문하게 된다.

정기적 조사시스템에는 (R,S)모형과 (R,s,S)모형이 있다. 각 모형의 장단점을 살펴보면 다음과 같다.

- (R,S)모형은 R시간마다 재고조사를 하여 재고수준이 S가 되도록 주문량을 결정하는 모형이다. 이 모형의 장점은 관리가 쉽고 S의 조정이 R시간마다 가능하다는 점이고, 단점은 재고 유지비용이 연속적 조사시스템보다 많이 든다는 것이다.

- (R,s,S)모형은 R시간마다 재고조사를 하여, 재고수준이 s 이하 이면 S가 되도록 주문량을 결정하고 만일 재고수준이 s보다 크면 다음 시간까지 주문을 보류한다. 이 모형의 장점은 비용을 최소화할 수 있다는 것이며 단점은 재고수준이 s와 매우 근접한 경우의 의사결정이 어렵다는 것이다. 예를 들어, 재고 수준이 $s+1$인 경우 과연 다음 시간까지 주문을 보류할 것인 지 혹은 주문을 할 것인지에 대한 결정이 어렵다는 것이다.

3. 재주문점의 결정

재주문점은 조달기간 동안의 평균수요에 안전재고를 더하여 계산된다. 안전재고란 실제수요가 예측수요보다 많아질 경우를 대비하여 보유하는 재고를 말한다. 안전재고수준과 관련하여 두 가지의 위험이 있다. 안전재고수준이 높으면 재고부족 확률은 낮아지나 재고과잉의 확률은 높아지고 반대로 안전재고수준이 낮으면 재고과잉의 확률은 낮아지지만 재고부족의 확률은 높아진다.

1) 안전재고수준 결정의 기준

안전재고수준은 다음의 두 가지 요인에 의하여 결정된다.
- 수요와 공급의 불확실성: 수요와 공급의 불확실성이 높아지면 필요한 안전재고의 수준도 높아진다.
- 최적 제품 가용성 수준: 최적 제품 가용성 수준이 높아지면 안전재고수준이 높아진다.

수요의 불확실성은 수요의 표준편차로 측정된다. 만일 주문리드타임(L) 동안의 수요가 독립적이고, 단위 기간당 평균수요가 D, 단위 기간당 수요의 표준편차가 σ_D인 정규분포를 가진다고 했을 경우에 주문리드타임 동안의 평균수요와 표준편차는 다음과 같다.

주문리드타임 동안의 평균수요: $D_L = L \cdot D$
주문리드타임 동안의 수요의 분산: $\sigma_L^2 = L \cdot \sigma_D^2$
주문리드타임 동안의 수요의 표준편차: $\sigma_L = \sqrt{L \cdot \sigma_D^2} = \sqrt{L} \cdot \sigma_D$이다.

공급이 불확실한 경우도 고려할 수 있으나 본 서에서는 생략하기로 한다.

제품의 가용성 측정은 크게 두 가지로 측정한다. 하나는 수요충족률이며, 다른 하나는 사이클서비스수준이다. 수요충족률이란 보유한 재고로 수요를 충족시키는 비율을 말하는데, 예를 들어, 10번의 주문이 있었는데 9번의 주문을 보유재고로 충족시켰다면 수요충족률은 90%가 된다. 사이클서비스수준이란 전체주문회수에 중에서 주문

리드타임 동안 재고부족이 발생하지 않은 횟수의 비율을 말하는 것으로, 10번의 주문이 있었다고 하고, 그 중에서 8번의 경우 주문리드타임 동안 재고부족이 발생하지 않았다면 사이클서비스수준은 80%이다.

2) 연속적 조사시스템에서의 사이클서비스수준이 정해졌을 경우의 재주문점의 결정

재주문점은 평균수요와 안전재고의 합이므로 $D_L + k\sigma_L$이다. 여기서 k는 안전요인 이라는 것으로 사이클서비스수준에 따라 결정된다. 수요가 재주문점보다 작을 경우에 재고부족이 발생하지 않으므로 수요가 보다 작을 확률이 사이클서비스수준이 된다. 거꾸로 사이클서비스수준이 정해질 경우에 k값을 정할 수가 있는데 k는 표준정규분포의 오른쪽 끝의 면적이 (1 − 사이클서비스수준)이 될 때의 Z값이 된다. 예를 들어 사이클서비스수준이 95%라면 1.645라는 k값을 얻게 된다.

3) 정기적 조사시스템에서의 사이클서비스수준이 정해졌을 경우의 재주문점의 결정

이 경우는 연속적 조사시스템과 비교하여 주문리드타임이 다른 점 이외에는 모든 것이 동일하다. 즉 재고조사주기가 R이라면 주문리드타임은 $L+R$이 된다. 따라서

주문리드타임 동안의 평균수요: $D_{L+R} = (L+R) \cdot D$

주문리드타임 동안의 수요의 분산: $\sigma^2_{L+R} = (L+R) \cdot \sigma^2_D$

주문리드타임 동안의 수요의 표준편차:

$$\sigma_{L+R} = \sqrt{(L+R) \cdot \sigma^2_D} = \sqrt{L+R} \cdot \sigma_D$$

따라서 재주문점은 $D_{L+R} + k\sigma_{L+R}$이다. 연속적 조사시스템에서와 같이 k값은 사이클서비스수준에 따라 결정된다.

4. 최적 사이클서비스수준의 결정

제품의 가용성을 고객서비스수준이라고도 하는데 제품의 가용성이 높으면 대응성이 향상되며 고객을 끌어들일 수 있다. 하지만 제품의 가용성을 높이기 위해서는 재고를 많이 보유해야 하며, 이는 비용증가로 이어진다. 따라서 가용성 증가와 비용증가의 균형을 유지해야하며 이는 기업의 수익성을 최대로 하는 방향으로 결정된다. 이러한 의사결정에 영향을 미치는 요인은 재고과잉으로 인한 손실과 재고부족으로 인한 손실이다.

C_0: 재고 과잉으로 인한 단위당 손실＝구입비용－잔존가치

C_u: 재고 부족으로 인한 단위당 손실＝판매가격－구입비용

H: 단위당 연간 재고유지비용

Q: 주문량

D: 단위 기간당 수요

경우1: 계절성 제품과 같이 한 번 구입하여 판매하고 남은 제품을 처리하는 경우의 최적 사이클서비스수준은 $\dfrac{C_u}{C_u + C_o}$이다.

경우2: 지속적으로 재고보충이 이루어지고 재고부족이 발생했을 경우에 이월주문이 이루어지는 경우의 최적 사이클 서비스 수준은 $1 - \dfrac{HQ}{DC_u}$이다.

경우3: 지속적으로 재고보충이 이루어지고 재고부족이 발생했을

경우에 판매기회를 손실하는 경우의 최적 사이클 서비스 수준은 $1 - \dfrac{HQ}{HQ + DC_u}$ 이다.

참고문헌

Adam, Everett E., R. J. Ebert(1982), *Production and Operations Management*, 2nd ed., Prentice Hall International, Inc.

Brown, R. G.(1959), *Statistical Forecasting for Inventory Control*, New York, McGraw-Hill.

Buffa, Elwood S., and Jeffrey G. Miller(1979), *Production-Inventory Systems: Planning and Control*, 3rd ed, Homewood, Ill, Richard D. Irwin.

Chase, Richard B. and Nicholas J. Aquilano(1985), *Production and Operations Management*, 4th ed., Irwin, Homewood, ILL.

Forgarty, Donald W. and Thomas R. Hoffmann(1983), *Production and Inventory Management*, South-Western Publishing Co., Cincinnati, Ohio.

Goldratt, Eliyahu M. (2009), Isn't It Obvious?, North River Press.

Green, J. H.(1987), *Production and Inventory Control Handbook*, 2nd ed., New York, McGraw-Hill.

Holt, James R. (2014), "TOC in Supply Chain Management", Engineering Management Program, Washington State University, WA. public. wsu.edu.

Krajewski, Lee J. and Larry P. Ritzman (1990), *Operations Management*, 2nd ed., Addison-Wesley Publishing Company.

Love, Stephen F.(1979), *Inventory Control*, McGraw—Hill, New York.

Makridakis, S., S. C. Wheelwright and V. E. McGee (1983), *Forecasting: Methods and Application*, 2nd ed., John Wiley & Sons, New York.

Peterson, Rein and Edward A. Silver(1979), *Decision Systems for Inventory Mana gement and Production Planning*, Wiley, New York.

Chapter 08

생산프로세스 디자인 및 운영

기술의 급격한 변화, 글로벌 시장의 확대, 시장세분화 및 제품차별화의 증대, 제품 생산 및 개발에 대한 옵션의 증대 등은 효율적이고 효과적인 제품 및 공정 디자인에 대한 필요성을 증대시켰다. 특히 공급사슬관리의 중요성이 부각됨에 따라서 공급사슬과 관련된 사항을 제품 및 공정 디자인시에 고려하는 것이 중요하게 되었다. 최근에 제품디자인을 공급사슬 측면에서 볼 때 작은 부품수, 단순한 디자인, 모듈러 디자인 등이 중요하며, 제품디자인 시에 공급자를 포함한 여러 분야가 동시에 참여하는 동시공학의 개념도 중요하다.

Lee는 로지스틱스비용 절감 및 고객서비스 수준 향상을 고려하여 제품 및 공정이 디자인되어야 한다고 하며 다음 세 가지 개념을 제시한다.

1. 경제적 포장 및 수송

수송비를 최소화할 수 있도록 제품이 디자인되어야 하며 또한 보관 및 진열 공간을 많이 차지하지 않도록 디자인이 되어야 한다. 예를 들어, 플라스틱 의자 같은 경우 여러 개를 포개어 수송 및 보관할 수 있도록 디자인 되어 있다. 이케아는 고객이 제품을 직접 조립할 수 있도록 디자인하고 부분품들을 효율적이고 촘촘하게 박스에 담아 수송비가 절약되고 보관이 쉽도록 하였으며 무엇보다도 고객에게 양질의 제품을 저렴한 가격으로 제공할 수 있게 되었다.

2. 동시 및 병렬 공정

생산에서 문제가 되는 것은 항상 긴 리드타임이다. 리드타임이 감축되면 리드타임 동안의 수요에 대한 예측의 정확성이 향상되어 재고유지수준 및 재고비용이 감소한다. 리드타임을 감축할 수 있는 방법 중의 하나가 동시 및 병렬 공정이다. 동시 및 병렬 공정이란 여러 공정을 순차적이 아닌 동시에 수행하는 것을 의미하며 순차적인 공정에 비하여 생산 리드타임이 단축된다. 이러한 공정이 가능하기 위해서는 제품이 여러 부분으로 분리되어 각 부분이 동시에 제작될 수 있도록 하여야 하는데 이러한 제품 디자인을 모듈러 디자인이라고 한다.

3. 표준화

예측의 정확성 향상을 위해 두 가지 방법이 있다. 하나는 예측 시점을 늦추어 될 수 있으면 제품이 필요한 시점(혹은 판매 시점)에 가까이 가서 예측을 하는 방법이고, 또 하나는 만일 부품이 여러 제품에 공동으로 이용될 수 있도록 디자인 된다면 공동부품에 대한 수요 예측은 통합수요예측이 되어 수요예측의 정확성이 높아진다. 이렇게 공동부품으로 디자인 하는 것이 표준화의 한 예가 된다. 스와미나단(Swaminathan)은 표준화를 네 가지로 구분하고 있다.

- 부품표준화: 부품표준화는 부품이 여러 제품에 공동으로 이용될 수 있도록(부품의 공동화) 만드는 것으로 규모의 경제를 실현할 수 있고 또한 리스크 풀링(risk pooling) 효과가 있어 보유 재고수준이 감소한다. 리스크풀링 효과는 지역별 수요를 통합하면 수요변동성이 감소한다는 것으로 한 지역의 낮은 수요가 다른 지역의 높은 수요와 상쇄되는 효과가 있기 때문이다.
- 공정표준화: 여러 제품에 대한 생산 공정을 될 수 있으면 같게 만들고, 제품의 차별화를 될 수 있으면 뒤로 미루는 것이다. 예를 들어, 베네통의 경우와 같이 다양한 색깔의 스웨터를 제작할 때에, 처음부터 다른 색깔로 염색이 된 실을 사용하는 것이 아니라 처음에 흰색이나 회색의 실로 공통의 스웨터를 제작하고 최종 공정에서 염색이 이루어지도록 하는 것이다. 즉 제품의 차별화를 될 수 있으면 미루는 것으로 이러한 접근법을 차별화 연기(postponement) 혹은 차별화 지연이라고 한다.

이러한 표준화의 효과는 개별 색깔의 옷에 대한 수요예측은 부정확한 데 비하여 공통의 옷에 대한 수요예측은 통합수요예측이 되므로 보다 정확해진다는 효과가 있다. 이러한 공정표준화를 위해서는 공정에 대한 순서조정이 가능하도록 해야 한다.

- 제품표준화: 동일한 제품을 다양한 고객의 요구에 맞추어 조정할 수 있도록 디자인하는 것으로 예를 들어, 전압을 달리하는 시장에 제품을 공급할 때에 각 시장에 맞는 제품을 따로 제작하는 것이 아니라 전원공급장치만 변경하면 되도록 제품을 디자인 하는 것이다. 제품표준화의 또 한 가지 방법은 하향대체라는 것으로 급이 낮은 제품에 대한 재고가 부족할 경우 급이 높은 제품으로 대체하는 것이다. 예를 들어, 낮은 급의 컴퓨터 칩이 부족할 경우 급이 높은 컴퓨터 칩을 급이 낮은 컴퓨터 칩으로 판매하는 것이다.

- 조달표준화: 생산되는 제품은 표준화 되어 있지 않지만 공정설비를 표준화하는 것을 말한다. 즉 동일한 설비를 이용하여 다양한 제품의 생산이 가능하도록 하는 것이다. 따라서 이 경우 설비조달이 최종 수요와는 독립적으로 이루어진다.

02 모듈러 디자인

모듈화 전략은 복잡한 제품이나 공정을 효율적으로 구성하는 전략이며, 모듈 시스템은 개별적으로 디자인되는 모듈들로 구성되지만 모듈이 모여 전체가 하나의 시스템으로 기능한다. 모듈화가 성공하기 위해서는 어떠한 모듈들이 시스템을 구성하며, 그 모듈들의 기능은 무엇인지, 모듈들이 어떻게 연결되고 어떻게 상호작용을 하는지, 모듈의 성과 측정에 대한 기준 및 모듈이 시스템에 맞는지에 대한 표준 설정 등이 정확하고, 모호하지 않으며, 빠짐없이 완벽하게 확립되어야 한다.

볼드윈과 클락(Baldwin and Clark)에 의하면 제품을 모듈로 나눔으로써 모듈디자이너, 생산자, 사용자 모두 유연성을 가지게 되었으며, 기업들이 독립적으로 모듈 개발에 노력을 기울임으로써 혁신의 속도를 증가시켰다고 보고 있다. 또 제품의 모듈화는 사용자들이 구성품을 선택 및 조립하여 자신이 원하는 최종제품으로 만드는 것이 가능하도록 하며, 생산 공정을 여러 공급자에게 위임함으로써 생산자는 유연성을 얻고 비용을 절감하게 된다고 한다.

모듈화는 변화의 속도를 촉진할 뿐만 아니라 경쟁적 압박을 높이는 역할을 한다. 이러한 상황에서 기업이 선택할 수 있는 전략은 다음 두 가지 중의 하나이다. 하나는 제품을 기획하여 모듈을 완전히 새롭게 제작하는 기업이 되는 것이고 다른 하나는 기존의 모듈을 모아 제품을 만드는 기업이 되는 것이다. 이러한 전략들은 각기 장단점이 있어 어느 전략이 좋다고 결론을 내릴 수는 없다. 예를 들어, 모듈을 완전히 새롭게 제작하는 기업의 경우 특허권을 이용하여 자신의 기술을 보호할 수 있다는 장점이 있고 또한 수익도 많은 편이기는 하지만 생산비용이 높다는 것과 기술개발에 대한 투자가 지속적으로 필요하다는 것 등이 단점으로 작용한다. 반면에 기존의 모듈을 이용하는 기업의 경우 초기투자 비용 및 생산 비용이 적게 들며, 시장에 신속하게 진입할 수 있고, 또한 새로운 기술의 개발은 모듈을 만드는 기업이 하게 되므로 기술개발에 대한 자금이 많이 소요되지 않는다. 그리고 유연성이 높아 새로운 모듈이 나올 경우 신속하게 움직일 수가 있다는 장점도 있다. 반면에 자신만의 기술이 없어 다른 기업들이 언제든지 시장진입이 가능하므로 경쟁에서 살아남기가 어렵다는 단점이 있다.

모듈화는 혁신의 속도를 높이므로 경쟁자의 움직임에 대하여 대응하는 필요한 시간적인 여유가 짧아진다. 경쟁우위를 확보하기 위해서는 우수한 모듈을 개발하여 시장에 신속하게 진입하는 것이 중요한데, 이를 위해서는 내부 조직을 재 디자인할 필요가 있으며, 그 방법 중의 하나는 조직을 모듈화하는 것이다. 즉 조직의 모듈화를 통해 작업을 개별 팀들에게 할당함으로써 모듈의 개발 사이클을 촉진할 수 있다.

모듈러 디자인이 공급사슬관리에 있어서 중요한 것은 모듈러 디자인을 통하여 재고비용의 감축과 수요예측의 정확성을 높일 수 있기 때문이다. 모듈러 디자인은 크게 모듈러 제품과 모듈러 프로세스의 두 가지로 구분된다. 모듈러 제품이란 컴퓨터와 같이 중요부품들이 모듈로 되어있고 또한 그 종류도 다양한데 이러한 부품들을 결합하여 다양한 종류의 최종제품이 완성되는 경우이다. 모듈러 제품의 장점은 고객이 원하는 맞춤제품을 공급할 수 있다는 점과 제품을 최종완성품 상태로 생산하여 보유하는 것이 아니라, 부품상태로 보유하게 되므로 완성품 상태로 보유할 경우 발생할 수 있는 재고비용을 감축할 수 있다는 장점이 있다. 이러한 예의 하나가 제품을 공통제품 형태로 보유하고 있다가 고객의 요구에 따라 중요 부품을 결합하여 다른 모델의 완성품을 생산하여 고객에게 제공하는 경우이다. 이 경우 완성품 보유했을 경우에 발생할 수 있는 재고비용을 감축하는 효과와 함께 공통제품의 형태로 보유할 경우 공통제품에 대한 수요예측이 이루어지므로 통합수요예측의 효과를 기대할 수 있다는 점이다. 통합수요예측의 효과는 알려진 바와 같이 수요예측이 보다 정확해진다는 것이다. 모듈러 프로세스는 공정이 모듈화되어 있어 재고를 공정별로 부분 작업이 이루어진 형태로 보유하고 있다가 고객의 요구에 따라 그에 필요한 공정을 거쳐 완성품이 제작되는 형태이다. 이 형태의 경우에도 모듈러 제품과 같이 재고비용 감축의 효과와 통합 수요예측의 효과를 기대할 수 있다.

03 동시공학

동시공학(CE: concurrent engineering)이란 다양한 분야의 팀원들로 팀을 구성하여 제품컨셉개발, 제품디자인 등을 동시에 수행하는 것을 말한다. 팀에는 비즈니스(구매, 마케팅, 재무 등), 엔지니어링, 생산, 그리고 고객뿐만 아니라 설비, 부품, 서비스의 공급자들도 포함된다. 각 전문가가 제품의 정의단계 초기에 의견을 투입하게 되면 비용은 절감되고 성과는 최대화된다. 그 이유는 초기에 다양한 분야로부터의 의견이 반영되면, 후반에 엔지니어링 변경의 필요성을 대폭 줄일 수 있기 때문이다. 이렇게 되면 제품개발 기간이 단축되고 신제품의 시장진입 시기를 앞당길 수 있다. 동시공학과 반대되는 개념이 순차적 공학인데 순차적 공학에서는 디자인, 확인, 시제품 제작이 반복될 가능성이 높다. 그 것은 한 번에 모든 요소들이 고려되지 않아서인데, 예를 들어, 제품의 첫 디자인시에 성능, 비용, 시장성, 미 등의 측면만 고려한 디자인이 이루어지고 이를 바탕으로 확인 및 시제품이 만들어 졌으나, 생산가능성, 시험가능성, 품질, 신뢰도, 조립, 서비스가능성 등을 고려한 재디자인이 필요하게 되면 다시 재확인 과정을 거쳐 시제품제작이 다시 이루어져야 한다. 이렇게 되면 전체적으로 소요되는 시간은 길어지게 된다.

일반적으로 동시공학은 다음과 같은 효과가 있다.

- 시장진입이 빨라진다.
- 제품개발이 신속해진다.
- 품질이 좋아진다.
- 공정중 재고가 적어진다.
- 엔지니어링 변경 요청이 적어진다.
- 생산성이 향상된다.

04 대량맞춤

요즈음 기업들은 대량 맞춤이라는 마케팅 전략을 지원하는 공급사슬을 구성하려고 하고 있다. 대량맞춤(mass customization)이란 대량생산의 mass와 맞춤의 customization이 결합된 용어로서 마케팅 전략 중의 하나인데, 다양해지는 소비자의 기호에 맞는 다양한 맞춤 제품을 신속하고 효율적으로 저렴한 가격으로 배송하는 전략을 말한다. 일반적으로 제품의 다양화는 다품종 소량생산을 의미하므로 대량생산을 통한 규모의 경제 효과를 볼 수 없는 것으로 생각될 수 있으나, 생산유연성의 제고와 모듈러 디자인 등을 통하여 단일 생산 프로세스에서 다양한 제품을 신속하고 저비용으로 생산이 가능하게 되었다. 예를 들어, 모듈러 디자인을 통하여 고객의 주문이 있기 전까지 공통제품의 형태로 보유하고 있다가 고객의 주문에 따라 모듈을 최종적으로 조립하는 형태로 운영되어 다양한 고객의 요구에 대응할 수 있으며, 이 경우 완성품 생산이 지연되므로 최종제품에 대한 재고수준이 낮아진다. 또한 공통제품 생산은 대량으로 이루어지므로 규모의 경제를 통한 평균생산비용의 절감 효과를 얻을 수 있다. 대량맞춤 전략을 성공적으로 수행하는 기업으로 Dell이 있다. Dell은 웹 기반의 대량맞춤 전략을 추구하고 있는데 고객으로부터 직접 주문을 받아 컴퓨터를 조립하여 고객에게 배송하는 주문생산방식을 채택하고 있다. 이는 실제 고객의 요구가 있을 때까지 제품의 최종생산을 연기하는 방식이며, 이러한 방식이 성공할 수 있었던 것은 Dell이 고객의 요구에 신속하게 대응할 수 있는 시스템과 직접판매 방식을 통한 공급사슬 중간 단계를 제거함으로써 저렴한 비용으로 제품을 제공할 수 있었기 때문이다.

05 신속 대응을 위한 생산전략

공급사슬상의 모든 파트너들이 시장변화 혹은 고객의 요구에 대한 신속한 대응을 요구하게 됨으로써 생산부문도 고객의 다양한 요구를 점점 더 짧은 시간 내에 충족시켜야 하는 압박을 받게 된다. 생산 분야에서 이러한 것을 해결하는 방법은 생산 유연성을 가지는 것이다. 유연성을 가진다는 것은 리드타임의 단축을 의미하며 생산시스템은 리드타임을 단축하는 방향으로 설계되어야 한다. 이러한 측면에서 도요타 생산 시스템을 살펴볼 필요가 있다. JIT, 칸반시스템, 생산평준화, 준비시간의 단축, 작업의 표준화, 다기능작업자의 활용, 소그

룹활동 및 제안제도, 시각통제시스템, 전사적 품질관리 등의 개념을 도입한 도요타 생산 시스템은 컨베이어 시스템인데도 불구하고 다양한 모델을 생산할 수 있는 시스템이다. 이러한 도요타 생산시스템은 생산계획에 따라 생산을 하여 재고로 비축하는 시스템이 아닌 수요에 따라 다양한 제품의 생산이 이루어지는 일종의 풀시스템이며 이러한 생산시스템의 도입으로 시장의 변화 및 고객의 요구에 대한 신속한 대응이 가능해진다.

도요타가 채택한 JIT생산 방식은 필요한 제품을 필요한 시기에 필요한 양만큼 생산하는 시스템이다. 이러한 시스템에서 공정간의 정보전달을 위해 채택한 것이 칸반시스템이다. 칸반시스템에서는 후속공정에서 필요한 부품을 필요한 때에 필요한 양만큼 선행공정으로 가지러 가는 방식으로 운영된다. 선행공정은 후속공정에서 필요로 하는 부품을 생산하며 부품을 생산하는 공정은 자신의 선행공정으로부터 다시 필요한 부품 및 자재를 가지고 온다. 따라서 칸반시스템의 경우에는 모든 공정에 대한 생산일정계획이 필요가 없으며, 최종공정에서 생산일정의 변화에 대한 정보가 제공되면 칸반을 이용하여 부품의 종류, 부품의 필요시기 및 필요한 양에 대한 정보가 선행공정으로 전달된다.

칸반시스템의 원활한 운영을 위해 필요한 것이 생산평준화이다. 칸반시스템에서 후속공정은 필요한 제품을, 필요한 시간에, 필요한 양만큼 성행공정으로부터 인수해 가는데, 만일 후속공정의 부품인수에 대한 시기와 양의 변동이 심하면 선행공정의 생산에 차질이 생기게 된다. 이러한 현상은 공정수가 많을수록 변동폭이 확대되는 것이 보통이므로 외부의 공급자를 포함한 모든 생산공정에서 인수하는 수량 및 시기의 변동폭을 작게 하기 위해서는 최종조립라인에서의 생산량의 변동을 최소화하여야 한다. 이를 위해 도요타공장의 최종조립라인에서는 로트 크기를 최소화(이상적으로는 1단위 생산)하여 필요한 부품을 작은 로트 크기로 선행공정에서 인수하게 된다. 결국 생산평준화는 최종조립라인에서의 변동의 폭을 줄이기 위하여 각종 제품을 그날그날의 판매량에 맞추어서 균등한 비율로 생산하는 것을 말한다. 생산평준화에 의해서 각각의 하위 조립라인의 인수량에 대한 변동을 최소한으로 억제하여, 각 하위 조립라인이 부품을 일정한 속도로 생산하게 된다. 생산평준화를 하게 되면 다양한 제품을 동일한 생산라인에서 생산하여야 하므로 생산리드타임의 감축이 중요하다. 도요타에서는 생산유연성 확보, 생산준비시간의 단축, 라인균형화를 통한 대기시간의 단축, 작업의 표준화 등을 통하여 생산리드타임의 감축을 달성하였다. 생산유연성을 제고하기 위하여, 한 사람의 다기능 작업자가 여러 가지 작업을 수행하도록 하며 이를 위해 범용설비를 갖추고 또한 설비배치도 주로 U자형을 갖추었다. 생산평준화를 실현하려면 하나의 제품을 고정적으로 생산하는 시스템과는 달리 다양한 제품을 번갈아 가면서 신속히 생산할 수 있는 능력이 필요한데 이러한 능력은 하나의 제품을 생산하다가 다른 제품을 생산하기 위해 필요한 생산준비시간의 단축 없이는 불가능하다. 도요타에서는 과거에는 싱글셋업(10분 미만의 준비시간)을 위해 노력했으나 현재는 많은 경우에 원터치셋업(1분 미만의 준비시간)을 달성했다. 준비시간 단축은 로트 크기의 최소화로 인한 재고의 감소효과를 가지고 오며, 또한 로트 크기의 축소로 여러 제품에 대한 생산리드타임이 감소되고 고객의 주문이나 수요의 변화에 신속하게 대처할 수 있다. 이 이외에도 각 공정에서 작업에 소요되는 시간을 같도록 만드는 라인균형화를 통하여 작업대기시간을 단축하는데 노력했으며, 작업자가 해야 할 여러 작업의 순서와 하나의 기계에서 한 단위를 생산하는 데 필요한 노동시간 등을 정하는 작업의 표준화를 실행하였다. 도요타의 이러한 노력은 일회성이 이 아니라 지속적인 개선으로 이어진다.

신속 대응을 위한 생산전략의 또 하나의 예로서, 베네통의 경우 소비자의 기호 변화(특히 색깔)에 대해 신속하게 대응할 수 있는 시스템을 갖추고 있다. 패션 산업은 소비자의 기호가 급격하게 변하는 것이 특징이고, 또한 생산리드타임이 길어 스웨트 제품의 경우 소매상은 제품이 상점에 진열되기 약 7개월 전에 생산자에게 주문을 해야 하는 것이 보통이다. 이렇게 긴 생산리드타임으로 인하여 소비자의 기호의 변화에 대응할 유연성을 갖추는 것이 어렵다. 이에 대해 베네통의 경우 생산프로세스를 재구성하여 생산의 유연성을 확보하였는데, 이전에는 염색된 실을 이용하여 스웨터를 제작하던 공정순서를 바꾸어, 흰실이나 회색실로 스웨트를 미리 만들어 놓고, 최종단계에서 염색이 가능하도록 함으로써 옷의 색깔에 대한 결정을 보다 나은 수요예측정보나 더 많은 판매정보를 확보할 때까지 연기함으로써, 이전에 다양한 색깔의 옷을 재고로 보유할 때에 발생하는 재고문제를 해결할 수 있었고 또한 수요예측도 색깔별 스웨트에 대한 수요예측을 하는 것이 아니라 통합수요예측이 가능하게 되어 수요예측의 정확성을 높일 수 있었다. 또한 수요정보가 신속하게 생산시스템으로 전달될 수 있도록 하는 정보시스템과 신속한 유통망의 구축도 베네통의 시장 변화에 대한 신속한 대응을 하는 데 도움이 되었다.

06 공급사슬의 원활한 흐름 창출

공급사슬에서 중요한 것은 리드타임을 단축하는 것이라는 것을 지속적으로 강조해 왔다.

그런데 리드타임은 공급사슬상에서의 흐름 속도에 영향을 받는다. 긴 리드타임은 흐름이 좋지 않음을 의미하고 역으로 흐름이 좋지 않으면 리드타임은 길어진다. 따라서 흐름을 개선하는 데 초점을 맞추어야 한다. 흐름이 좋아지면 공급사슬 전체적으로 낮은 재고와 높은 현금창출률을 기대할 수 있다. 또한 고객의 기호 변화에 유연하게 대처할 수 있게 된다.

스리니바산은 공급사슬에서의 좋은 흐름을 창출하기 위해서는 병목현상이 있는 자원이 흐름을 좌우하므로 이러한 자원에 초점을 맞추어야 하며, 병목현상이 있는 자원의 사용계획을 세운 뒤에, 이에 맞추어 다른 자원의 사용계획을 세우는 식으로 흐름을 맞추어야 한다고 한다. 또한 생산능력을 균형화하는 데 초점을 맞추지 말고 흐름을 맞추는 데 초점을 맞추어야 한다는 것이다. 즉 생산능력을 균형화하기 위하여 할당량이 많은 자원의 부하를 줄이고 할당량이 작은 자원에 부하를 늘리는 것은 비용 측면에서는 당연한 것일 수는 있으나 갑작스러운 수요의 증가 등의 변동성이 있는 경우 오히려 흐름을 원활하게 하는 데 장애로 작용할 수가 있다는 것이다. 따라서 비록 비용 측면에서는 다소 문제가 되더라도 여유능력을 보유하는 차원에서 자원을 추가하는 것이 오히려 흐름을 원활하게 하여 수익성에 도움이 된다는 것이다.

그러나 무엇보다도 변동성을 제거하는 것이 중요하다. 변동성을 제거하면 공급사슬이 낮은 수준의 재고와 운영비용으로도 높은 현금창출률을 산출할 수 있다는 것이다. 변동성을 제거하는 방법으로 스리니바산은 두 가지 방법을 제시하고 있다.

- 배치(batch)크기를 줄인다.
- 풀 시스템을 이용한다.

우리가 흔히 접하는 경제적 주문량(생산량)은 배치크기와 준비시간이 고려된 개념인데 배치크기를 크게 하여 생산하면 생산준비 회수가 작아지므로 준비비용이 적게 든다. 하지만 배치크기가 커서 재고유비비용은 커진다. 역으로 배치크기를 작게 하여 생산하면 생산준비 회수가 커지므로 준비비용은 많이 들지만 배치크기가 작아서 재고유지비용은 작아진다. 이러한 상황을 고려하여 준비비용과 재고유지비용의 합을 최소로 하는 배치크기를 산출한 것이 EOQ인 셈이다. EOQ 공식은 준비비용이 정해져 있다는 가정을 하는 것이며 주어진 준비비용을 그대로 이용한다. 따라서 준비시간이 감축될 수 있다는 사실을 전혀 고려하지 않는다. 그러므로 EOQ는 필요 이상으로 배치크기를 크게 하는 경향이 있다. 그 결과 재고수준이 높고 리드타임은 길어지며 운영비용도 높아진다. 배치크기가 크면 시스템의 변동성도 높아지며 이 것이 채찍효과를 악화시키는 요인이 된다. 따라서 배치크기를 작게 하는 것이 좋다.

배치에는 두 가지 종류가 있다. 하나는 프로세스 배치이고 다른 하나는 이동 배치이다. 프로세스 배치란 어느 공정에서 A라는 제품을 생산하고 있다고 가정했을 경우, 그 제품의 생산을 중단하고 다른 제품을 만들기 위해 준비하기 전까지 만들어진 A제품의 양을 일컫는 것이고 이동 배치란 어느 공정에서 다음 공정으로 한 번에 이동되는 양을 일컫는다. 이렇게 배치 개념을 구분하는 것이 중요한 것은 주로 병목현상이 있는 공정의 경우 프로세스 배치 크기가 큰 것이 보통인데 이러한 경우 이동 배치 크기를 작게 하면 흐름을 원활하게 할 수 있음을 언급하기 위함이며, 또한 병목현상이 없는 공정의 경우에는 프로세스 배치 크기를 될 수 있으면 작게 하는 것이 유리함을 언급하기 위함이다.

변동성을 제거하는 다른 방법의 하나로 제시되는 것이 풀 시스템이다. 여기서 푸쉬(push) 시스템과 풀 시스템을 비교해보고 어떻게 해서 풀 시스템이 변동성을 제거하는 데 도움이 되는지 알아보기로 한다.

푸쉬 시스템에서는 일종의 생산운영 지휘자가 있어 그의 지시에 의해 모든 공정이 보조를 맞추게 된다. 생산 분야에서 이러한 지휘자의 역할을 하는 것이 자재소요계획(MRP: material requirements planning)이다. 즉 수요예측에 따라서 모든 생산일정계획이 세워지고 이에 따라 자재소요계획이 세워진다. 모든 공정은 이러한 일정계획에 따라 운영된다. 각 공정은 거의 독립적으로 운영되며 MRP 시스템 자체는 각 공정의 운영을 언제 멈출지를 통제하지 않는다. 각 공정에 원자재가 있으면 공정의 운영은 지속된다. 이러한 시스템에서는 변동이 발생하더라도 이에 대해 즉각적으로 대처하기가 쉽지가 않다. 변동에 대응하는 방법은 MRP 자체의 변경이 필요한데, MRP라는 것이 모든 개별 부품에 대한 생산 및 조달 계획임을 감안하면 이것을 변경하는 것이 그리 쉽지가 않음을 알 수 있다.

풀 시스템은 공정간의 흐름이나 시스템 전체의 흐름이 일정한 신호체제에 의하여 통제 되는 시스템이다. 이러한 신호체제로 도요타의 칸반 시스템에 대하여 이미 살펴보았다. 선행공정에서 필요한 부품의 종류, 시기, 양은 칸반을 통하여 후행공정으로 정보가 전달된다. 후행공정은 이 칸반의 정보에 따라 작업을 하게 되므로 칸반이 일종의 통제 역할을 하게 된다. 특히 마지막 공정은 소비자가 연결되어 있어 소비자의 수요가 전체 시스템을 풀하게 된다. 이러한 시스템에서는 변동을 신속하게 제거할 수 있다.

푸쉬 시스템과 풀시스템을 좀 더 자세히 알아보기로 한다. 예를 들어, 다음과 같이 공정 1, 2, 3의 세 개의 공정을 순서대로 거쳐 생산이 완료되는 시스템이 있다고 하자. 공정별 생산능력이 서로 다르다고 가정하고 생산능력의 크기 순서는 '공정3 > 공정1 > 공정2'라고 가정한다. 이 경우에 공정2가 병목으로 공정별로 생산을 계속하게 하면 공정2의 앞에는 공정중 재고가 쌓이게 되므로 흐름이 원활하지 못함을 쉽게 알 수 있다. 이 경우에 공정1과 2의 순서를 바꾸어 공정2가 공정1보다 앞서게 할 수만 있다면 문제는 쉽게 해결된다. 하지만 현실적으로 이렇게 공정순서를 바꾸는 것은 거의 불가능에 가깝다. 이러한 경우에 흐름의 원활화를 위하여 채택할 수 있는 시스템은 크게 두 가지로 구분되는데 하나는 푸쉬시스템이고 다른 하는 풀시스템이다. MRP시스템은 푸쉬시스템의 하나이며, 칸반시스템, ConWIP(constant Work in Process)시스템, DBR시스템은 풀시스템에 속한다. 이러한 시스템에 대하여 살펴보면 다음과 같다.

• MRP시스템

MRP시스템에서 전체 생산 활동의 조정 역할을 하는 것이 개별 부품별로 세워지는 MRP이다. MRP시스템에서는 각 공정이 개별 공정별로 세워진 계획에 의하여 생산 활동을 하게 되므로 작업물량이 그 공정에 있는 한 작업을 계속하게 된다. 이렇게 개별적으로 생산 활동을 하는 경우 공정간의 페이스가 일정하게 되지를 않아서 흐름이 원활하지 않게 되고 주로 잔업이나 작업자들의 재배치 등을 통하여 흐름을 조정하게 된다.

• 칸반시스템

칸반시스템은 스리니바산의 분석기법을 빌리면 <그림 8-1 a)>에서 보는 바와 같이 공정간 줄로 묶여있는 형태이며 어느 공정이 앞서 나가려고 해도 그 공정과 연결된 공정에 의하여 제한이 된다. 제품이 완성되는 마지막 공정은 고객과 묶여있어 고객의 수요와 독립

그림 8-1 풀 시스템의 형태

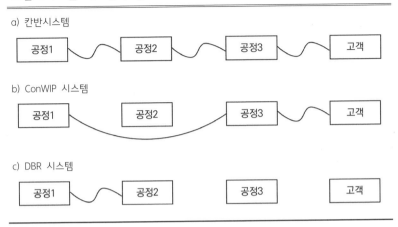

a) 칸반시스템

공정1 ～ 공정2 ～ 공정3 ～ 고객

b) ConWIP 시스템

공정1 공정2 공정3 ～ 고객

c) DBR 시스템

공정1 ～ 공정2 공정3 고객

적으로 생산이 이루어지지 못하고, 수요에 맞추어 생산이 이루어지는 경우이다. 공정간 연결된 줄의 길이는 일종의 공정간 허락된 최대 재고수준으로 생각하면 된다. 따라서 어느 공정이 생산 활동을 하다가 공정중 재고수준이 정해진 최대 재고수준에 이르게 되면 생산이 중단되고, 그 공정중 재고를 사용하는 공정이 공정중 재고의 일정 부분을 소모해야만 다시 생산 활동이 시작되는 방식이다. 이 경우에 문제가 되는 것은 공정간 줄로 연결이 되어 있어 공정 중의 하나에 문제가 생길 경우 시스템 전체가 중단되는 경우가 발생할 수 있다는 것이다.

- 공정중재고수준유지 시스템(ConWIP 시스템)

공정중재고를 일정수준으로 유지하는 시스템이다. <그림 8-1 (b)>에서 보는 바와 같이 칸반시스템과 마찬가지로 마지막 공정은 고객과 줄로 연결이 되어 있어 수요에 맞추어 생산을 하게 된다. 칸반시스템과 다른 점은 공정간 줄이 모두 연결되어 있는 것이 아니라 첫 공정과 마지막 공정간에만 줄이 연결되어 있다는 것이다. 이 줄의 길이가 바로 유지해야 하는 공정중재고수준이 된다, 따라서 중간 공정은 어느 정도 자율적인 페이스 조절이 가능하다.

4. 병목풀시스템

<그림 8-1 (c)>에서 보는 바와 같이 첫 공정과 병목 공정인 공정2와 줄이 연결되어 있는 형태이다. 물론 고객의 수요가 생산능력보다 작아서 고객이 병목일 경우에는 첫 공정과 고객이 줄로 연결된다. 병목풀시스템이 의미하는 것은 가장 생산능력이 떨어지는 공정이 생산시스템 전체의 페이스를 조절한다는 것이다. 이러한 시스템은 일종의 DBR시스템이라고 할 수 있는데, 드럼은 고객의 수요와 시스템의 제약조건을 고려한 주생산일정을 의미하고, 버퍼는 병목 자원이 일거리가 없어 소중한 시간을 낭비하는 것을 방지하기 위하여, 즉 병목자원을 보호하기 위하여 보유하는 공정중재고를 의미하는 것으로 주로 시간버퍼를 이용한다. 즉, 완충재고를 몇 단위 보유한다라기보다 몇 시간 분의 완충재고를 보유한다라고 하는 것이다. 시간버퍼가 유리한 것은 병목 자원이 여러 가지의 제품을 생산할 경우 제품마다 생산시간이 다르므로 완충 재고를 단위로 하게 되면 제품별로 단위가 달라져야 하므로 복잡한 반면에, 단순히 몇 시간분의 재고를 보유한다고 하는 것이 특정 제품의 생산 시간을 고려할 필요가 없으므로 단순하기 때문이다. 로프는 작업을 생산 프로세스에 투여하는 메카니즘을 의미하는데 각 자원의 생산을 북과 일치시키는 역할을 한다. 즉, 원자재가 병목자원이 처리할 수 있는 능력보다 빨리 투여되는 것을 방지한다.

TQM이란 고객의 요구나 기대치를 상회하여 만족시키기 위하여 인적자원과 계량적인 방법을 적용하여 기업의 모든 프로세스를 지속적으로 개선하는 철학 혹은 원칙이다. TQM의 목적은 고객에게 높은 품질의 제품을 제공하고 동시에 생산성 향상 및 비용절감을 달성하여 시장에서의 경쟁우위를 확보하는 것이다. 또한 TQM은 기업이 수익 및 성장목표를 달성하는 데 도움을 주고 작업자들에게는 만족스러운 작업환경을 제공한다.

TQM에서 Total, Quality, Management의 의미는 다음과 같다.

- Total이 의미하는 것은 전체이다.
- Quality는 제품이나 서비스가 제공하는 탁월성의 정도를 의미한다.
- Management는 관리를 의미한다.

즉, TQM은 탁월성을 얻기 위하여 전체를 관리하는 것을 의미하며 각 기업들은 각자의 상황에 맞게 TQM을 변경 적용한다. 그러나 공통적인 테마는 '애초에 올바른 방법으로 올바른 것을 한다'는 것이다. TQM은 제품이나 서비스의 디자인, 생산, 전달 시스템뿐만 아니라 비즈니스와 조직의 모든 면을 포함한다. 따라서 인적자원, 재무, 구매 등의 모든 지원 시스템도 포함하며 조직의 모든 직위의 사람들이 모든 프로세스의 지속적인 개선을 위해 참여하고 관심을 가져야 한다는 의미이다. 이러한 차원에서 최고경영자는 조직의 비전을 개발하고 방향을 제시하며 비전을 전달하기 위한 전략과 전술을 확립해야 한다. 비전은 경영진의 리더십에 협조하는 직원들의 인풋에 의하여 달성된다.

TQM은 E. Deming, J. Juran, P. Crosby, K. Ishikawa 등의 거장들이 이루어낸 품질혁신의 결과이다. 다른 훌륭한 아이디어와 마찬가지로, 각 혁신자의 최상의 기법들을 조합하여 하나의 총체적인 프로그램으로 만든 것이며 기업인들이 품질 개선을 위해 프로세스 단계를 보도록 가르친 품질 시스템이다.

ASQ(American Society for Quality)에서는 TQM의 특성으로 여덟 가지를 제시하고 있다. 본서에서는 '공급자와의 파트너십'이라는 특성을 추가하여 모두 아홉 가지로 한다. 공급자와의 파트너십은 Deming의 14가지 TQM 실천 요점, ISO 9000, Malcolm Baldrige 품질상의 평가기준 등에 모두 포함되어 있는 특성이다. 기업들은 이러한 TQM의 주요 특성들을 조직이 따라야 하는 일련의 핵심가치와 원칙으로서 정의하여 이용하고 있다.

1) 고객 중심

고객이 궁극적으로 품질을 결정한다. 즉 기업이 품질개선을 위하여 다양한 노력을 기울이더라도 그러한 노력의 가치에 대한 평가는 결국 고객이 한다는 의미이다. 그러므로 품질의 측정치로 고객만족이 중요하며, TQM에서는 고객의 기대치를 상회하여 고객감동의 수준까지 추구한다. 품질을 고객의 관점에서 정의하고 고객만족이 기업의 최우선 목표가 되어야 하며, 내부고객(직원 등)과 외부고객을 동시에 만족시키도록 노력해야 한다. 이를 위해 고객의 요구를 파악하는 것과 지속적으로 고객으로부터 피드백 정보를 수집하는 것이 중요하다. 고객의 피드백 정보로는 고객의 불만사항, 품질요인의 우선순위, 경쟁자와의 비교, 고객의 요구, 개선해야 할 부분 등이 포함된다.

2) 전사적 직원의 참여

TQM은 전사적인 일이어서 모든 직원이 공동의 목표를 달성하기 위한 노력에 참여해야 한다. 이러한 직원의 참여를 통하여 지속적인 품질개선 및 생산성 향상이 가능하다. 품질개선 및 생산성 향상을 위해 팀을 구성하여 활동하게 하는 것이 매우 효과적이므로 모든 사람이 프로젝트팀에 효과적으로 참여할 수 있도록 동기부여를 해야한다. 동기부여의 요인으로는 사기 진작, 작업 방법의 개선, 의사소통, 안전한 작업환경, 고용 보장 등이 포함된다. 전사적인 직원의 참여와 관심은 직원에게 권한이 부여되고 경영진이 적절한 환경을 제공해야 얻어질 수 있는 것이다. 자율적으로 운영되는 작업팀이 권한부여의 한 형태이며, 직원에게 의사결정에 참여하는 기회를 줌으로써 기업의 목표달성에 더욱 적극적이 되게 할 수 있다. 이 이외에도 TQM의 성공을 위해서는 직원에 대한 교육과 훈련, 성과향상을 위한 성과 측정 및 평가 시스템의 수립, 그리고 보상체제의 확립이 중요하다. 직원 참여가 품질개선 및 생산성 향상의 효과가 있는 이유는 다음과 같다.

- 직원들이 보다 나은 의사결정을 할 수 있고,
- 자신들이 의사결정에 참여한 경우에 프로젝트의 실행 및 지원에 적극적이며,
- 품질개선이 필요한 부분에 대한 판단이 좋아지고,
- 즉각적인 문제를 해결하려는 노력을 하게 되며,
- 경영진과 노동자와의 관계가 좋아지고,
- 직원들이 조직에 꼭 필요한 사람이라는 느낌을 가지게 되어 사기가 높아진다.

3) 프로세스 중심

TQM의 기초 중의 하나는 프로세스 사고방식에 초점을 맞추는 것이다. 프로세스는 공급자로부터 인풋을 받아 아웃풋으로 전환하여 고객에게 전달하는 일련의 단계이다. TQM에서는 프로세스를 수행하는데 필요한 단계들이 정의되고 성과측정치가 지속적으로 관찰되어 예상 밖의 변동이 탐지되어야 한다.

4) 통합적인 시스템

비록 여러 기업의 기능들이 수직적으로 구성되어 있더라도 이러한 기능들은 수평적으로 상호 연결되어야 한다. 미시적인 프로세스들이 모여서 더 큰 프로세스를 구성하고 모든 프로세스들이 비즈니스 프로세스로 통합되어 전략을 수행하게 된다. 모든 이들이 조직의 품질정책, 목적, 핵심 프로세스뿐만 아니라 비전, 미션, 지침들을 이해해야 한다. 사업성과는 지속적으로 관찰되어야 하며 의사소통되어야 한다. 통합적인 비즈니스 시스템은 볼드리지 품질상 기준이나 혹은 ISO 9000 기준을 적용하여 구성하면 된다. 모든 조직은 독특한 문화를 가지고 있으며 좋은 품질문화를 정착하기 전에는 제품이나 서비스의 탁월성을 성취하기는 거의 불가능하다.

5) 전략적 접근법

품질관리의 중요한 부분은 조직의 비전, 미션 목표를 달성하는데 있어서의 전략적인 접근법이다. 전략적 계획 혹은 전략경영으로 불리는 이 프로세스에는 품질을 핵심요소로 하는 전략계획의 구성이 포함된다.

6) 지속적인 개선

TQM의 주요 동력은 지속적인 프로세스 개선이다. 지속적인 개선은 더 경쟁적이고 더 효과적으로 이해관계자의 기대치를 충족시키도록 기업에게 분석적이고 창조적인 동력을 제공한다. TQM의 목표는 사업과 생산 프로세스를 지속적으로 개선하여 완벽성을 추구하는 것이다. 프로세스 개선은 제품이나 서비스의 품질향상으로 인한 고객만족도의 향상으로 정의되어야 하며 이러한 개선을 달성하는 방법으로는 낭비요소 제거, 오류 감축, 고객의 기대치에 부응 혹은 상회, 프로세스의 안전성 증대, 프로세스 실행자의 만족도 증대 등이 있다.

프로세스 개선에 대하여 J. Juran의 접근법이 유용하다. 주란은 품질계획, 품질관리, 품질개선으로 구성되는 3단계 접근법을 제시하였다. 품질계획은 다음과 같은 단계로 이루어진다. 우선 고객 및 고객의 요구를 파악하고, 고객의 요구에 기초한 제품을 개발하며, 고객의 기대치를 상회할 수 있는 제품을 생산할 수 있는 작업 방법이나 프로세스를 개발하고, 마지막으로 이러한 계획의 결과를 실행하는 것이다. 품질관리는 다음과 같은 단계로 구성된다. 실제성과를 평가하고, 실제성과와 목표치를 비교하며, 목표치와 실제성과와의 차이가 있으면 즉각적인 조치를 취한다. 품질개선은 다음의 단계로 이루어진다. 지속적인 품질개선을 위한 기반을 구축하고, 개선이 필요한 프로세스나 방법을 확인하며, 개선 프로젝트를 수행할 팀을 구성하고, 프로젝트팀이 문제를 진단하고 원인을 파악하며 해결책을 도출할 수 있도록 자원과 훈련을 제공한다. 품질개선을 위한 도구로서 문제해결 방법의 틀을 도입하여 기회의 확인, 범위의 정의, 기존 프로세스 분석, 새로운 프로세스 개발, 변화의 실행, 측정 및 평가, 지속적인 개선의 순으로 진행하는 것이 좋다.

7) 사실에 근거한 의사결정(성과측정)

기업이 얼마나 성과를 내고 있는지를 알기 위해서는 성과측정치에 대한 자료가 필수적이다. TQM은 기업이 지속적으로 데이터를 수집하고 분석하여 의사결정의 정확성을 높이고 의견일치를 성취하며 과거 자료에 기인한 예측을 하도록 요구한다. '측정 없이는 개선도 없다'라는 말이 있듯이 성과측정은 반드시 필요한 것이다. 성과측정의 목적으로 추세의 확인, 개선대상 프로세스의 확인, 목표와의 일치 여부 판단, 개인 혹은 팀의 평가, 사실적 경영 등이 포함된다. 측정대상으로는 고객, 직원, 생산, R&D, 공급자, 마케팅, 일반관리 등이 있다.

8) 의사소통(리더십 포함)

조직의 변화가 진행되는 동안 혹은 일상적인 운영에서의 의사소통은 직원의 사기 유지와 동기부여에 중요한 역할을 한다. 의사소통에는 전략, 방법, 적시성이 포함된다. 품질개선 노력의 실패에 대한 주요 요인으로 지적되는 것이 바로 최고경영자의 참여 결여인 것처럼 최고경영층의 참여가 절대적으로 필요하다. TQM 실행을 위해서는 품질위원회를 구성하여 명확한 비전, 장기적 목표수립, 품질정책 등을 수립해야 하며, 품질개선 프로젝트의 결정, 프로젝트팀의 구성 및 모니터링, 보상체제 수립, 성과측정치의 결정, 품질실패비용에 대한 모니터링, 교육 및 훈련 계획수립 등의 임무를 수행해야 한다. 또한 최고경영층은 조직의 문화를 정의하는 조직의 핵심가치를 개발하여야 한다. 핵심가치에는 고객지향의 품질, 리더십, 지속적인 개선, 직원 참여, 신속한 대응, 디자인 품질 및 예방, 장기적인 시각, 사실적 경영, 파트너십 개발, 기업의 사회적 책임 등이 포함된다. 그리고 최고경영층은 TQM의 중요성에 대한 인지도를 높이기 위한 의사소통

노력도 해야 한다.

9) 공급자와의 파트너십

높은 수준의 품질을 확보하기 위해서는 공급자와의 파트너십 관계를 유지하여야 한다. 즉, 공급자들 역시 고객만족이라는 목표를 가지고 신뢰와 충성도에 기반을 둔 장기적인 관계를 유지함으로써 품질개선, 효율성증대, 비용절감, 시장점유율 증가, 혁신기회의 증대, 지속적인 개선 등의 효과를 기대할 수 있다는 것이다. 파트너십의 성공을 위해 중요한 것은 장기적인 관계유지, 신뢰, 비전공유 등이다. 이를 위해 기업에서는 공급자의 선택이 매우 중요한데 공급자 선택의 기준으로 공급자의 경영 시스템의 안전성, 기술적인능력, 품질수준, 생산능력, 가격, 계약준수 가능성, 품질개선 시스템의 보유여부, 신뢰성, 기밀유출의 위험성 등을 고려할 수 있다.

참고문헌

Baldwin, Carliss Y.and Kim B. Clark (1997), "Managing in an Age of Modularity," *Harvard Business Review*, September−October.

Berry, L. L., V. A. Zeithaml and A. Parasuraman, "Five Imperatives for Improving Service Quality," *Sloan Management Review*, 31: 4, 1990.

Besterfield, Dale H., Carol Besterfield−Michna, Glen H. Besterfield, and Mary Besterfield−Sacre, *Total Quality Management*, Prentice Hall, NJ., 1995.

Biolos, Jim, "Six Sigma Meets the Service Economy," *Harvard Management Update*, Harvard Business School Publishing, November, 2002.

Blakeslee, Jerome A., "Implementing the Six Sigma Solution," *Quality Pro−gress*, July 1999, pp. 77−85.

Cook, B. M., "In search of Six Sigma; 99.9997 Defect−Free," *Industry Week*, October 1, 1990.

Feigenbaum, A. V., *Total Quality Control; Engineering and Management*, 3rd ed., McGraw Hill, 1983.

Garvin, David A., "How the Baldrige Award Really Works," *Harvard Busi− ness Review*, pp. 80−93, November−December 1991.

Garvin, David A., "Quality on the Time," *Harvard Business Review*, pp. 65− 75, September−October 1983.

Garvin, David A., *Managing Quality: The Strategic and Competitive*

Edge, The Free Press, NY., 1988.

George, S. and A. Weimerskirch, *Total Quality Management; Strategies and Techniques Proven at Today's Most Successful Companies*, John Wiley & Sons, Inc., 1994.

Gilmore, H. L., Continuous Incremental Improvement; An Operations Stra−tegy for Higher Quality, Lower Cost and Global Competitiveness, *Advan− ced Management Journal*, pp. 21−25, Winter 1990.

Goetsch, David L. and Stanley B. Davis, *Quality Management*, International Edition, Prentice Hall, NJ 2000.

Harry, Mikel J. and Richard Schroeder, 6−시그마 혁신전략, 안영진 옮김, 김영사, 2000.

Harry, Mikel J., "Six Sigma: A Breakthrough Strategy for Profitability," *Quality Progress*, May 1998, pp. 60−65.

Hostage, G. M., "Quality Control in a Service Business," *Harvard Business Review*, pp. 89−106, July−August 1975.

Ishikawa, Kaoru, *Guide to Quality Control*, Asian Productivity Organization, 1972.

Juran, J. M. and F. M. Gryna, Jr., *Quality Planning and Analysis*, 3rd ed., McGraw Hill, 1980.

Juran, J. M., *Turn on Planning for Quality*, Free Press, New York, 1988.

Krantz, K. T., "How Velero Got Hooked on Quality," *Harvard Business Review*, pp. 34−40, September−October 1989.

Lee, H. (1992), "Design for Supply Chain Management: Concepts and Examples," Working paper, Department of Industrial Engineering and Engineering Managemnt, Staford University.

Pall, Gabriel, *Quality Process Management*, Prentice Hall, Inc., 1990.

Pande, Peter S., Robert P. Neuman, and Ronald R. Cavanagh, *The Six Sigma Way: How GE, Motorola, and Other Top Companies Are Honing Their Performance*, McGraw Hill, 2000.

Pearson, Thomas A., "Measure for Six Sigma Success," *Quality Progress*, February 2001, pp. 35−40.

Perez−Wilson, Mario, *Understanding the Concept, Implications, and Chal− lenges*, Advanced Systems Consultants Press, 1999.

Pine, J.B. II and A. Boynton (1993), "Making Mass Customiation Work," *Harvard Business Review*, Vol.71, No.5, 108−119.

Pine, J.B., II (1993), Mass Customization, Havard University Business School Press.

Plotkin, Hal, "Six Sigma: What it is and How to use it," *Harvard Mana−gement Update*, Harvard Business School Publishing, June, 1999.

Schonberger, R. J., *World Class Manufacturing: The Lessons of Simplicity Applied*, The Free Press, 1986.

Signorelli, S. and J. Heskett (1984), "Benetton(A)," *Harvard Business School Case*, case No. 9−685−014.

Snyder, N. H., J. J. Dwd and D. M. Houghton, *Vision, Values & Courage: Leadership for Quality Management*, The Free press, 1994.

Swaminathan, J. M. (2001), "Enabling Customization Using Standardized Operations," *California Management Review*, Vol.43, No.3, Spring, 125−135.

Takeuchi, Hirotaka and John A. Quelch, "Quality is more than making a good Products," *Harvard Business Review*, November−December

1981.

Talley, D. J., *Total Quality Management*, SAQC Quality Press, 1991.

Thurow, L. C., "Who Owns the Twenty−First Century?," *Sloan Management Review*, 33; 3, pp. 5−17, 1992.

Weaver, C. N., *Total Quality Control; A Step−by−step Guide to Implemen− tation*, ASQC Quality Press, 1991.

Chapter 09

조달프로세스
디자인 및 운영

제품의 원가에서 외부에서 조달되는 원자재나 부품이 차지하는 비율을 보면 공급자가 기업의 총비용에 미치는 영향이 얼마나 큰 지를 쉽게 알 수 있다. 구매는 비용절감의 차원에서 매우 중요한 역할을 하며 또한 품질에도 중요한 영향을 미친다. 더군다나 자신의 핵심역량에만 초점을 맞추기 위하여 아웃소싱이 증가하는 상황에서 구매의 역할은 더욱 그 중요성이 높아지고 있다. 본 장에서는 구매의 개념, 전략, 공급사슬에서의 역할 등을 중심으로 살펴보기로 한다.

구매(purchasing) 혹은 조달(procurement)은 기업의 여러 기능 중 하나이며 공급자 확인 및 선정, 구매 협상 및 계약, 공급시장 조사, 공급자 측정 및 개선, 구매 시스템 개발 등의 활동을 수행한다. 이러한 구매가 더욱 관심을 받게 된 것은 구매가 경쟁우위 확보를 위한 수단으로 이용될 수 있음을 인지하게 되었기 때문이다. 즉, 구매 관리를 통한 비용절감, 품질 향상, 신제품 개발의 시간 단축 등으로 경쟁우위 확보가 가능하게 되었다는 것이다. 구매 관리가 이러한 중요한 역할을 하게 된 근본적인 이유는 공급자와의 밀접한 관계 유지, 글로벌 조달, 공급자의 신제품 개발 참여 등과 같이 구매 관리의 방법이나 환경이 과거와는 달라졌기 때문인 것으로 생각할 수 있다.

최근의 시장 환경을 살펴보면 기업간 경쟁의 심화, 정보기술의 발전, 선택 폭의 확대 등으로 고객의 파워가 한층 더 높아지고 따라서 점점 더 고품질, 신속한 배송, 낮은 비용, 맞춤제품 등을 요구하고 있다. 이러한 환경에서 기업들이 경쟁우위를 확보하기 위해서는 고객에게 적합한 제품이나 서비스를 적시, 적소에 적정한 가격으로 제공하는 것이 중요하다. 이러한 노력은 생산 분야를 비롯한 여러 분야에서 이루어지고 있는데, 특히 생산에 투입되는 원자재나 서비스는 총비용에 차지하는 비율이 크고 또한 최종제품의 품질에 영향을 미치므로 이에 대한 효과적인 조달이 조직의 경쟁우위 확보에 중요하다.

전통적으로 기업에서의 구매부서 활동은 저렴한 가격으로 공급할 수 있는 공급자를 선정하여 공급을 받는 것이었으나 이제는 조달이라는 확대된 기능으로 자리매김하게 되었으며 그만큼 중요성이 커지게 되었다. 조달은 고객이 원하는 제품이나 서비스를 습득하는 데 필요한 모든 활동을 포함한다. 조달과 관련된 활동은 조직 내의 기능상 경계 및 조직간 경계에 걸쳐 있으므로 이러한 활동과 관련된 모든 당사자들의 참여가 중요하며 이러한 활동의 효과적인 수행을 통하여 구매의 가치가 최대화되고 결과적으로 공급사슬 전체의 가치가 최대화된다.

구매의 중요성은 여러 가지 측면에서 나타난다. 우선적으로 구매가 중요하다는 것은 제품에 투여되는 외부에서 조달된 원자재나 부품의 가치가 전체 비용에 차지하는 비율이 상당히 높음을 인지하게 되면 쉽게 알 수 있다. 즉 구매는 기업의 총비용에 결정적인 영향을 미치는 요소임에 틀림이 없으며 따라서 비용절감의 주요 대상이 된다. 둘째, 구매는 제품이나 서비스의 품질에도 상당한 영향을 미친다. 제품의 생산에 투여되는 원자재나 부품의 품질이 제품의 품질을 좌우하게 된다. 특히 생산시스템 중의 하나인 JIT 시스템에서는 부품이 조달되는 대로 부품에 대한 품질 검사 없이 바로 생산라인에 투입되는 경우가 많으므로 부품의 품질이 좋아야 함은 두말할 필요가 없다. 이러한 품질은 공급자의 선정에서부터 비롯되므로 역시 구매의 역할이 중요함을 알 수 있다. 또한 아웃소싱이 증가하는 추세에 있으므로 공급자 품질의 중요성은 더욱 증가하게 된다. 셋째, 구매는 공급자와 엔지니어의 연락관 역할을 하게 되므로 제품이나 서비스의 디자인의 개선에도 상당한 역할을 하고 있다. 공급자를 제품의 디자인에 참여시키는 기업의 경우 참여시키지 않는 기업에 비하여 원자재 비용과 제품개발시간 등이 20% 정도 감축되고 품질은 오히려 20% 정도 상승하는 것으로 보고되고 있다.

　　세계적인 구매조직은 구매의 주요 역할이 내부고객이 요구하는 제품이나 서비스를 획득하는 것이라는 전통적인 믿음을 초월하여 다음과 같은 중요한 목적을 가진다.

• 내부고객의 요구를 충족하는 전통적인 활동을 수행한다.

　　구매의 전통적이 역할은 원자재, 부품, 부분품, 수리용품, 서비스 등을 내부 고객의 요청에 의하여 구입하여 제공하는 것이다. 아웃소싱이 급진적으로 증가하면서 중요한 사업 프로세스를 관리하는 데 대한 책임이 더욱 더 공급자에게 의존하게 되었는데, 이때 구매는 내부고객이 요구하는 고품질의 제품이나 서비스가 원활하게 흐르도록 지원해야 한다. 이를 위해 외주품이 적정 가격에, 적정 공급자로부터, 적정량을, 적정시기에, 고객의 요구에 맞는 사양으로 제공되도록 최선을 다 해야 한다.

• 구매과정을 효율적이고 효과적으로 관리한다.

　　제한적인 자원을 최대한 효율적으로 이용하려는 노력이 필요하며, 생산성 향상을 위한 구매시스템 개발과 관련된 지속적인 노력이 요구된다.

• 공급자를 선정, 개발 및 유지 관리한다.

　　비용, 품질, 기술, 배송, 신제품 개발 등의 차원에서 탁월한 공급자를 찾아 그들과 관계를 맺고 지속적으로 공급자들이 경쟁력을 유지하도록 공동 노력을 기울이는 것이 중요하다. 이를 위해서는 기존의 공급자들이 경쟁력을 유지하는지 지속적으로 관찰하고, 탁월한 성과에 대한 잠재력을 가진 공급자를 확인하여 관계를 맺도록 노력하고 경쟁력이 떨어지는 기존의 공급자를 향상시키고 개발하는 노력이 필요하다.

• 기업 내의 다른 기능성 그룹들과 강한 관계를 유지한다.

구매는 자신의 내부 고객인 기업의 다른 기능 즉 마케팅, 생산, 엔지니어링, 재무 등과 밀접한 관계를 가지는 것이 중요하다. 예를 들어, 부품의 품질에 이상이 있어 생산에서 문제를 일으키면 구매가 공급자와 협력하여 품질을 높이도록 해야 한다.

• 조직의 목표 및 목적을 지원한다.

예를 들어, 조직의 목적이 공급사슬상의 재고수준을 감축하는 것이라고 한다면 구매가 공급자와 협력하여 소량으로 자주 공급하도록 하여 재고수준을 감축할 수 있다.

• 조직의 전략과 일치하는 구매전략을 개발한다.

예를 들어, 조직의 전략을 지원하는 차원에서 다양하고 글로벌 경쟁력을 갖춘 공급자군을 형성한다든지, 기업의 계획에 맞추어 공급옵션이나 상황계획을 개발한다든지, 공급시장의 추세를 관찰하고 이러한 추세가 기업의 전략에 미치는 영향에 대하여 분석한다든지 등 구매계획 혹은 전략이 조직의 전략과 일치되도록 노력한다.

이러한 목적 달성을 위해서는 구매과정에 대한 이해가 필요하며 구매과정을 효과적으로 관리할 필요가 있다. 구매과정은 다음의 여섯 단계로 구분할 수 있다.

단계 1

제품이나 서비스에 대한 고객의 요구를 파악한다.

　　내부 고객이 필요한 원자재나 서비스를 파악한 후 이것을 구매 부서에 전달한다. 전달하는 방법에는 여러 가지 형태가 있는데, 예를 들어, 원자재나 부품의 구매를 요청할 때에 이용되는 구매요청서, 필요한 서비스를 요청할 때에 이용하는 작업 명세서 등이 있으며, 때로는 고객의 주문이 들어오거나 혹은 수요예측에 의하여 자동적으로 필요한 원자재나 부품에 대한 정보가 전달되기도 한다. 이 이외에도 재고관리에서 재주문점 시스템을 이용할 경우에는 재고수준이 재주문점보다 낮을 경우 시스템이 자동으로 이것을 알려주게 된다.

단계 2

후보 공급자를 평가한다.

　　내부 고객의 요구가 파악되면 승인받은 공급자가 이미 데이터베이스에 입력되어 있는 지를 확인하게 된다. 반복 구매의 경우에는 이미 공급자와 가격, 품질, 배송 등과 관련하여 이미 계약이 체결되어 있는 경우가 많다. 따라서 작은 액수일 경우에는 승인 없이 이용자가 바로 구매를 할 수 있는 경우가 대부분이며, 액수가 큰 경우에는 구매승인 과정을 거치게 된다. 특히 액수가 크고 선정된 공급자가 없는 경우에는, 후보 공급자들로부터 가격 제시나 입찰을 받아 그것을 바탕으로 하여 공급자를 선정하게 된다. 가격 제시는 적어도 세 개는 받는 것이 일반적이다.

　　일상적이거나 표준제품의 경우에는 공급자에 대한 평가가 필요 없는 경우가 대부분이나 복잡하고 새로운 품목의 경우에는 자격이

248 Chapter 09 조달프로세스 디자인 및 운영

되는 공급자를 평가할 필요가 있다. 공급자의 평가 기준으로 이용되는 것은 주로 공급자의 능력, 과거의 성과, 품질에 대한 공약, 경영능력, 기술적 능력, 배송성과, 비용성과 등이다.

단계 3
공급자를 선정한다.

공급자 선정은 장기적으로 영향을 미치므로 매우 중요하며, 주로 경쟁 입찰이나 협상을 통하여 이루어지는 것이 보통이다. 경쟁 입찰은 가격이 지배적인 기준이 되고 품목이 일상적이거나 표준화된 경우에 주로 이용된다. 가격과 관련이 없는 다른 중요한 변수가 있을 경우에는 협상을 통하여 공급자 선정이 이루어지는 것이 보통이다. 협상은 시간이 많이 걸리고 비용도 많이 들므로 협상에 앞서 경쟁 입찰을 통하여 협상 대상 공급자의 수를 줄이기도 한다.

단계 4
구매승인과정을 거친다.

구매부서는 구매주문서를 작성하여 공급자에게 전달함으로써 계약을 제안하는 셈이 되며, 공급자는 사인을 하여 구매부서에 돌려줌으로써 계약을 받아들이는 셈이 된다. 특정 공급자로부터 반복적으로 구매하는 품목의 경우는 매번 구매주문서를 작성하지 않고 포괄구매주문서를 발행하여 대신한다. 포괄주문서가 발행된 경우 이미 공급자와의 계약 요건이 정해져 있으므로 구매주문은 품목번호, 수량, 납기, 배송 장소 등의 내용이 담겨있는 일상적인 주문 양식을 공급자에게 전달함으로써 주문이 이루어지게 된다. 포괄구매주문서에는 유효기간이 명시되어 있으나 공급자의 성과가 미흡할 경우 구매자가 언제든지 취소할 수 있다는 조항이 들어 있는 것이 보통이다.

이 과정은 실제로 주문한 제품을 수령하는 과정으로 일상적인 과정이다. 구매부서는 주문에서부터 주문품이 입고될 때까지 걸리는 시간을 최소한으로 해야 한다. 최근 몇 년에 걸쳐 전자문서교환을 이용한 주문시스템이 대폭 증가하였으며, 이러한 방법을 통하여 주문주기가 많이 단축되었다. 또한 공급자와의 관계를 밀접하게 하여 적기 적소에 적량을 공급받는 JIT주문시스템의 도입에도 상당한 진전이 있었다. JIT 시스템에서는 공급자가 납품시 첨부하는 포장전표나 입고검사가 생략된다.

주문주기는 공급자의 선정 및 주문품의 입고로 끝이 나는 것이 아니고, 개선의 기회 및 공급자의 성과를 확인하기 위하여 공급자의 성과에 대한 지속적인 관찰 및 측정이 필요하다.

구매가 경쟁우위를 확보하는 데 중요한 역할을 하는 만큼 구매 프로세스는 지속적으로 개선이 되어야 한다. 많은 기업들이 낮은 가치를 지닌 품목의 구매에 너무나 많은 시간과 노력을 투여하고 있다고 알려져 있다. 이에 대해 트렌트와 콜킨(Trent and Kolchin)은 다음

과 같이 저가치 품목의 구매프로세스를 개선하는 방법을 제시하고
있다.

• 온라인 구매요청 시스템

온라인 구매요청 시스템은 기업의 내부 고객이 구매부서에 필요
한 품목에 대한 구매요청을 할 때에 효율적이고 신속하게 하기 위한
시스템이다. 이러한 시스템도 구매부서의 지원이 필요한 경우에만 이
용하고 지원이 필요 없는 경우에는 다른 저렴한 시스템을 이용하면
된다. 특히 저가치 품목의 경우에는 사용자가 직접 공급자로부터 조
달하는 시스템을 개발하는 것이 좋다.

• 조달 카드 발행

사용자에게 일종의 신용카드를 발행하여 저가치 품목의 경우 사
용자가 직접 공급자와 접촉하여 카드를 이용하여 구매하게 하는 시
스템이다. 이미 정해진 공급자가 없는 경우에도 이러한 방법을 이용
하게 되면 구매부서 관여하여 공급자를 찾는 것보다 상당히 비용이
절감된다.

• 인터넷을 이용한 전자상거래

인터넷을 이용한 조달이 점점 증가하고 있다. 전자상거래를 이
용하면 공급자에게 구매 주문서의 전송, 주문 상황 추적, 공급자에게
가격제시 요청, 공급자에게 주문, 전자 대금지급 등의 활동을 신속하
고 쉽게 해결할 수 있다.

• 장기 구매계약

공급자가 만족스러운 성과를 보장한다는 조건으로 공급자와의

장기적인 구매 계약을 통하여 거래비용을 절약한다. 이것은 포괄구매
주문과 유사한데 차이점은 포괄구매주문은 장기구매계약에 비하여
주로 저가치 품목에 이용되고 계약내용도 장기구매계약에 비하여 덜
상세하다는 점이다.

- 온라인 주문 시스템

이 시스템은 구매자의 시스템과 공급자의 시스템이 모뎀이나 웹
등을 통하여 서로 직접 연결이 된 것이다. 공급자와 구매자간에 포괄
구매주문이나 장기구매계약이 체결된 경우 매우 적합하며 구매자가
공급자의 주문 입력 시스템에 주문을 입력하게 된다.

- 구매 프로세스의 재디자인

특히 저가치 품목에 대한 구매 프로세스의 재디자인을 통하여
주문주기의 단축과 프로세스의 단순화를 통하여 거래 비용을 절감한
다. 구매 프로세스를 여러 하위 프로세스로 구성하여 재디자인이 가
능하도록 한다.

- 전자문서교환

구매자와 공급자간의 의사소통을 효율적으로 하기 위하여 사업
문서나 정보를 전자적으로 전달하는 시스템이다. 이 시스템의 장점은
시간과 비용이 절감된다는 것이다. 그러나 EDI의 성장률은 기대했던
것보다 못한데 그 이유는 인터넷의 발전과 작은 기업의 경우는 EDI
서비스 제공자를 이용하는 것보다 저렴한 자동팩스를 선호하기 때문
이다.

- 전자 카탈로그를 통한 온라인 주문

사용자들로 하여금 인터넷을 통하여 공급자들이 제공하는 카탈로그를 확인하고 조달카드를 이용하여 주문을 처리하도록 하는 시스템이다. 공급자를 찾는 데 드는 비용이 절감되고 구매부서를 통하지 않고 주문이 이루어지면, 주문주기가 빨라지고 주문비용도 절감된다는 장점이 있다. 단점으로 지적되는 것은 전자카탈로그를 제공하는 공급자의 수가 제한적이라는 것과 전자상거래의 안전성 문제이다.

03 구매 통합 전략

구매통합이란 경쟁 우위 확보를 위한 능력을 갖추기 위하여, 구매부서 혹은 기능이 기업 내부의 다른 기능 및 기업 외부의 다른 조직과 밀접하게 통합되어야 한다는 것이다. 기업 내부의 다른 기능과의 통합을 내적 통합, 기업 외부의 공급자 등과의 통합을 외적 통합이라 한다. 통합이 이루어지면 다양한 사람들이 그들이 가진 정보와 전문지식을 내어 놓고 또한 관점이 다양해지므로, 예전에는 생각하지 못했던 관점에서 문제를 바라볼 수 있는 장점이 있다. 기업에서는 이러한 장점을 이용하고자 기업 내부의 여러 기능으로부터 사람들이 모여 이루어지는 다기능 팀을 조직하여 운영하기도 하며, 신제품 개발을 위한 조달기능, 엔지니어링, 공급자등을 통합하여 운영하기도 한다.

1. 내적 통합

구매는 기업 내부의 다른 기능과 밀접하게 연계되어야 한다. 예를 들어, 생산 기능과의 관계를 살펴보면 구매가 생산에 필요한 투입요소의 조달에 책임이 있으므로, 구매관리자는 생산 기능과 협력하여 생산계획의 실행을 조정할 필요가 있다. 구매가 생산기능의 요구에 신속하게 대응할 수 있도록 하기 위해 구매인력을 생산구역에 상주하게 하는 기업도 있다. 구매와 품질보증 기능과의 관계는 최근에 더욱더 중요하게 되었는데, 그것은 아웃소싱의 증가와 관련이 있다. 즉 공급자가 좋은 품질의 원자재나 부품을 공급할 수 있도록 구매와 품질보증 기능과의 밀접한 협력관계가 유지되어야 한다. 두 기능이 함께 공급자 품질훈련, 공급자 프로세스 능력조사, 개선활동 계획 등의 조인트 프로젝트를 수행하기도 하고, 어떤 기업의 경우에는 공급자 품질관리에 대한 책임을 구매부서의 책임하에 두기도 한다. 구매와 엔지니어링의 관계는 신제품개발의 개발속도를 높이는 차원에서 매우 밀접해야 한다. 엔지니어링은 구매부서에서 공급자를 선정할 때에 엔지니어링이 원하는 품질과 생산능력을 가진 공급자를 선정하기를 원하고, 또한 공급자가 디자인 프로세스의 초기에 참여하여 독창적인 아이디어를 제공하기를 원하며, 신제품에 통합될 수 있는 새로운 기술을 가진 공급자를 찾아주기를 바라고 있다.

구매는 또한 회계 및 재무 기능과 연계되어 있다. 이러한 관계는 생산, 엔지니어링, 품질기능과의 관계보다는 강하지는 않다. 구매와 관련된 정보는 모두 회계시스템으로 전달되며 구매성과의 측정에 회계시스템을 통하여 수집된 정보가 이용된다. 또한 구매는 자금획득 의사결정시에 재무 기능과 협력한다. 구매는 마케팅과는 간접적인 관계를 가지고 있다. 신제품에 대한 아이디어가 주로 마케팅에서 나오고 구매부서는 신제품의 개발 및 생산에 대한 지원을 해야 하므로 마케팅과 간접적으로 관계가 있다고 할 수 있으며, 또한 생산계획의 기본이 되는 수요예측도 주로 마케팅에서 담당하는 것이므로 구매와 간접적인 관계가 있다고 할 수 있다.

2. 외적 통합

구매의 가장 중요한 외부 관계는 공급자와의 관계이다. 대부분의 구매자와 공급자는 비용, 품질, 배송, 시간 차원에서의 개선을 위해서는 공급자와의 협력이 중요함을 인식하고 있다. 이렇게 공급자와 협력 관계를 유지하는 것을 협력적인 접근법이라고 한다.

구매자와 공급자가 이렇게 협력적인 관계를 유지하게 되면 신뢰관계가 형성되는데, 신뢰관계가 형성될 경우의 이점은 서로 비용자료를 공유하게 되어 공동으로 비용절감을 위한 노력을 기울일 수 있게 된다는 것과 공급자가 구매자의 신제품 개발의 초기 단계에서부터 참여함으로써 기여를 하게 된다는 것이다. 또한 구매자와 공급자의 협력적인 관계는 장기적인 계약을 맺을 가능성이 높아지므로 둘 다 장기계약의 혜택을 얻게 된다. 예를 들어, 장기 계약을 하게 되면 공급자는 구매자가 원하는 제품을 효율적으로 생산할 수 있는 공장이나 설비에 투자를 하게 되어 낮은 원가로 구매자에게 공급을 할 수 있게 된다. 또한 장기 계약은 공동 기술개발, 위험공동부담, 공급자능력의 개발 등을 가능하게 한다. 그러나 이러한 협력적인 관계를 유지하는 데 있어 비밀유지, 법적 장애, 변화에 대한 저항, 공급자의 파워가 큰 경우 등 여러 가지의 장애요인이 있을 수 있다. 이러한 장애요인을 확인하고 극복할 수 있는 방법을 찾아야 한다.

3. 다기능 조달팀

다기능 조달팀이란 기업의 여러 기능간의 의사소통, 협조를 위해 여러 기능에 소속된 사람과 점차적으로 공급자까지 포함하여 구성되는 팀으로 제품 디자인, 공급자선정, 구매원가의 절감, 품질개선 등 구매 관련 업무를 담당하게 된다. 다기능 조달팀의 성격과 업무의 형태는 과제의 지속성(지속적 vs. 한시적)과 팀 구성원의 신분상태(풀타임 vs. 파트타임)에 따라 달라지게 된다. 풀타임이지만 과제가 한시적인 경우는 조달팀이 프로젝트 단위로 업무를 수행하는 경우이고, 풀타임이면서 과제가 지속적인 경우는 팀이 지속적으로 유지되면서 여러 가지 구매 관련 업무를 풀타임으로 수행하게 된다. 파트타임의 경우는 구성원들이 자신이 속한 기능에서 고유 업무를 수행하면서 파트타임으로 구매업무에 임하는 경우이다. 이 경우에 과제가 한시적인 경우에는 과제가 종료되면 조달팀이 해체되고 과제가 지속적인 경우는 지속적으로 구매업무를 지원하게 된다. 다기능 조달팀의 장점은 과제의 완료시간이 단축되고, 혁신이 증가하며, 다른 기능에 대한 이해 및 의사소통이 원활해지고, 시너지효과, 문제해결을 신속하게 할 수 있다는 점 등이다.

4. 신제품 개발을 위한 공급자 통합

신제품 개발에 공급자의 참여가 증가하고 있다. 몬츠카(Monczka) 등은 이러한 공급자 통합을 성공적으로 수행하는 기업을 관찰한 결과 다음과 같은 특성을 발견할 수 있었다고 보고하고 있다.
- 공급자 통합을 위한 정식의 품목선정 프로세스가 존재한다.
- 공급자 선정과 통합에 다기능 팀을 이용한다.

- 디자인 초기에 공급자를 선정하여 참여시킨다.
- 공급자의 직원이 구매기업에 일정기간 상주한다.
- 공급자와 신제품개발 정보를 공유한다.
- 공급자와 기술을 공유한다.
- 공동 교육 및 훈련에 노력을 기울인다.

특히 공급자가 신제품의 디자인에 참여하는 정도에 따라 백색 상자 디자인(white box design), 회색 상자 디자인(gray box design), 흑색 상자 디자인(black box design)으로 구분한다.
- 백색 상자 디자인: 공급자에게 청사진이 주어지고 청사진에 따라 제품을 만들도록 지시를 받는다.
- 회색 상자 디자인: 공동 디자인을 위해 구매자의 엔지니어와 공급자의 엔지니어가 협력한다.
- 흑색 상자 디자인: 공급자에게 명세가 주어지고 공급자 혼자서 디자인을 하도록 요청한다.

04 전략적 조달

구매는 조직의 목표 및 목적과 연관된 활동이나 프로세스의 조정에 초점을 맞춤으로써 기업의 수익성에 공헌을 해야 하며, 기업이 경쟁우위를 확보할 수 있도록 구매 전략이 채택되어야 한다. 이를 위해 우선 기업의 목적을 구체적인 구매 목표로 전환하고 이 목표를 어떻게 달성할 지에 대한 구체적인 행동 계획인 전략적 구매프로세스의 동력으로 삼아야 한다. 구매전략의 형태로는 다음과 같은 것이 있다.

1. 공급자 집단 최적화

적합한 공급자 수와 그 구성을 최적화하는 것으로 일반적으로 공급자수를 감축하는 규모전략이다. 따라서 세계적 수준의 성과를 달성하지 못하는 공급자는 제거되는 것이 보통이다. 이러한 프로세스는 한 번으로 끝이 나는 것이 아니라 지속된다.

2. 공급자의 품질관리

공급자의 품질을 개선하기 위하여 공급자로 하여금 6시그마를 도입하게 하고 또한 통계적 공정관리, 공정능력분석, 품질감사, 프로세스변동의 제거, 문제 확인 및 수정 능력 등을 요구한다. 또한 공급자로 하여금 지속적인 개선을 추구함과 동시에 무결점 철학을 전개하도록 요구한다. 공급자의 품질관리가 중요한 것은 일반적으로 제품의 품질관련 문제의 발생에 있어 가장 큰 비중을 차지하는 것이 공급자가 공급하는 제품이나 서비스이기 때문이다. 이러한 추세는 아웃소싱의 증가와 더불어 확대되고 있다. 공급자의 품질이 좋지 않은 경우 기업의 전체적인 품질개선 노력에 커다란 악영향을 미치게 된다.

3. 글로벌 소싱

전 세계를 공급원으로 하는 글로벌 소싱을 추구한다. 글로벌 소싱의 목적은 비용이나 품질에 있어서의 개선뿐만 아니라 제품이나 프로세스 기술을 접할 기회를 얻고, 공급원의 수를 늘리며, 해외 시장에서의 입지를 구축하기 위함이다. 또한 글로벌 소싱을 통하여 국내의 공급자에게 경쟁을 유발하기도 한다.

4. 장기적인 공급자와의 관계

탁월한 성과를 내거나 혹은 독자적인 기술을 가진 공급자와 장기적인 관계를 맺는 것이다. 이러한 장기적인 관계는 비용과 지적자산을 공유하는 공동제품개발도 포함하게 된다.

5. 공급자의 디자인 초기 참여

신제품 개발의 초기 단계에 공급자를 참여시키는 것이다. 이러한 전략이 중요한 것은 공급자가 단순히 부품의 생산뿐만 아니라 그 이상으로 기여할 수 있기 때문이다. 예를 들어, 공급자의 디자인 능력을 이용함으로써 신제품개발의 효과를 최대로 할 수 있다.

6. 공급자 개발

공급자의 능력이 미흡하다고 생각하지만 공급자 교체비용이 너무 많이 든다든지 등의 이유로 거래를 중단할 수 없는 경우에, 공급자와 함께 공급자의 능력을 개선하는 노력을 기울이는 것이다. 이러한 공동노력의 동기는 공급자의 능력이 개선되면 공급자나 구매자나 모두 그 득을 보게 된다고 믿기 때문이다.

7. 총 소유비용

제품의 가격 및 수송비뿐만 아니라 배송지연, 낮은 품질, 공급자의 성과미흡 등으로 인한 비용 등을 포함하는 구매품목과 관련된 다양한 비용을 파악하여 구매의사결정에 이용하거나 비용변동의 원인 파악에 이용한다.

8. e-Reverse 옥션

구매자의 요구사항에 대하여 다수의 공급자가 인터넷상에서 온라인으로 입찰하고, 이 중에서 선택되는 공급자가 제품이나 서비스를 공급한다.

05 인소싱과 아웃소싱

제품이나 서비스를 직접 생산할 것인지 아니면 외부에서 조달할 것인지는 조직에 장기적인 영향을 미치는 복잡하고 중요한 의사결정 중의 하나이다. 최근에 비용감축의 일환으로 아웃소싱이 증가하는 추세이기는 하나 조직의 경쟁력과 직결되므로 신중을 기하여야 한다. 이러한 의사결정과 관련하여 몇 가지 고려해야 할 사항이 있다.

1. 기업의 핵심능력과 밀접하게 관련 있는 제품이나 서비스는 아웃소싱보다는 내부에서 생산하는 것이 바람직하다.

2. 기술의 성숙도와 자신의 기술경쟁우위를 고려하여 <그림 9-1>
과 같이 결정한다.

그림 9-1 기술성숙도와 기술경쟁우위에 따른 조달방식 결정

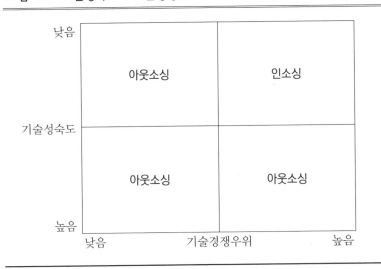

3. 총인소싱비용에서 총아웃소싱비용을 비교하여 비용절감의 크
기를 고려하여 결정한다.
4. 비용과 관련이 없는 요인들을 고려한다.

인소싱과 아웃소싱의 장단점을 살펴보면 다음과 같다.

인소싱의 장점
투입요소에 대한 높은 통제력
프로세스에 대한 가시성 증대
규모의 경제/범위의 경제

인소싱의 단점

높은 생산량이 요구됨

높은 투자 필요

전용설비의 사용이 제한적

공급사슬의 통합에 문제 있음

아웃소싱의 장점

높은 유연성

낮은 투자 위험

현금흐름의 개선

낮은 노임

아웃소싱의 단점

공급자를 잘못 선정할 가능성

프로세스에 대한 낮은 통제력

긴 리드타임/생산능력부족

기업의 공소화(hollowing out)

06 공급자 평가 및 선정

요즈음 기업들은 공급자의 수를 줄이고, 공급자와 장기적인 파트너십 관계를 가지는 방향으로 나아가고 있다. 이러한 상황에서 적합한 공급자를 선정하는 것은 매우 중요하다. 다음을 공급자 선정에 있어서 평가기준으로 이용할 수 있다.

• 경영능력

장기적인 계획을 수립하는지, 경영진이 TQM과 지속적인 개선에 얼마나 전력투구하는지, 경영자의 경력 및 경험의 정도, 고객 중심에 초점이 맞추어져 있는지, 노동조합과의 관계가 좋은지, 미래의 성장을 위한 적절한 투자가 이루어지고 있는지, 전략적 구매의 중요성을 이해하는지 등을 고려하여 경영능력을 평가할 수 있다.

• 작업자능력

작업자의 기량, 유연성, 사기, 이직율, 품질개선에 대한 태도, 경영진과의 관계 등을 참고하여 작업자 능력을 평가할 수 있다.

• 비용구조

공급자의 비용구조를 알게 되면 얼마나 효율적으로 품목을 생산할 수 있는지 혹은 서비스를 제공할 수 있는지를 알 수 있으며 또한 개선 가능성을 파악할 수 있다.

• 품질에 대한 성과, 시스템, 철학

많은 구매자들은 공급자들이 말콤볼드리지 품질상이나 ISO 9001에서 제시하는 품질 가이드라인에 기반을 둔 품질관리 시스템을 채택하기를 기대하고 있다.

• 프로세스와 기술적 능력

공급자 평가팀에는 공급자의 프로세스 및 기술적 능력을 평가하기 위해 엔지니어링 직원이 포함되는 것이 보통이다. 생산이나 서비스를 제공하는데 공급자가 채택한 기술, 디자인, 방법, 설비 등에 대한 검토와 더불어 공급자가 미래의 프로세스나 기술적 개선을 위해 R&D에 투자한 자원에 대한 평가가 이루어진다.

• 환경 규제 준수여부

구매자가 환경오염을 일으키는 공급자와 관계를 맺지 않으려는 것은 당연하다. 환경과 관련하여 공급자 평가 기준으로 이용되는 것에는 ISO 14000의 획득 여부, 재활용 관리 실태, 위험물 처리 관리 실태, 오존 파괴 물질의 통제 여부 등이다.

• 재정적 안정성

공급자의 재정적 안정성은 평가 단계에서 초기의 적격심사 수단으로 이용될 만큼 중요하다. 재정적 안정성이 결여된 공급자는 사업 중단을 할 가능성이 높고, 투자자원이 부족하여 미래의 프로세스 및 기술적 개선을 위한 여지가 적으며, 구매자에 대한 재정적 의존도가 높아지고, 재정적인 문제는 보통 다른 여러 가지 문제로 인하여 발생하는 것이 일반적이므로 이러한 공급자와의 거래는 피하는 것이 바람직하다.

• 생산 일정 및 통제 시스템

공급자의 생산일정 및 통제시스템에 대한 평가는 공급자가 어느 정도 통제력을 가지는지에 대하여 가늠해보고자 함이다. 공급자가 납기 내에 공급을 할 수 있는지의 여부, 혹은 공급자의 생산시스템이 구매자의 JIT시스템을 지원할 수 있는지의 여부 등을 평가한다.

• 전자상거래 수행능력

점차적으로 웹에 기반을 B2B 전자상거래가 증가하고 있다. 공급자는 전자상거래를 받아들일 수 있는 능력이 필요하다. 이 외에도 e-mail을 통한 의사소통 능력, 전자자금결제능력, 바코팅 혹은 RFID 사용 능력 등 공급자의 전반적인 정보기술에 대한 평가가 필요하다.

• 공급자의 조달전략, 정책, 기법

공급자의 공급자에 대한 정보도 공급사슬관리를 위해 중요하다. 하지만 공급자가 자신의 공급자에 대한 평가를 했을 경우를 제외하고는 정보를 얻기가 쉽지는 않다. 이러한 경우 공급자의 구매부서와의 대화를 통하여 공급자의 공급자에 대한 정보를 얻을 수 있다.

• 장기적인 관계유지 가능성

구매자와 공급자 사이에 장기적인 관계를 유지하는 것이 유리한 경우 공급자 평가시에 공급자가 장기적인 관계를 유지하는 데 적합한지에 대한 평가가 이루어져야 한다. 이에 대한 평가의 기준에는 공급자의 장기적인 관계에 대한 의도가 있는지, 이러한 관계에 자원을 투자할 의도가 있는지, 정보공유에 대한 의지가 있는지, 구매자를 위해서만 생산능력을 독점적으로 제공할 의지, 구매자에 대한 이해심, 비용자료의 공유 의지 등이 포함된다.

인터넷의 발전으로 고객이 자신의 집에서 제품에 대하여 조사를 하고, 온라인 상점을 찾아, 제품을 주문하는 형태가 점차 늘고 있다. 이 것은 B2C 형태의 거래이며 이러한 형태의 거래가 인터넷 거래의 대부분을 차지할 것으로 생각할 수 있으나, 실상 대부분의 전자상거래는 기업간 거래인 B2B로 이루어진다. 전자상거래 조달은 다음과 같은 장점이 있다.

1. 운영비용이 절감된다: 문서처리비용이 감소되며, 조달시간의 감소로 인한 조달담당자의 생산성이 증대되고 또한 실시간 정보를 이용하여 재고 및 예산지출에 대한 관리가 개선된다.
2. 조달효율성이 개선된다: 과거보다 적은 자원으로 적합한 공급자를 찾을 수 있으며, 구매자와 판매자간의 의사소통이 개선되어 주문주기가 짧아지고, 심지어 구매자는 구매하기 전에 판매자가 재고를 가지고 있는지 알 수 있고 판매자는 수요정보를 미리 획득하여 공급량을 조절할 수도 있다. 또한 조달담당자들도 과거의 서류처리와 같은 비생산적인 일 대신에 공급사슬 효율성 향상을 위한 보다 생산적인 일을 할 수 있게 된다.
3. 조달가격이 낮아진다: 구매자는 여러 판매자로부터 가격 및 품질정보를 얻어 비교 구매할 수 있는 기회가 생기고 또한 더 많은 판매자가 입찰에 응하게 되므로 더 낮은 가격으로 구매가 가능해진다.

이러한 장점이 있는 반면에 다음과 같은 단점도 있다.

1. 보안상의 문제점이 있다: 신용정보 및 거래 정보의 유출 위험이 있다.

2. 구매자와 판매자간에 밀접한 관계를 구축하기가 어렵다: 구매자와 판매자간에 대면을 통한 의사소통이 이루어지지 않으므로 밀접한 관계를 구축하기가 어렵다.

3. 기술적인 문제점이 있다: 표준 프로토콜의 결여, 시스템 신뢰도 등의 문제가 있을 수 있으며 새로운 기술을 습득하는 데 시간과 비용을 투자하는 것을 꺼리는 경우도 있다.

08 구매 성과 측정

구매 성과 측정을 위해 이용되는 기준은 수 없이 많다. 몬츠카 등은 그 기준을 다음과 같이 10개의 카테고리로 구분하고 있다.

• 가격성과 측정치: 이 기준은 구매 자금을 얼마나 효과적으로 사용하였는지에 대한 기준인데 다양한 측정치가 있으나 그 중에서도 가장 많이 이용되는 것은 목표가격과 실제구매가의 차이, 시장가격과 실제구매가의 비교, 동일한 부품을 구입한 부서별 구매가격비교, 목표가격 달성도 등이다. 목표가격 달성도란 소비자가 제품에 대해 지불하고자 하는 가격에서 기업이 원하는 수익을 공제한 나머지를 부품이나 원자재 등 제품을 구성하는 요소에 비용목표로 할당을 하게 된다. 즉 다음 식에서 산출되는 지출 가능한 비용을 제품을 구성하는 여러 요소

에 비용 목표로 할당을 하게 된다.

$$목표가격 - 수익목표 = 지출가능 \ 비용$$

- 비용 효과 측정치: 이 기준은 구매비용 감축 노력을 측정하는 것이다. 이러한 구매비용 감축 노력을 측정하는 방법으로 두 가지가 있는데, 하나는 비용 변화이고 다른 하나는 비용 회피이다. 비용 변화라는 것은 특정 품목에 대한 실제구매비용을 여러 기간에 걸쳐 기록하여 비교하는 것이다. 이렇게 되면 구매전략의 변화로 인한 비용증감 혹은 구매부서나 담당자의 노력으로 인한 비용증감 등을 분석할 수 있게 된다. 비용 회피라는 것은 노력을 하지 않았더라면 지출했어야 할 가격과 실제 구매가의 차이를 나타내는 것인데, 예를 들어, 공급자가 단위당 1,000원을 요구했을 경우, 협상을 통하여 900원으로 가격을 낮추었다면 100원이 바로 비용 회피가 된다. 주의할 것은 이 측정치가 수동적으로 산출되므로 과장이 될 소지가 크다는 것이다.

- 품질 측정치: 품질을 측정하는 방법에는 전통적인 PPM(part per million) 측정치, 공급자별 공급부품의 불량률 측정치, 판매 후 부품별 혹은 공급자별 불량률 측정치 등이 포함된다. PPM 측정치는 백만 개당 불량품수를 일컫는 것으로 공정능력이나 검사 등의 기준으로 이용된다. 공급자별 공급부품 불량률 측정치는 공급자가 납품하는 부품의 샘플링 검사를 통하여 측정되는 것으로 공급자별 품질성과 비교에 이용되는 기준이며 또한 절대적인 공급자 품질 기준을 정하는 데 이용된다. 판매 후 부품별 혹은 공급자별 불량률 측정치는 제품이 고객에게 판매된 후에 발생하는 불량품에 대한 측정치로 기업으로서는 불량률 제로를 추구하는 측정치이다. 이 측정치는 판매 후 제품의 성

과 모니터링, 판매 후 서비스 비용관리, 공급자 개선을 위한 자료, 제품 디자인 개선 등에 이용된다.

- 시간 관련 측정치: 시간 관련 측정치에는 신제품의 개발에서 시장진입까지 걸리는 시간에 대한 측정치, 공급자의 납품에 대한 납기일 준수 측정치, 공급자의 주문, 생산, 수송 사이클 타임 감축 측정치, 스케줄 변화나 디자인 변화에 대한 공급자의 대응성 측정치 등이 포함된다.

- 기술 및 혁신 관련 측정치: 기술 및 혁신 관련 측정치로 공급자와의 신기술 선점계약 건수 측정치와 표준화 및 산업표준이용 측정치가 포함된다. 신기술 선점계약이란 공급자가 개발한 신기술에 대한 정보 및 이용을 다른 조직에 앞서 미리 선점하도록 공급자와 계약을 하는 것이다. 표준화 및 산업표준이용 측정치는 제품에 이용되는 부품이 독자적으로 개발된 것인지 산업에서 표준화된 것을 이용하는지의 정도를 측정하는 것이다.

- 환경 및 안전 측정치: 환경 및 안전 목표 성취도 및 이를 위해 지출된 비용에 대한 측정치이다.

- 자산 관리 및 통합 공급사슬 측정치: 재고, 수송, 주문관리, 풀 시스템/공급자와의 스케줄 공유/공급자재고관리, e-거래 등이 여기에 포함된다. 재고관련 측정치로는 재고회전율, 재고수준 등이 포함되며, 수송관련 측정치로는 수송비용, 수송리드타임, 수송성과 등이 포함되고, 주문관리 관련 측정치로는 정시배송, 주문리드타임 등이 포함된다. 풀 시스템/공급자와의 스케줄 공유/공급자재고관리는 공급사슬의 풀 시스템의 정도를 측정하는 것으로 공급자와의 스케줄을 공유하거나 공급자가 구매자의 재고관리를 해주는 건수를 측정하게 된다. e-거래 측정치는 기업간 연결 정도를 측정하는 것으로 EDI를 이용하는 정

도나 웹을 이용하여 거래가 이루어지는 정도를 측정하게 된다.

- 일반 관리 및 효율성 측정치: 연간 구매 관리 예산관리를 위해 측정하는 것으로 구매 관리 예산은 일반적으로 두 가지 방법으로 책정되는데, 하나는 현재의 예산에 앞으로의 일의 양이나 수익성을 고려하여 증액하거나 삭감하는 방법이고, 다른 하나는 원자재 구입비용 예상치에 조정비율을 곱하여 책정하는 방법이다. 즉

$$구매예산 \ = \ 원자재 \ 구입비용 \ 예상치 \times 조정비율$$

이라는 공식을 이용한다. 이러한 방법이 이용되는 이유는 원자재 구입양이 결국 구매부서의 일의 양과 관련이 있기 때문이다. 구매 관리의 효율성을 측정하는 측정치로는 구매주문처리건수, 처리한 품목 수 등이 포함된다.

- 정부 및 사회 관련 측정치: 중소기업과의 거래 정도를 측정하는 것으로 측정치로는 중소기업 공급자와의 거래액이 전체 거래액에 차지하는 비율, 거래하는 중소기업 공급자의 수 등이 포함된다.

- 내부고객 만족도 측정치: 내부고객의 구매에 대한 만족도를 설문조사를 통하여 측정한다.

참고문헌

Anderson Consulting (1999), *Achieving Supply Chain Excellence Through Technology*, Chicago, IL, 188 – 190.

Anderson, Matthew G. (1998), "Strategic Sourcing," *International Journal of Logistic Management*, Vol.9, No.1, 1 – 13.

Bhote, Keki R. (1989), *Strategic Supply Management: A Blueprint for Revitalizing the Manufacturing – Supplier Partnership*, New York: American Management Association.

Brown, Mark Graham (1996), *Keeping Score: Using the Right Metrics to Drive World – Class Performance*, New York: American Management Association, 15 – 26.

Carter, Ray (1995), "The Seven C's of Effective Supplier Evaluation," *Purchasing and Supply Management*, April, 44 – 46.

Chao, C., E.E. Scheuing, and W.A. Ruch (1993), "Purchasing Performance Evaluation: An Investigation of Different Perspectives," *International Journal of Purchasing and Materials Management*, Summer, 33 – 39.

Choi, T.Y. and J.L. Hartley (1996), "An Exploration of Supplier selection Practices across the Supply Chain," *Journal of Operations Management*, Vol.14, 333 – 343.

Ellram, Lisa M. (1991), "A Managerial Guideline for the Development and Implement of Purchasing Partnerships," *International Journal of Purchasing and Materials Management*, Vol.27, No.3, Summer, 2－9.

Ellram, Lisa M. and Amelia Carr (1994), "Strategic Purchasing: A History and Review of the Literature," *International Journal of Purchasing and Material Management*, Vol.30, No.2, Spring, 10－20.

Handfield, Robert and Christian Bechtel (2001), "The Role of Trust and Relationship Structure in Improving Supply Chain Responsiveness," *Industrial Marketing Management*, Vol.31, 1－16.

Handfield, Robert, Gary Ragatz, and Kenneth Peterson (2003), "A Model of Supplier Integration into New Product Development," *Journal of Product Innovation Management*, Vol.20, No.4, July, 284－299.

Handfield, Robert, Gary Ragatz, Robert Monczka, and Kenneth Peterson (1999), "Involving Suppliers in New Product Development," *California Management Review*, Vol.42, No.1, Fall, 59－82.

Kaplan, Roberts S. and David P. Norton (1992), "The Balanced Scorecard－Measures that Drive Peformance," *Harvard Business Review*, January－February, 71－79.

Larson, Paul D. (2002), "What is SCM? And Where is It?" *Journal of Supply Chain Management*, Vol.38, No.4, Fall, 36－44.

Monczka, R.M. and R.J. Trent (1994), "Cross－Functional Sourcing Team Effectiveness: Critical Success Factors," *International Journal of Purchasing and Materials Management*, Fall, 2－11.

Monczka, R.M., D.Frayer, R. Handfield, G.Ragatz, and T. Scannell (2000), *Supplier Integration into new Product/Process Development: Best Practices*, Milwaukee, WI: ASQ Quality Press.

Narasimhan, Ram (2001), "An Empirical Examination of the Underlying

Dimensions of Purchasing Competence," *Production and Operations Management*, Vol.10, No.1, Spring, 1 − 15.

Neef, Dale (2001), *E − Procurement: from Strategy to Implementation*, Saddle River, NJ: Prentice Hall.

Rozemeijer, Frank A., Argan van Weele, and Mathew Weggeman (2003), "Creating Corporate Advantage through Purchasing: Toward a Contengency Model," *Journal of Supply Chain Management*, Vol.39, No.1, Winter, 4 − 13.

Schorr, John (1998), Purchasing in the 21st Century, New York: John Wiley & Sons.

Trent, R.J. (1998), "Individual and Collective Team Effort: A Vital Part of Sourcing Team Success," *International Journal of Purchasing and Materials Management*, Fall, 46 − 54.

Woods, John A. ed. (2000), *The Purchasing and Supply Yearbook: 2000 Edition, National Association of Purchasing Management*, New York: McGraw − Hill.

Chapter 10

배송프로세스
디자인 및 운영

유통은 고객가치 창출에 상당히 중요한 역할을 한다. 그 것은 비용, 대응 시간, 제품의 가용성 등에 지대한 영향을 미치기 때문이다. 본 장에서는 공급사슬에 있어서 유통네트워크의 중요성 및 저비용에서부터 대응성에 걸친 기업의 공급사슬 목적에 맞는 유통네트워크의 디자인 등에 대하여 살펴보기로 한다.

공급자로부터 소비자에 이르기까지 공급사슬 단계를 따라 제품이나 원자재를 운반하는 데 관련된 활동을 유통이라 하는데, 유통은 공급사슬의 단계와 단계 사이에서 발생한다. 유통은 기업의 수익성과 직결되는데 그 이유는 유통이 공급사슬의 비용 및 고객의 제품구매 경험과 직결되기 때문이다. 일반적으로 성공적인 대형 마켓들은 유통 측면에서의 이점을 이용하여 제품을 저비용으로 고객에게 제공함으로써 경쟁우위를 확보하고 있다. 기업들의 공급사슬관리의 목적은 저비용의 확보에서부터 대응성 확보까지 다양하며, 이러한 목적의 달성은 그 목적에 적합한 유통네트워크의 선택으로 가능하다. 따라서 종종 동종 산업의 기업들이 다양한 유통네트워크를 가지고 있음을 보게 된다.

유통네트워크는 고객서비스 차원과 비용 차원에서 그 성과를 살펴볼 수 있다. 고객서비스 차원에서의 성과에는 여러 가지가 있겠으나 그 중에서도 다음 두 가지가 중요하다고 할 수 있다.

- 대응 시간 혹은 리드타임: 고객이 주문을 하여 제품을 수령하기까지 걸리는 시간을 말하는 것으로 주로 유통센터가 고객 가까이에 있으면 대응 시간이 짧다고 볼 수 있다.
- 제품의 가용성: 제품이 재고로 있어 고객이 원할 때에 언제든지 고객의 욕구를 충족시키는 확률을 말하는 것으로 다양한 제품을 재고로 많이 보유하고 있는 경우 이 확률이 높아진다고 할 수 있다.

이 이외에도 서비스 성과 요인으로 여러 가지가 고려될 수 있다.

예를 들어, 초프라와 민들은 제품의 다양성, 고객의 경험, 주문의 가시성, 반품의 용이성 등을 추가적으로 고려한다.

한편으로 비용 차원에서의 성과 요인으로는 다음을 고려할 수 있다.

- 재고비용: 리스크 풀링의 효과를 얻을 수 있을 경우 재고수준이 낮아진다고 할 수 있다. 리스크 풀링 효과란 지역별 수요를 통합할 경우 특정 지역의 높은 수요를 다른 지역의 낮은 수요와 상쇄할 수 있어 전체적인 수요의 변동이 작아지고, 따라서 안전재고수준이 낮아지며 전체적으로 재고보유수준이 낮아진다는 것이다.
- 수송비용: 수송비용에는 두 가지 종류가 있는데, 하나는 입고수송비용이고 다른 하나는 출고수송비용이다. 수송비용은 주로 재고보유지점과 고객과의 거리가 어느 정도인가에 따라 단위당 수송비가 결정되며 또한 FTL(full truck load)과 같이 수송에서의 규모의 경제를 얻을 수 있느냐에 따라 단위당 수송비용은 달라지게 되는데, 거리가 가까울수록 그리고 규모의 경제를 얻을 수 있는 경우에 수송비용은 낮아진다.
- 시설 및 취급비용: 시설 및 취급비용은 시설의 수와 관련이 있다. 유통시설을 많이 보유하게 되면 당연히 시설비용이 많이 발생하게 된다.

유통네트워크의 디자인에서 가장 중요한 것은 아마 보유할 시설의 수를 결정하는 것일 것이다. 보유 시설의 수가 많다는 것은 그만큼 통제가 분산됨을 의미하고 보유시설이 작다는 것은 그만큼 통제가 집중됨을 의미한다. 중앙집중화된 유통시스템에서는 리스크 풀링 효과를 얻을 수 있으므로 안전재고의 수준이 낮아진다. 또한 시설의 수가 작으므로 시설유지비용도 다수의 시설을 유지하는 것보다 작게 든다. 그러나 시설의 수가 작아서 고객과의 거리가 상대적으로 멀어지므로 출고 수송비용은 증가하고 반면에 생산지에서 소수의 유통센터로의 입고 수송비는 규모의 경제 효과로 인하여 작아진다. 또한 고객과의 거리가 멀어짐으로 인하여 대응시간이 길어지게 된다.

위의 내용을 요약하면 다음과 같다.

- 보유시설의 수가 증가하면 대응시간은 짧아진다.
- 보유시설의 수가 증가하면 재고비용은 증가한다.
- 보유시설의 수가 증가하면 일정수준까지는 수송비용이 감소하지만 일정수준을 지나게 되면 오히려 수송비용이 증가한다. 일반적으로 보유시설의 수가 많아지면 입고 수송비용은 증가하고 출고 수송비용은 감소한다. 입고 수송비용이 증가하는 이유는 보유시설의 수가 많아질 경우 시설별 입고 수송량이 작아져서 대량수송으로 인한 규모의 경제의 효과를 얻을 수 없기 때문이다. 출고 수송비용이 감소하는 이유는 보유시설이 고객에 근접하게 되므로 평균 수송거리가 짧아지기 때문이다. 종합적인 효과는 보유시설의 수가 증가하면 일정수준까지는 수송비용은 감소하지만 일정수준을 지나게 되면 오히려 수송

비용은 증가하게 된다.

- 보유시설의 수가 증가하면 시설유지비가 증가한다.

종합적으로 재고비용, 수송비용, 시설비용을 합친 로지스틱스비용은 보유시설의 수가 증가하면 일정수준까지는 로지스틱스 비용이 감소하지만 일정수준을 지나게 되면 오히려 로지스틱스비용이 증가한다.

03 유통네트워크의 형태

유통네트워크의 형태는 크게 세 가지로 구분된다.

1. 생산자 직접배송(drop shipping)

소비자가 소매상에게 주문은 하지만 생산자가 소매상을 거치지 않고 직접 소비자에게 제품을 배송하는 경우이다. (특별한 경우에는 Dell과 같이 소비자가 생산자에게 직접주문을 하는 경우도 있다.) 이러한 유통형태의 특성을 살펴보면 다음과 같다. 우선 소매상의 경우 재고를 전혀 보유하지 않거나 소량으로 보유한다는 것이다. 재고가 생산자에 의하여 중앙집중화된다는 것이다. 즉 생산자는 소매상들의 수요를 통합할 수 있고, 그 결과 낮은 재고수준으로 높은 수준의 제품 가용성을 제공할 수 있다. 또한 생산자로 하여금 주문이 들어올 때까지 고객 맞춤을 연기할 수 있어 완제품이 아닌 부품 수준에서 재고를 보유하게 되고 부품 수준에서의 통합이 가능하게 되므로 재고수준이 낮아짐을 의미한다. 그러나 수송비용이 높아진다는 단점이 있다. 고객별 출고 거리가 평균적으로 길어지며 또한 FTL(full truck load)이나 LTL(less than truck load)보다도 단위당 수송비용이 높아진다는 단점이 있다. 또한 생산자가 각기 다른 다 품목을 주문하는 고객의 경우, 그 고객에게 복수의 배송이 이루어져야 하므로 배송이 통합되는 경우보다 비용이 높아진다. 재고가 중앙집중화 되므로 시설유지비용은 작게 든다. 하지만 소매상이 고객의 주문을 생산자에게 전달해야 하며 또한 생산자의 창고에서 고객까지의 거리는 소매상과 고객과의 거리보다 길기 때문에 대응시간이 길어진다.

생산자가 직접배송하는 유통형태에서 변형된 형태로서 고객이 다품목을 주문했을 경우 수송 중에 병합센터에서 고객이 주문한 다 품목의 제품을 결합하여 고객에게 한 번에 배송하는 형태가 있다. 이 형태는 Dell이 이용하는 유통형태인데, 예를 들어, 고객이 컴퓨터와 소니모니터를 주문했을 경우에, 택배업자는 Dell의 공장에서 컴퓨터를, 소니 공장에서 모니터를 픽업하여 각각 고객의 주문지 근처에 위치한 병합센터로 보내고 그곳에서 하나의 패키지로 결합하여 한 번에 고객에게 배송하게 된다. 이 형태는 재고 측면에서 거의 직접배송의 경우와 차이가 없으며, 대신 통합하여 수송이 이루어지므로 직접배송의 개별 품목별 배송에 비하여 수송비용은 약간 적게 들고, 병합과 관련한 시설유지비용과 취급비용이 직접배송에 비하여 높다. 대응시간은 직접배송과 거의 차이가 없거나 약간 길어지는 정도이며 제품의 가용성 측면에서는 직접배송과 거의 차이가 없고 고객서비스 차원에서 한 번에 주문품목을 모두 수령하게 되므로 직접배송보다는 우월하다고 할 수 있다.

2. 유통센터

재고가 공장이 아닌 유통센터나 소매상에 보유되고 유통센터나 소매상에서 고객에게는 택배업자를 통한 배송이 이루어지는 형태이다. 이 경우 생산자가 재고를 보유하는 경우에 비하여 재고 보유가 분산되므로 재고수준은 높아진다고 할 수 있다. 생산지에서 유통센터로의 대량수송을 통한 규모의 경제 효과가 있고 유통센터와 고객과의 거리가 가까워지므로 수송비용은 낮아진다. 유통센터를 경유하게 되므로 생산자 직접배송에 비하여 시설유지비용 및 취급비용은 약간 높다고 할 수 있다. 유통센터가 고객 가까이에 위치하기 때문에 생산자 직접배송보다 대응시간은 짧아진다고 볼 수 있다. 생산자 직접배송 수준만큼의 제품 가용성을 유지하려면 비용이 더 들게 된다. 그러나 생산자의 직접배송과는 달리 다품목을 주문한 고객에게 유통센터에서 부문품목을 결합하여 한 번에 배송이 가능하다.

유통센터를 이용하는 유통형태의 변형된 형태로 유통센터에서 고객에게의 배송이 택배업자에 의하여 이루어지는 것이 아니라, 유통센터에서 직접 트럭을 이용하여 고객에게 배송을 하는 형태이다. 이 형태는 유통센터가 고객에 매우 근접해 있어야 하며 고객이 밀집되어야 효과가 크다. 택배업자는 여러 유통센터의 물량을 통합하게 되므로 규모의 경제 효과를 얻을 수 있는 반면에 유통센터가 직접 수송하는 경우에는 이러한 효과를 얻을 수 없으므로 수송비용이 많이 든다. 택배업자를 이용하는 경우보다 시설 유지비용 및 취급비용이 많이 들지만 대응 시간은 짧다. 제품의 가용성을 택배업자를 이용하는 경우와 같은 수준으로 유지하려면 비용이 더 든다. 이러한 형태는 주로 식료품업체들이 이용한다.

3. 크로스 도킹

이미 5장에서 보았듯이 크로스도킹 시스템에서는 생산자에서 유통센터를 경유하여 고객에게까지 지체 없이 연속적으로 유통이 일어난다. 제품이 유통센터에 오랜 시간 동안 보관되는 것이 아니므로 유통센터는 제품의 보관 시설로서의 역할이 아닌 재고의 조정 시설로서의 역할을 하게 된다. 크로스 도킹 시스템에서는 여러 생산자로부터의 입고 트럭들이 유통센터에 도착하면 대기하고 있던 고객에게 갈 출고 트럭들로 제품을 옮겨 싣고 바로 고객에게 배송이 이루어지게 되므로 제품은 유통센터에서 거의 시간을 보내지 않게 되고 따라서 재고비용이나 리드타임이 감소하게 된다.

04 수송비용 관리

로지스틱스 비용에는 수송비용, 재고유지비용, 보관비용, 정보시스템비용 등이 포함된다. 그 중에서도 많은 부분을 차지하는 것이 수송비용이다. 수송비용과 관련하여 고려해야 할 것은 수송량은 거리와 관련하여 규모의 경제가 존재한다는 것이다.

1. 수송량에 따른 규모의 경제

수송량이 한 트럭 분량이 아닌 화물의 경우에 LTL로 분류되고 단위무게당 일정 수송료를 낸다. 만일 수송량이 한 트럭분이 되면 FTL

로 분류되고 이때는 단위무게당이 아닌 트럭 한대에 대한 일정 수송료를 내게 된다. 이 둘을 비교해 볼 때에 단위무게당 수송료가 FTL의 경우 훨씬 저렴하다는 것이다. 따라서 될 수 있으면 FTL 화물을 만들 수 있는 방법을 찾는 것이 유리하다. 그 방법을 소개하면 다음과 같다.

- 시간상 병합: FTL이 될 때까지 수송을 미루는 것인데, 이는 작은 로트 크기를 지향하는 JIT 개념에 반한다. 수송이 미루어지므로 창고나 공장에 재고수준이 높아져서 재고비용이 증가할 수 있다. 따라서 재고비용의 증가와 수송비용의 감소 사이의 상쇄효과를 고려하여 결정해야 한다.

- 판매자 혹은 구매자간 병합: 판매자들 혹은 구매자들이 조합을 만들어 서로 화물을 모아 FTL을 만드는 것이다. 이것이 가능한 이유는 작은 비용으로 수송업자로 하여금 도착지에 이르기 전에 여러 곳을 거치면서 화물을 싣거나 내리거나 할 수 있기 때문이다. 조합 형성이 가능하지 않은 경우에 병합을 도와주는 화물촉진자라는 중개업자를 이용할 수도 있다.

- 구역건너뛰기(zone skipping): 예를 들어, 서울에서 인터넷 쇼핑몰을 운영하는 기업이 있다고 하자. 하루 분량의 주문 중에서 부산으로 가는 배송분량이 일정 수준을 넘게 되면, 서울에서 택배를 통하여 각 가정으로 일일이 배송하는 것보다 FTL을 이용하여 부산의 택배기지까지 수송한 후에, 그곳에서 택배를 통하여 각 가정으로 배송하는 방법이다.

2. 거리에 따른 규모의 경제

수송비용은 거리에 따라 결정되는 것이 보통이며, 거리가 멀수록 수송비용은 증가하지만 평균비용은 거리가 멀수록 낮아진다. 예를 들어, 수송비용이 다음과 같이 결정된다고 하자. $T=aX+b$(T. 수송비용, X=거리, a와 b=상수). 이 식에서 X가 증가하면 T는 증가함을 알수 있으므로 거리가 멀수록 수송비용은 증가한다고 할 수 있다. 그러나 단위 거리당 평균비용은 감소하는데, 그것은 단위 거리당 평균비용=$(aX+b)/X=a+b/X$에서 X가 증가하면 b/X가 감소하게 되어 단위 거리당 평균비용은 감소한다. 즉, 거리에 따른 규모의 경제가 존재한다.

수송비용의 감소는 경로 최적화를 통하여도 가능하다. 예를 들어, 두 기업 A, B의 화물 배송 경로가 서로 겹치는 경우, 두 기업간 화물의 통합을 통하여 경로를 최적화함으로써 수송거리가 짧아져 수송비용이 절감된다. <그림 10-1>은 경로 최적화의 예를 보여준다.

그림 10-1 통합을 통한 경로 최적화

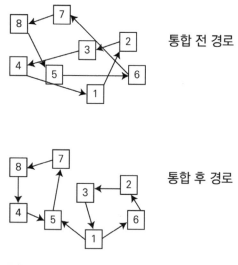

경로 최적화를 통하여 수송거리가 감소됨을 보여준다.

자료: Kopczak, Lee, and Whang(2000) p.15

공급사슬 네트워크 디자인 의사결정에는 시설의 입지(위치 및 개수), 시설별 능력의 할당, 시설별 시장의 할당 등 다양한 내용이 포함된다. 모든 의사결정은 낮은 비용으로 대응성을 높이는 방향으로 결정된다. 시설의 위치 및 시설의 수 결정 문제는 공급사슬의 성과에 장기적인 영향을 미치는데, 그 이유는 한 번 결정이 되고 나면 수정하는 데 너무 많은 비용이 들기 때문이다. 시설별 능력의 할당 문제는 수요를 고려하여 결정되는데 수요에 비하여 너무 많은 능력이 할당되면 이용률이 저하되고, 반대로 너무 적게 할당되면 대응성이 낮아지게 된다. 시설별 시장의 할당 문제는 시장의 상황이 변화하게 되면 그에 맞춰 재검토되어야 한다. 이러한 공급사슬의 디자인 의사결정시에 고려해야 할 요인들은 전략적 요인, 기술적 요인, 거시 경제적 요인(세금, 환율 등), 정치적 요인, 인프라적 요인, 경쟁적 요인 등 다양한 요인들이 있으나, 그 중에서도 가장 중요한 것 중의 하나는 고객 대응시간 및 로지스틱스 비용이다.

일반적인 네트워크 문제의 형태는 수송문제, 할당문제, 최단경로문제, 최대흐름문제, 최소신장트리(spanning tree) 문제 등으로 나누어진다. 네트워크는 노드(node), 가지(branch), 경로별로 걸리는 시간, 거리, 비용 등으로 구성된다. 이러한 네트워크는 최적화기법인 선형계획법으로 해결이 가능하다.

참고문헌

Albright, S. Christian, Wayne L. Winston, and Christopher Zappe (1999), *Data Analysis & Decision Making with Microsoft Excel*, Duxbury

Anderson, David R., Dennis J. Sweeney, and Thomas A. Williams (1999), Contemporary Management Science with spreadsheets, South−Western College Publishing, Cincinnati, Ohio

Chopra, Sunil and Peter Meindl (2004), *Supply Chain Management: Strategy, Planning, and Operation, Second Edition*, Pearson/Prentice Hall.

Hillier, Frederick S. and Mark S. Hillier (2003), *Introduction to Management Science: A Modeling and Case Studies Approach with Spreadsheets*, 2nd Edition, McGraw−Hill

Kopczak, Laura R., Hau Lee, and Seungjin Whang (2000), "Note on Logistics in the Information Age," Case #:GS19, Graduate School of Business, Stanford University, May.

Ragsdale, Cliff T. (1995), *Spreadsheet Modeling and Decision Analysis: A Practical Introduction to Management Science*, Course Technology, Cambridge, MA

Render, Barry and Ralph M. Stair Jr. (1992), *Introduction to Management Science*, Allyn and Bacon, Needham Heights, MA.

Simchi−Levi David, Philip Kaminsky, & Edith Simchi−Levi (2004), *Managing the Supply Chain: The Definite Guide for Business Profe− ssional*, McGraw−Hill.

Chapter 11

반품프로세스
디자인 및 운영

역공급사슬 혹은 역로지스틱스는 고객으로부터의 반품을 수거하는 데 요구되는 일련의 활동이며, 점점 기업의 관심 대상이 되어가고 있다. 이렇게 역로지스틱스에 기업이 관심을 갖게 된 이유는 크게 두 가지로 구분할 수 있다. 기업은 환경 규제나 고객으로부터의 압박으로 인하여 역로지스틱스를 갖출 것을 강요받기도 한다. 예를 들어, 유럽의 경우 새로운 타이어 하나를 판매하면 중고타이어 하나를 재활용해야 한다. 이와는 반대로 기업이 역로지스틱스에서 기회를 발견하고 적극적으로 나서는 경우도 있다. 예를 들어, 일화용 카메라를 재활용하는 코닥의 경우와 같이, 제품이나 부품을 재사용함으로써 운영비용을 감축할 수 있는 기회를 발견하고 역로지스틱스에 기업이 자체적으로 나서는 경우도 있다. 반품 프로세스가 항상 기업의 짐으로 남아있을 이유가 없다. 역로지스틱스를 통하여 반품을 신속하게 처리함으로써 그리고 반품을 전체 공급사슬관리의 주요 요소로써 보는 시각을 가짐으로써 그렇지 않았다면 걸러 없어졌을 가치를 얻을 수 있다. 본 장에서는 이러한 역로지스틱스의 개념, 역할 및 방법에 대하여 살펴본다.

역로지스틱스는 우리가 일반적으로 말하는 로지스틱스에서 물질이나 정보의 흐름이 역으로 된 것으로 생각하면 된다. 따라서 로지스틱스의 정의에서 그 흐름만 역으로 하면 된다. 1장에서 언급이 되었던 로지스틱스관리 위원회의 로지스틱스에 대한 정의를 다시 살펴보면, "로지스틱스란 고객의 요구를 충족시키기 위하여 시작점에서 소비시점까지 제품, 서비스 및 관련 정보의 흐름 및 보관을 효율적이며 효과적으로 계획하고, 실행하며 통제하는 공급사슬 프로세스의 일부이다"라고 정의하고 있다. 역로지스틱스(reverse logistics)는 일반 로지스틱스와 흐름이 역이라 것 이외에 특별히 다른 것이 없으므로 다음과 같이 정의할 수 있다. "역로지스틱스란 반품의 가치를 되찾거나 반품의 적절한 처분을 위해서 소비시점에서 시작점까지 제품, 서비스 및 관련 정보의 흐름 및 보관을 효율적이며 효과적으로 계획하고, 실행하며 통제하는 공급사슬 프로세스의 일부이다."

전형적인 역로지스틱스 활동에는 파손품, 과잉재고, 중고, 유행이 지난 제품 등의 반품을 수거하거나 소비자나 소매상으로부터 포장이나 수송에 이용된 물질을 회수하는 프로세스 등이 포함된다.

반품이 수거된 뒤에는 기업으로서는 반품 처리는 공급자에 반품, 재판매,아웃렛을 통한 판매, 폐품처리, , 재수리, 재단장, 재생산, 원자재 회수, 재활용, 매립 등 다양한 옵션이 있다.

일반적인 역공급사슬은 <그림 11-1>과 같다.

고객이 소매상에게 반품을 하게 되면, 소매상은 이것을 반품을 관리하는 곳으로 보내게 되고, 이곳에서는 반품의 검사 및 어떠한 방법으로 처리하는 것이 가장 가치가 있는 것인지를 결정하게 된다. 전

그림 11-1 역공급사슬

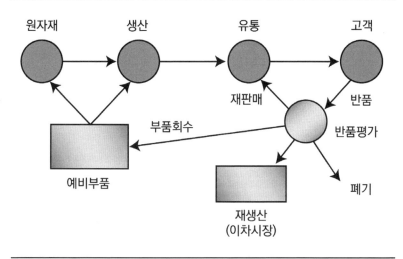

자료: Blackburn, Guide, Souza, and Wassenhove(2004) p.8

혀 사용하지 않은 이상이 없는 제품은 다시 전방 공급사슬로 투여되고, 수리하여 판매 가능한 것은 재생산하여 이차시장으로 가고, 재판매가 가능하지 않은 것은 부품을 분리수거하여 생산에 투여되고, 나머지는 고물로 처리한다.

일반적으로 기업이 역공급사슬을 이용하는 이유는 다음과 같이 요약할 수 있다.

- 경쟁적 이유: 경쟁 기업이 관대한 반품정책을 실행할 경우 따라 가지 않을 수 없으며, 반품에 대한 요구가 많아지는 상황에서 고객만족 차원에서도 관대한 반품정책을 적용하지 않을 수 없다.
- 채널 적채 해소: 오래된 제품의 재고를 회수하여 신제품의 판매를 증가시킨다.
- 수익마진 방어: 오래된 제품은 제값을 받을 수 없어 수익마진이 감소한다. 따라서 오래된 제품을 회수하고 신제품으로 교체하

여 수익마진이 감소하는 것을 방지할 수 있다.

- 법적인 이유: 환경오염과 관련하여 법적으로 반드시 회수처리를 해야 하는 경우가 있다.

- 반품 가치의 재회수: 반품을 처리하여 원자재를 회수한다든지 아니면 재생산이나 재단장의 단계를 거쳐 재판매를 한다든지 가치를 회수한다.

- 생산비용의 감축: 수명이 다한 제품으로부터 부품이나 원자재를 추출한 후 저렴한 비용으로 재생산에 이용하거나 예비부품으로 사용이 가능하다. 예를 들어, 제록스의 경우 수명이 다한 복사기의 부품을 수거하여 수리 후 재사용하고 잔존물은 재활용하고 있다. 또 메르세데스 벤츠나 포드 자동차의 경우 폐차를 해체하여 부품을 수거하여 저렴한 가격의 예비부품으로 제공하고 있다.

- 브랜드의 환경적 책임 이미지 증진: 재활용 원자재 사용을 증가시키거나 환경적으로 바람직한 비즈니스 관행을 개발하는 데 앞장섬으로써 고객에게 긍정적인 이미지를 심을 수 있다. 예를 들어, HP, IBM, Xerox 등의 경우에 제품회수 활동이 브랜드 이미지의 강화에 기여하고 있음이 보고되고 있다.

- 고객의 요구에 부응: 어떤 산업에서는 고객의 기대치에 부응하기 위해서 제품 회수에 나서고 있다. 예를 들어, 컴퓨터 산업의 경우, 특히 기업 고객의 경우는 제품의 판매보다는 리스가 주를 이루고 있어 리스 기간이 끝나면 제품이 회수되어야 한다. 또 Dell의 경우와 같이 신제품 판매시에 서비스 제공 차원에서 구형의 제품을 회수하기도 한다. 게다가 최근의 추세는 고객이 재활용재가 포함된 제품을 요구하기도 하며, 심지어는 자신이 생산한 제품을 재활용하거나 재생산을 하는 기업

이 생산한 제품만 구입하는 경우도 있다.

- 사후시장 방어: 사후시장이란 오리지널 제품을 유지하는 데 필요한 부품이나 악세서리가 거래되는 시장을 말한다. 사후시장에는 주로 작고 독립적이 기업들이 재생산을 통하여 저렴한 가격으로 공급을 해 왔는데, 사후시장의 중요성이 높아짐에 따라 OEM 생산자는 다른 기업들이 재생산하여 판매함으로써 발생하는 시장점유율이나 브랜드 이미지의 손실을 방지할 필요성이 높아진다. HP의 경우 고객들이 카트리지를 반품할 수 있도록 반송비용을 무료화했으며, Ford 자동차나 메르세데스 벤츠가 폐차처리에 관심을 두게 된 것도 이러한 이유에서인 것으로 생각된다.

- 규제 사전 저지: 새로운 규제에 대한 압박감을 줄이기 위해 자신의 성과를 개선하거나 혹은 자신이 속한 단체로 하여금 전회원에게 엄격한 요구를 하도록 한다. 이러한 방안의 하나로 스스로 자발적인 회수프로그램을 운영한다. 예를 들어, 배터리 생산자들이 매립금지 규제 및 회수의무 규제 등에 직면하여 고객에게는 비용을 전가하지 않고 배터리를 자체적으로 회수하는 기업을 설립하여 배터리를 재활용한다.

02 전략적 제품회수 관리

내구재 생산자들은 점점 자신들이 생산한 제품이 수명이 다한 경우에 어떻게 처리할 지에 대하여 고민하고 있다. 이러한 고민에 대한 직접적인 원인은 수명이 다한 제품에 대한 생산자들의 책임이 법규의 제정을 통하여 점차적으로 강화되고 있기 때문이다. 제품회수에 대한 법규는 생산자로 하여금 그들이 생산한 제품의 환경적인 부담을 감축하도록 제품의 디자인을 변경하도록 인센티브를 주고, 또한 지방정부의 쓰레기처리 비용을 줄이기 위함이다. 이러한 법규는 주로 일회용 포장재, 배터리, 자동차, 전기·전자 제품 등을 대상으로 하며, 단순히 매립이나 소각을 금지하는 대신에 생산자로 하여금 수리, 재생산, 재활용 등을 진작시킨다. 예를 들어, 제품을 쉽게 해체할 수 있도록 디자인 한다든지, 덜 유해한 재료를 이용한다든지, 재활용이 쉽도록 한다든지, 또한 제품 회수시에 부품의 품질 상태를 쉽게 판단할 수 있도록 사용기록장치를 내재시킨다든지 혹은 사용재료의 성분에 대한 라벨을 의무적으로 부착하도록 하는 것 등이 이에 포함된다.

제품의 회수는 여러 단계의 순차적인 활동으로 구성되는데 제품의 회수, 제품의 재사용 가능성 결정, 제품의 해체, 가치 있는 부품과 아닌 것의 분리, 부품의 재생산, 재료의 재활용, 잔존물 폐기 등의 순으로 진행된다. 현재까지는 주로 작고 독립적인 기업들이 사후시장에 공급하기 위해 제품의 재생산 및 재단장을 해 왔다. 그러나 점차적으로 제품의 생산자들이 법규 제정이나 다른 여러 가지 요인으로 인하여 제품 회수에 나서지 않을 수 없게 되었다. 카펫, 배터리, 자동차 부품, 포장재, 타이어, 여러 전자 제품 등의 생산자들이 자발적으로 제품 회수를 시작했으며, 이제는 생산자들이 점차적으로 재생산을 통한 수익기회를 인식하게 되었고, 이뿐만 아니라 재생산은 제품에 대한 내구성 및 실패원인 등에 대한 정보 획득의 기회를 제공하고 기업으로 하여금 자신의 브랜드의 명성을 유지하는 데 도움을 준다.

이제는 기업들이 역공급사슬을 가치의 원천으로 관리할 단계이다. 환경관련 법규들이 생산자들로 하여금 제품의 사후 처리에 대한

짐을 더 무겁게 하고 있으므로 이제는 역공급사슬이 더 이상 뒷자리를 차지하는 것이 아니라, 전체 공급사슬관리의 핵심 부분을 차지하여야 하고, 공급사슬이 기업에서 고객으로 향하는 일방 도로가 아니라 일종의 폐쇄루프(closed–loop)가 되어야 한다. 즉 출고되는 것은 이유가 수리든, 교체든, 처분이든 간에 되돌아온다고 생각해야 한다.

아직까지는 역공급사슬을 전략적인 요소로 보는 기업이 많지는 않지만 점점 더 공급사슬을 통하여 반품을 회수하는 것을 하나의 중요한 능력으로 보는 시각이 증가하고 있다. 역공급사슬은 전략적으로 상당한 역할을 할 수 있는데 그러한 전략적 역할을 살펴보면 다음과 같다.

- 리콜을 신속하게 처리하는 능력은 소비자에게 신뢰감을 주어 기업에게 긍정적으로 작용한다. 예를 들어, 존슨 앤 존슨의 타이레놀 제품의 경우 독약이 주입된 것이 발견된 직후 모든 제품을 신속하게 진열대에서 수거한 덕분으로 제품의 추후 판매에 전혀 지장을 주지 않았을 뿐만 아니라 오히려 기업에 대한 신뢰감을 쌓는 기회로 작용하였다.
- 소매상의 진열대의 제품을 빈번히 교체함으로써 고객에게 신선하고 흥미있는 제품을 제공하여 단위 면적당 판매를 극대화한다.
- 역공급사슬은 재고물량의 회수율 조정을 통하여 소매상이나 도매상이 잘 팔리지 않을 제품을 구입하였을 경우의 위험을 줄이는 데 이용된다. 예를 들어, 잘 팔리지 않을 가능성이 있는 제품의 경우는 재고물량의 회수율을 높여주어 소매상이 안심하고 제품을 구입할 수 있도록 한다.
- 역공급사슬은 고객이 다른 공급자로 바꾸는 비용을 증가시켜 고객을 단골로 만드는 데 이용될 수 있다. 즉 팔리지 않은 제

품과 불량품 등의 신속한 회수 등의 서비스를 제공함으로써 상대적으로 고객이 다른 공급자로 바꾸는 비용을 증가시킬 수가 있다.

한 가지 분명한 것은 반품의 처리에 대한 의사결정이 늦어질수록 반품의 가치는 떨어진다는 것이다. 예를 들어, 패션 의류 등과 같은 계절상품이나 제품의 수명주기가 빠른 전자제품 등의 경우에는 역공급사슬이 지체되는 동안 판매시기를 놓치게 될 수도 있다. 성공적인 기업의 경우 다음과 같은 역공급사슬 전략을 가지고 있다.

1. 상황에 맞는 역공급사슬의 적용

반품의 종류에 따라 수명주기가 다르고 가치가 하락하는 속도도 다르다. 예를 들어, 하이테크 제품의 경우는 다른 제품에 비하여 수명주기가 짧으며, 가치하락의 속도가 빠르다. 게다가 하이테크 제품 중에서도 수명주기가 상대적으로 짧은 것이 있고, 가격의 하락 속도가 빠른 것이 있다. 따라서, 가이드(Guide)는 제품의 수명주기와 가치하락속도를 고려하여 역공급사슬 전략을 세워야 한다고 주장한다. 이러한 전략의 종류로는 두 가지가 있는데, 하나는 반품의 처리가 한 곳에서 이루어지는 중앙 집중적인 역공급사슬이고 다른 하나는 분산된 역공급사슬이다.

- 중앙 집중적 역공급사슬이란 모든 반품이 한 곳으로 모이고, 그곳에서 검사가 이루어져서, 수리를 할지, 부품을 분리수거할지, 고물처리할 것인지가 결정하는 경우인데, 효율성과 비용절감의 효과가 있다. 중앙 집중적인 역공급사슬은 제품의 수명주기가 길고 또한 가격의 하락 속도가 느린 경우에 좋다.

- 분산된 역공급사슬이란 제품을 판매한 소매상이 반품의 처리에 대하여 결정을 하는 경우이다. 수리를 거쳐 재판매가 가능한 경우에는 중앙의 수리 시설로 반품을 보내고 나머지의 경우는 소매상이 알아서 처리한다. 분산된 역공급사슬은 제품의 수명주기가 짧고 가치하락의 속도가 빠른 경우에 유리하다. 분산된 역공급사슬은 가치 있는 품목을 시장에 신속하게 다시 내보낸다는 이점과 함께 역공급사슬의 혼잡을 감소시키는 데 도움이 된다. 문제는 소매상이 반품의 상태에 대하여 정확하고, 신속하고, 저렴하게 판단을 할 수 있어야 한다는 것과 소매상에게 반품처리에 대한 인센티브가 주어져야 한다는 것이다.

2. 고객감동

과거의 반품 프로세스를 보면 고객이 콜 센터에 전화를 해서 반품인증을 받고 포장을 하여 택배 등을 통하여 배송을 하게 된다. 이 경우 기업은 반품 프로세스와 반품에 대한 통제를 잃은 것이 된다. 블룸버거(Blumberg)에 의하면 점차적으로 기업이 시각을 달리하여 적극적으로 고객에게 반송 라벨을 보낸다든지, 고객에게 접촉하여 반품에 대한 정보 및 확약을 전달한다는 것이다. 이러한 시각을 가진 기업은 제품의 움직임이 기업과 고객 사이에 일방향이 아닌 양방향이라는 폐쇄루프로 보고 역공급사슬을 통하여 고객에 보다 효과적으로 다가가려고 한다.

3. 이차 시장에의 진출

반품을 재생산 혹은 수리하여 판매가 가능한 시장이 의외로 많다. 이러한 시장을 이차 시장이라 한다. 그런데 이차 시장이 새로운 것이 아님에도 불구하고 이러한 기회를 이용하는 기업이 그리 많은 것은 아니다. 이차 시장을 이용하면 기업은 과거에는 고물 처리해야 했을 상품으로부터 더 많은 가치 얻을 수 있다. 이차 시장으로 각광을 받는 시장은 온라인 옥션이나 중고품 상점, 수리된 반품 상점, 재고처리 상점 등 다양하다. 이러한 이차 시장들은 값이 비싸 오리지널 제품은 구입하지 못하지만, 저렴한 가격에 철이 지난 제품이라도 구입하려는 소비자 층을 대상으로 한다.

4. 반품 억제

제록스의 경우와 같이 복사기를 모듈러 디자인을 하여 부품교환을 통하여 업그레이드가 가능하도록 함으로써, 새로운 모델로의 교체를 위한 반품을 감소시킬 수 있었듯이 기업은 반품을 억제할 수 있다. 또 제품을 사용하기 쉽고 유지하기 쉽게 만드는 것도 반품을 억제 할 수 있다. 이것은 필립스(Philips)의 예에서 알 수 있는데, 실제로 반품되는 제품 중의 반 이상이 제품에 이상이 있어서가 아니라 제품의 사용이 쉽지가 않았기 때문이라는 것이다. 반품의 억제는 수리에 대한 적극적인 대처를 통하여도 가능하다. 예를 들어, 사용자에게 반품에 대한 상태를 미리 알려주어 대처하게 한다든지 혹은 제품에 센서를 부착하여 제품의 상태에 대한 정보가 생산자에게 전달되어 이상이 생길 우려가 있는 경우에 고객이 연락하기 전에 생산자가 먼저 고객을 접촉하여 수리를 하는 경우가 그것이다. 마지막으로 반품정책을 잘 운영하여 특정 시간 이후에는 반품을 받지 않는다든지 상습적으로 반품을 하는 고객을 잘 관리한다든지 등을 통하여 반품을 억제할 수 있다.

이러한 것을 종합하여 볼 때에 반품관리에서 중요한 것을 다음과 같이 정리할 수 있다.

- 반품 프로세스 사이클타임의 단축: 반품의 가치는 시간이 경과함에 따라 감소하므로 반품 프로세스의 사이클 타임을 단축해야 한다. 반품의 경우 가치가 떨어지는 이유는 크게 두 가지이다. 재생산되거나, 부품을 분리수거하거나, 고물로 처리하는 경우에 가치가 떨어지는 경우와 시간 지연으로 인하여 구식이 되어 가치가 하락하는 경우이다. 블랙번(Blackburn) 등에 의하면 이러한 반품의 시간가치는 산업에 따라 차이가 있고 또한 제품의 카테고리에 따라 차이가 있다. 예를 들어, PC의 경우 초기에는 1주일에 1%의 가치가 하락하다가 제품의 수명주기에 가까워질수록 그 비율이 높아진다. 이러한 가치하락을 생각할 때에 반품의 평가와 처리과정에서 발생하는 시간 지연으로 인하여 이미 10~20%의 가치하락을 경험한다는 것이다. 반면에 카메라의 경우는 1개월에 1% 정도 가치가 하락한다고 한다.
- 역공급사슬 정보시스템의 구축: 반품에 대한 처리가 체계적으로 이루어질 수 있도록 정보시스템을 구축하는 것이 중요하다.
- 중앙 집중적 반품 센터의 운영: 모든 반품이 중앙의 반품센터로 운반되고 그곳에서 반품을 어떤 방법으로 처리할지에 대한 의사결정이 이루어진다. 중앙 집중적인 반품센터의 장점은 반품 처리에 대한 의사결정이 일관성 있게 이루어지고, 소매상의 경우에 반품을 위한 공간을 할당할 필요 없으며, 반품처리 인력이 많이 필요 없고, 통합으로 인하여 수송비용이 절감된다는 장점이 있으며, 또한 신속한 반품처리 및 반품의 대가지급으로 고객서비스가 개선되고, 반품처리 사이클 타임이 단축되어 시간 지연으로 인한 반품가치의 하락이 감소되며, 반품의

이유에 대한 자료가 중앙에서 수집되므로 품질문제를 쉽고 신속하게 확인할 수 있다는 장점도 있다.

- 재생산과 재단장을 이용한 비용절감: 반품을 이용하여 재생산이나 재단장을 하여 판매를 하게 되면 비용이 절감된다.
- 이차 시장에서의 판매 등을 통한 반품의 가치를 극대화하는 자산회수: 반품을 단순히 고객서비스 차원이 아닌 수익 극대화의 일환으로 고려해야 한다.
- 아웃소싱 고려: 반품을 효율적으로 전담하는 업체가 있는 만큼, 득실을 따져서 자신은 기업의 핵심역량에 초점을 맞추고 반품에 대해서는 아웃소싱을 하는 것도 바람직할 수 있다.

03 역공급사슬의 디자인

선택이건 필요에 의해서이건 역공급사슬을 구축해야 하는 기업들은 여러 가지 어려움에 직면하게 된다. 고객을 교육해야 하고 고객과의 새로운 접점을 확립해야 하며, 역공급사슬 활동중 어떠한 것을 아웃소싱할 것인지, 어떠한 것을 자체적으로 수행할 것인지, 비용은 최소로하면서 반품으로부터 가치를 회수할 혁신적인 방법을 찾아야하고 또한 엄격한 환경 기준에도 맞추어야 한다.

1. 역공급사슬의 구성요소

가이드와 와센호브(Guide Jr. and Wassenhove)는 역공급사슬의 디자인에 대한 의사결정을 위해서는 역공급사슬을 5가지의 주요 구성요소로 나누고 각 구성요소에 대한 옵션, 비용, 혜택 등을 분석해야 한다고 본다.

- 중고제품 취득: 중고제품을 회수하는 것이 수익성 있는 사슬을 만드는 열쇠이므로 반품의 품질, 수량, 시기 등을 신중하게 관리해야 한다. 예를 들어, 품질관리가 잘못되면 반품들 간의 품질의 차이가 너무 커서 효율적인 재생산이 불가능한 경우도 있다. 따라서 기업들은 반품의 수집을 위해 소매상이나 유통업자와 밀접하게 협력하는 것이 중요하다.

- 역로지스틱스: 제품이 수집되면 검사, 분류, 처분을 하는 시설로의 수송이 필요하다. 역로지스틱스에 적합한 최상의 네트워크가 존재하는 것은 아니다. 역로지스틱스 네트워크는 제품과 그 제품의 재사용 경제성에 맞게 맞추어져야 한다. 예를 들어, 부피가 큰 타이어와 작고 부서지기 쉬운 카메라는 그 취급방법이 달라야 한다. 기업들은 수송비용 및 보관뿐만 아니라 반품의 가치가 얼마나 빨리 하락하는 지와 반품에 대한 통제의 필요성 등을 고려해야 한다. 많은 경우에 역로지스틱스를 전문업체에게 아웃소싱하는 것도 의미가 있다.

- 검사 및 처분: 반품에 대한 검사, 분류 및 등급 부여 작업은 노동 집중적이며 시간이 많이 소요되는 작업이다. 그러나 반품에 품질표준을 적용한다면, 즉 일정 수준의 품질을 가진 반품만 처리대상으로 한다면 센서나, 바코드 등의 기술을 이용하여 자동으로 추적 및 검사를 하는 것이 가능하다. 따라서 반품 프로세스 중에서 가능하면 이른 단계에서 품질, 제품의 구성 등의 기준에 따라 처분 결정이 내려져야 한다. 이렇게 하면 로지스틱스 비용을 절감할 수 있고 또한 재생산 제품을 시장에

신속하게 출하할 수 있다.

- 수리: 반품으로부터 부품을 추출하여 재사용을 위해 수리를 한다든지 혹은 재판매를 위해 완전하게 재생산을 함으로써 반품으로부터 가치를 얻을 수 있다. 그러나 수리나 재생산은 반품의 시기나 품질이 불확실하므로 전통적인 생산보다 예측하기가 힘들다. 따라서 생산의 변동 및 비용을 최소화하기 위해서는 될 수 있으면 사슬의 이른 단계에서 반품이 처리에 대한 의사결정이 이루어져야 한다.

- 유통 및 판매: 재생산 제품에 대한 수요는 오리지널 구매자뿐만 아니라 다른 시장의 새로운 소비자일 수도 있다. 따라서 기업들은 오리지널 제품은 값이 비싸 꺼렸으나 재생산 제품을 낮은 가격에 구입하려는 소비자를 목표시장으로 하는 것이 도움이 된다. 일반적으로 역공급사슬에 성공적인 기업은 역공급사슬을 전방공급사슬(forward supply chain)과 밀접하게 통합하는 폐쇄루프 시스템을 창출하는 기업이다. 예를 들어, 제품의 디자인이나 생산에 대한 의사결정시에 이미 재생산이나 수리를 고려하는 경우가 여기에 속한다.

2. 중앙 집중적 역공급사슬과 분산된 역공급사슬

블랙번 등은 역 공급사슬의 형태는 반품의 한계시간가치에 따라 결정되어야 한다고 보고 있다. 한계시간가치가 높다는 것은 시간이 경과함에 따라 가치의 하락이 빠른 것을 의미하며 낮다는 것은 시간이 경과해도 반품의 가치가 유지되는 것을 의미한다. 따라서 반품의 한계시간가치가 높은 경우에는 대응성이 좋은 역공급사슬 형태가 적합하며 반대로 반품의 한계시간가치가 낮은 경우에는 대응성보다는 효율성이 높은 역공급사슬 형태가 적합하다는 것이다. 역공급사슬 형태의 선택은 결국 스피드와 비용의 선택에 달려있는 셈이다. 즉, 스피드가 중요한 경우 대응성 있는 역공급사슬을 택해야 하며 비용절감이 중요한 경우는 효율적인 역공급사슬을 선택해야 한다. 효율적인 역공급사슬이란 블랙번 등에 의하면 중앙 집중적인 역공급사슬을 말하는 것으로 <그림 11－2 (a)>에서와 같이 소매상의 반품이 한 곳에서 모아지고, 그 곳에서 반품에 대한 검사 및 평가가 이루어진다. 평가 결과에 따라 이상이 없는 새 제품은 다시 전방 공급사슬에 투여되고, 수리 후 판매 가능한 제품은 재생산 프로세스에 투여되며 나머지는 부품을 분리수거 하거나 혹은 고물로 처리된다. 이러한 역공급사슬은 비용을 최소화하기 위해 디자인된 것이며 종종 시간상으로는 지연이 된다.

역 공급사슬에서는 반품에 대한 처리를 빨리하면 시간상의 이점을 얻게 된다. 블랙번 등이 말하는 앞당김(preponement) 전략이 바로 이것인데 <그림 11－2 (b)>에서 보는 바와 같이 반품을 모두 검사 및 평가 장소로 보내는 것이 아니라 소매상이 판단하여 처리하는 방법이다. 즉 소매상이 전방 공급사슬에 바로 투여될 것과 재활용할 것을 가려내어 처리하고 검사가 필요한 반품만을 검사 및 평가 장소로 보내어 수리 후 판매할 것인지 아니면 부품을 분리수거할 것인지를 결정하도록 하는 것이다. 이러한 역공급사슬을 분산된 역공급사슬이라 한다. 이러한 역공급사슬에서는 시간 지연을 최소로 할 수 있다는 장점이 있다. 우선 전방 공급사슬로 보낼 것과 재활용할 것은 소매상이 바로 처리하므로 시간 지연이 최소화되고 검사 및 평가 장소로 보내지는 반품의 경우에도 모든 반품이 보내지는 경우와 비교하여 볼 때에 전체적인 수량이 줄어 검사 시간이 줄어들게 된다. 이러한 대응성 있는 공급사슬 운영하는 데 문제가 되는 것은 소매상들이 판단을

그림 11-2　중앙집중적 역공급사슬과 분산된 역공급사슬

a) 중앙집중적 역공급사슬

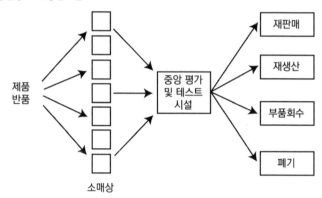

b) 분산된 역공급사슬

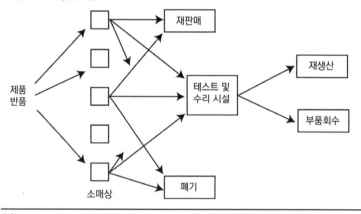

자료: Blackburn, Guide, Souza, and Wassenhove(2004) p.13, 16

할 수 있는 능력을 갖추는 것과 소매상이 이러한 작업을 할 동기가
부여되어야 한다는 것이다. 소매상들이 능력을 갖추도록 하기 위해서
는 소매상들의 판단을 지원하기 위한 시스템의 마련이 필요한데, 예
를 들어, 검사기기를 지원한다든지 혹은 본사의 기술자를 파견 지원
한다든지 혹은 아웃소싱 등을 통한 지원이 가능하다. 동기부여는 소

매상과 생산자와의 사이에 비용절감의 혜택을 서로 나누어 가지는 계약을 통하여 가능할 것으로 보인다.

3. 반품의 종류에 적합한 폐쇄루프 공급사슬의 형태

반품의 종류에는 다음과 같이 네 가지가 있으며, 반품의 특성을 고려하여 대응성있는 폐쇄루프 공급사슬과 효율적인 폐쇄루프 공급사슬 중에서 적합한 것을 선택해야 한다.

- 수명종료 반품: 타이어, 배터리, 건축폐기물 등 수명이 종료된 상품을 환경상의 이유 등으로 수거하는 경우를 말하는 것으로 비용이 가장 큰 문제이다. 따라서 효율적인 폐쇄루프 공급사슬이 요구된다.
- 사용종료 후 반품: 리스종료 후 반품, 신제품과의 교체를 위한 반품 등으로 이러한 제품의 경우 재생산이 가능하거나 대체시장에서의 판매가 가능하므로 시간적인 가치가 중요하다. 따라서 대응성 있는 폐쇄루프 공급사슬이 요구된다.
- 거래상 반품: 과잉재고의 반품, 고객의 일반적인 반품, 보증기간 내의 반품, 제품리콜 등으로 인한 반품이다. 이 반품의 경우 시간적인 가치가 중요하므로 대응성 있는 폐쇄루프 공급사슬이 요구된다.
- 재활용 가능 품목: 캔, 병, 일회용 카메라, 리필용 카트리지 등 제품의 소비, 이용, 유통과 관련된 품목의 반품을 말한다. 반품은 안정적이나 가치가 작다는 특징이 있으며 수집이 상대적으로 쉽고 기업 내부적으로 이용한다. 이 반품의 처리와 관련하여 가장 중요한 것은 비용이다. 따라서 효율적인 폐쇄루프 공급사슬이 요구된다.

4. 모듈러디자인과 폐쇄루프 공급사슬

대량 맞춤을 실행하기 위해서는 부품의 호환성을 위해 모듈러 디자인이 요구된다. 모듈러 디자인이란 제품의 전체 기능을 여러 개의 하위 기능으로 분리하고 개별 부품들이 이 하위 기능들을 수행하도록 하는 것이다. 유연성 있는 제품의 디자인은 다른 부품을 조정하지 않고 특정 부품을 교체하는 것을 가능하게 한다. 모듈러 수준에서 재사용이 가능하도록 하는 것은 경제적으로나 생태학적으로 상당한 잠재력을 가지고 있다. 그 이유는 품질 업그레이드를 가능하게 함으로써 고객의 가치를 보장할 수 있으며 전방 공급사슬에서의 부가가치를 역공급사슬에서도 다시 얻을 수 있기 때문이다. 결국 모듈러 디자인은 반품에서 가치를 회수하는 데 상당한 기여를 하며 최적의 재사용 기회를 제공함에 틀림이 없다. 그러나 재사용의 경제적 가치가 감소하는 경우 모듈러 디자인의 효과는 제한적일 수 있다. 새로운 환경 법규, 상업적 추세는 기업으로 하여금 요람에서 무덤까지의 틀을 받아들이도록 만들고 있다. 동시에 제품의 모듈러 디자인과 새로운 재활용 기술의 발전으로 효율적이고, 대응성이 있으며 환경적으로도 뒷받침이 되는 폐쇄루프 공급사슬을 만드는 것이 가능하게 되었다.

04 실행 장애요소 및 미래의 과제

역공급사슬을 실행하는 데 어려움이 있을 수 있다. 그 어려움을 요약하면 다음과 같다.

- 생산자와 소매상간에 반품에 대한 마찰: 생산자와 소매상간에 반품의 상태에 대한 책임이 누구에게 있느냐에 대한 문제, 반품의 가치를 오리지널 구매가로 할 것인가 아니면 일부분만 인정할 것인가의 문제, 상환의 시기문제 등에 대한 마찰이 있을 수 있다. 그러나 명심할 것은 상호 혜택을 위해서는 파트너십 관계를 유지하는 것이 중요하다는 것을 인식해야 한다.
- 반품 프로세스에 대한 정보의 결여: 역공급사슬을 모니터할 수 있는 시스템이 없이는 역공급사슬의 운영이 잘 되어가고 있는지 모르게 되고, 측정을 하지 않고는 관리를 한다고 할 수 없다. 역공급사슬을 관리한다는 것은 반품 프로세스를 효율적으로 하는 것을 의미하며 효율적인 반품 프로세스는 비용을 줄이는 효과가 있다. 이 이외에도 수집된 정보를 이용하여 반품의 원인을 확실하게 규명할 수 있으며 이를 이용하여 반품을 줄이는 것도 가능하게 된다.
- 소극적인 자세: 아직도 기업들의 반품 프로세스에 대한 관심이 정부의 규제나 환경 단체의 감시로부터 시작되는 경우가 많다. 또한 기업의 활동에서 반품관련 활동은 아직도 우선순위에서 밀리고 있다.

앞으로 기업이 역공급사슬의 전략적인 중요성을 점점 인식하게 됨에 따라 역공급사슬에 관심을 더 기울이게 될 것은 틀림이 없는 것으로 보인다. 역공급사슬에서 중요한 것은 반품을 어떻게 처리할 것인지에 대한 결정이 신속해야 한다는 것과 전체적인 사이클타임 혹은 프로세스타임이 짧아져야 한다는 것이다. 이를 위해 처음부터 역공급사슬의 흐름에 진입하는 반품의 양을 줄이는 방향으로 나아가야 한다.

Biddler, D. (1993), "Recycling for Profit: The New Green Business Frontier," *Harvard Business Review*, 71(6): 145–156.

Blackburn, Joseph D., V.Daniel R. Guide, Jr., Gilvan C. Souza, and Luk N. Van Wassenhove (2004), "Reverse Supply Chains for Commercial Returns," *California Management Review*, Vol.46, No.2, 6–22.

Blumberg D. (1999), "Strategic Examination of Reverse Logistics & Repair Service Needs, Market Size & Opportunities," *Journal of Business Logistics*, 20(2)

Blumberg, donald F. (2005), *Introduction to Management of Reverse Logistics and Closed Loop Supply Chain Processes*, CRC Press

Carter C.R. and L.M. Ellram (1998), "Reverse Logistics: A Review of the Literature and Framework for Future Investigation," *Journal of Business Logistics*, 19(1):85–102.

Daugherty, P.J., C.W. Colorni, and M. Paruccini (1993), "The Regional Urban Solid Waste Management System: A Modeling Approach," *European Journal of Operational Research* 70:16–30.

Dowlatshahi, S. (2000), "Developing a Theory of Reverse Logistics," *Interfaces* 30:143–155.

Fleishmann, M. (2001), *Quantitative Models for Reverse Logistics*, Berlin: Springer–Verlag

Guide, V.D., Jr. and L.N. Van Wassenhove (2001), "Managing Product Returns for Remanufacturing," *Production and Operations Management*, 10(2):142－154.

Johnson, Lauren Keller (2005), "Reversing Course," *Harvard Business Review*(August):3－6.

Krikke, Harold, Leke le Blanc, and Steef van de Velde (2004), "Product Modularity and the Design of Closed－Loop Supply Chains," *California Management Review*, Vol.46, No2, Winter, 23－39.

Rogers, Dale S. and Ronald S. Tibben－Lembke (1999), *Going Backwards: Reverse Logistics Trends and Practices*, Reverse Logistics Executive Council

The Challenge of Going Green (1994), *Harvard Business Review* 72(4, July/August):37－50.

Thierry, Martijn, M. Salomon, J. Van Nunen, and L. Van Wassenhove (1995), "Strategic Issues in Product Recovery Management," *California Management Review*, Vol.37, No.2, Winter, 114－135.

Toffel, Michael W. (2004), "Strategic Management of Product Recovery," *California Management Review*, Vol.46, No2, Winter, 120－141.

V. Daniel R. Guide Jr. and Luk N. Van Wasenhove (2002), "The Reverse Supply Chain," *Harvard Business Review*(February):2－3.

Chapter 12

공급사슬관리에서
정보기술의 역할

정보기술의 발전은 개별 기업의 내부 시스템에서의 정보 흐름뿐만 아니라 공급사슬 구성원 간의 정보 흐름을 촉진함으로써 효과적인 공급사슬관리에 도움을 준다. 정보기술은 비용감소, 리드 타임 감축, 서비스 수준의 향상 등을 목표로 하는 공급사슬 전략을 적용할 때에 필요한 정보를 신속하게 제공함으로써 경쟁우위 확보에도 도움이 된다. 또한 화물추적시스템과 같이 정보기술을 이용한 부가가치 서비스의 제공을 통하여 고객가치를 창출하여 경쟁우위를 확보하기도 한다. 본 장에서는 현재까지 개발된 여러 정보기술에 대한 소개와 이로 인한 공급사슬관리의 변화 및 앞으로의 추세에 대하여 살펴본다.

정보기술은 효과적인 공급사슬관리를 위해 반드시 필요한 요소가 되었다. 그 이유는 다양하고 감당할 수 없을 정도로 많은 정보를 신속하게 분석하여 공급사슬관리에 이용하는데 정보기술의 역할이 크며, 또한 전자상거래를 통하여 새로운 기회가 제공되는 것도 인터넷이란 정보기술의 개발이 있었기에 가능한 것이다.

공급사슬관리가 기업의 내부와 외부를 모두 포함하는 것이므로 정보기술도 기업의 내부 인프라, 기업 간 의사소통, 공급사슬관리 응용프로그램 등 모든 측면에서 살펴보는 것이 중요하다. 최근에 정보기술은 경쟁우위를 확보하는 데 중요한 역할을 하고 있는데 그것은 비용 절감, 리드 타임 단축, 서비스 수준 향상, 정보의 정시성 및 가용성 등의 공급사슬 전략을 실행하는 데 있어 정보기술이 중요하기 때문이다.

공급사슬과 관련하여 정보기술의 역할은 다음과 같다.

- 생산에서 고객 구매까지의 제품에 대한 정보의 저장, 검색 및 거래프로세스를 지원한다.
- 단일 접촉점에서 시스템의 어떠한 자료도 접근이 가능하게 하며, 접근수단이나 접근자가 누구인가에 상관없이 동일한 정보가 제공되도록 한다.
- 수요 예측을 통한 주문량 및 주문 시기 등을 자동으로 결정해주는 자동재고관리시스템과 같은 일상적인 의사결정을 지원한다.
- 공급사슬 전체로부터의 얻어지는 정보를 기반으로 하여 분석이 이루어지고, 활동 계획을 세우며, 교환거래가 이루어지는 등의 전략적 의사결정에 도움을 준다.

• 공급사슬 파트너 간의 조정을 통하여 위험공유, 정보공유, 글로벌 최적화를 달성하게 한다.

초프라와 민들은 공급사슬 매크로 프로세스를 <그림 12-1>에서와 같이 정의하고 있다. 즉, 기업의 입장에서 공급사슬 내의 모든 프로세스는 세 가지의 프로세스로 구분된다고 하며, 그 세 가지를 다음과 같이 정의한다.

• 기업 내부에 초점을 맞춘 프로세스(ISCM: internal supply chain management)
• 고객과의 관계에 초점을 맞춘 프로세스(CRM: customer relationship management)
• 공급자와의 관계에 초점을 맞춘 프로세스(SRM: supplier relationship management)

그리고 이러한 프로세스들의 베이스에는 세 가지의 프로세스의

그림 12-1 공급사슬 매크로 프로세스

공급자관계관리 (SRM)	내부공급사슬관리 (ISCM)	고객관계관리 (CRM)
거래관리기반 (TMF)		

자료: Chopra and Meindl (2004) p.515

기능을 돕고, 또한 프로세스들이 서로 연결이 되도록 하는 데 도움이 되는 프로세스(TMF: transaction management foundation)가 있다.

1. CRM 프로세스

공급사슬에서 기업과 고객 간의 사이에 발생하는 프로세스를 포함한다. CRM 프로세스의 목표는 고객수요를 창출하고 주문관리를 촉진하는 데 있다. CRM 프로세스에는 마케팅 프로세스, 판매 프로세스, 주문관리 프로세스, 서비스 콜센터 프로세스 등이 포함된다. 고객이 공급사슬 풀 프로세스의 출발점이 되므로, 공급사슬의 성과 향상은 CRM 프로세스로부터 시작되어야 하며, 또한 CRM 프로세스는 기업의 내부 프로세스와 통합 운영되어야 한다. CRM 소프트웨어는 위에서 언급한 세 가지 프로세스 중에서 규모 면에서도 가장 크고 또한 성장 속도도 가장 빠르다. 이들 소프트웨어는 CRM 프로세스 자체의 개선뿐만 아니라 기업의 내부 프로세스와의 통합의 개선에도 초점을 맞추고 있다.

2. ISCM 프로세스

ISCM은 기업 내부의 프로세스에 초점을 맞춘 프로세스이다. 따라서 전략적 계획, 수요 계획, 공급 계획, 주문충족, 필드 서비스 프로세스 등이 여기에 포함된다. 전략적 계획은 주로 공급사슬 네트워크에서의 자원의 배분 및 활용에, 수요 계획은 수요 예측과 수요 관리에, 공급 계획은 수요 계획과 전략적 계획에 맞추어 최적의 생산계획을 수립하는 데에, 주문충족은 수송과 보관에, 필드 서비스는 서비스콜 일정계획 및 예비 부품의 재고에 초점을 맞춘다. ISCM 프로세스는 CRM 프로세스에서 생성되는 수요를 충족하는 데 초점이 맞추어져 있고 또한 수요 예측에 필요한 자료는 모두 CRM 프로세스를 통하여 얻어지므로 ISCM과 CRM은 강력한 통합이 필요하다. 이와 유사하게 ISCM은 SRM과도 통합이 되어야 하는데 그 이유는 공급 계획이나, 주문충족, 필드 서비스 등이 모두 공급자에 의존하기 때문이다.

3. SRM 프로세스

SRM 프로세스는 기업과 공급자와의 관계에 초점을 맞춘 프로세스이다. SRM 프로세스에는 디자인 협력, 조달, 협상, 구매, 공급자와의 제휴 프로세스 등이 포함된다. 디자인 협력 프로세스는 제품 디자인에 공급자가 참여하는 데에, 조달 프로세스는 공급자 선정 및 평가에, 협상 프로세스는 가격제시 요청, 경매의 디자인 및 실행, 효과적인 계약조건을 협상하는 데에, 구매 프로세스는 비용과 시간을 절감하는 구매주문의 실행에 공급자와의 제휴 프로세스는 공급자와 수요예측, 생산계획, 재고수준의 정보를 공유를 통하여 공급사슬의 성과를 향상하는 데에 초점을 맞춘다. 조달, 협상, 구매, 제휴 등은 ISCM 프로세스와 연결되어 최적의 계획 실행에 중요한 투입 요소로서의 역할을 하므로 SRM과 ISCM은 강한 통합이 필요하다.

4. TMF 프로세스

ERP 시스템, 인프라 소프트웨어, 통합 소프트웨어 등과 같이 위의 세 가지 프로세스가 유기적으로 연결되어 기능하도록 돕는 역할을 하는 프로세스이다.

1. ERP 시스템

공급사슬 소프트웨어의 개발에 앞서 기업들이 주로 이용해온 시스템은 ERP(enterprise resources planning) 시스템이다. ERP는 자재소요계획인 MRP(material requirement planning)와 MRP II(manufacturing resource planning)를 거쳐 발전된 시스템이다. ERP가 개발되기 전의 시스템에서는 기업의 생산 기능이 재정 및 회계 시스템과 잘 연결이 되어있지 않았고 또한 판매 및 주문관리 시스템과도 연결이 되지 않았다. ERP는 이러한 단점을 해결하는 시스템으로 정보를 통합하여 하나의 데이터베이스로 관리함으로써 기업의 모든 기능을 통합하고 일치시킨다.

ERP 시스템이 다른 시스템과 차별화되는 요인은 다음과 같다. 첫째, 정보의 초점은 운영기능이 아닌 재정기능이다. 즉 ERP 시스템은 흩어져 있는 재정정보를 자동화하고 통합하는 도구로서의 역할이 크다. 둘째, IT 비용을 절감한다. 기업 내부에서 기능별로 서로 다른 시스템을 이용하게 되면 유지비용이 많이 들게 되는데, 이를 ERP와 같이 하나의 통합된 시스템으로 교체하면 비용이 절감된다. 셋째, 기업의 기능별로 요구되는 정보를 통합하여 하나의 데이터베이스로 관리한다. 이 경우의 장점은 기업의 기능별 정보의 공유와 의사소통이 편리하다는 것과 데이터의 중복입력이나 오류가 감축된다는 점, 그리고 최고경영층이 의사결정을 위한 정보의 획득이 빠르고 편리하다는 것이다. 넷째, 시스템의 이용이 편리하다. 이용자의 편의를 위하여 GUI(graphical user interface)를 비롯한 다양한 컴퓨터 기술이 접목되어 있다.

이러한 특성이 있음에도 불구하고 문제는 ERP 시스템을 도입한 기업들의 성공률이 높지 않다는 것이다. 그 이유로 지적되는 것은 다음과 같다. 첫째, ERP는 아주 복잡한 공급사슬의 흐름을 처리할 수 있는 능력이 미약하다는 것이다. 둘째, 기존의 프로세스나 시스템의 자동화에만 그치고 있어, ERP의 원래 목적인 기능의 통합을 통한 최적의 운영 효과를 얻지 못한다는 것이다. 셋째, ERP 시스템의 구축, 운영, 유지가 쉽지 않다는 것이다. 넷째, 시스템의 능력에 대한 이해가 부족하여 시스템이 제공하는 진정한 가치를 얻지 못하고 있다는 것이다. 다섯째, ERP는 계획시스템이지 실행시스템이 아니라는 것이다. 이것이 의미하는 것은 원래 계획에서 차질이 발생했을 경우, 단지 그 차질이 영향을 미치는 분야에 대한 목록은 제시할 수 있으나, 차질에 대한 평가를 통한 대안의 제시 등은 할 수 없다는 것이다.

2. ERP II

점차적으로 내적인 통합의 차원을 넘어 외적인 통합으로의 확대가 요구되는 상황에서 기존의 ERP 시스템에서 보다 확장된 ERPII 시스템이 요구된다. ERPII는 기존의 ERP의 역할이 확대된 것으로 다음과 같은 특성을 가진다.

- 기업의 최적화에 중점을 둔 역할에서 협력적인 거래 및 공급 사슬관리에 중점을 두는 역할을 한다.
- 생산 및 유통 영역에서 공급사슬, 고객지향, 공급자 지향의 시스템 영역으로 초점이 변경되었다.
- 재무, 생산, 유통 등의 내부 프로세스 기능을 하던 것을 산업 간 그리고 특정 산업 개념으로 기능이 확대되었다.
- 내적으로만 연결되고 숨겨진 프로세스에서 외적으로도 연결된

프로세스로 변화되었다.

- 폐쇄적이고 하나로 이루어진 시스템구조에서 웹에 기반을 둔, 개방되고, 구성요소에 기반을 둔 환경으로 진화되었다.
- 기업 내부적으로만 생성되고 이용되던 자료에서 내적이나 외적으로 출판되고 구독되는 자료로 변화되었다.

3. 공급사슬 소프트웨어

공급사슬 소프트웨어는 ERP의 단점을 보완하는 차원에서 개발된 프로그램이다. 문제는 이러한 공급사슬 소프트웨어와 기존의 ERP를 통합하는 것이 어렵다는 것이다. 다행인 것은 ERP 시스템 제공자들이 자신들의 ERP 시스템과 통합하여 이용할 수 있는 SCM 소프트웨어들을 개발하는 추세라는 것이다. 어쨌든 공급사슬 소프트웨어는 상당히 다양하며, 예를 들어, 다음과 같은 기능을 수행하는 프로그램들이 개발되어 있다.

- 공급사슬 네트워크 디자인: 최적화 기법을 이용하여 비용을 최소화하도록 생산, 수송, 유통 네트워크를 디자인할 수 있다.
- 수요관리: 처음엔 과거의 판매 자료를 이용한 수요 예측만이 가능한 프로그램으로 시작했으나, 지금은 수요 예측에 판매촉진까지 고려할 수 있고, 또한 기능이 확대되어 수익 최대화나 시장점유율 최대화를 위한 가격 최적화 등도 가능하다.
- 주문관리: Dell과 같이 컴퓨터 주문을 충족시키기 위하여, 본체와 모니터가 각기 다른 곳에서 생산되는 경우에, 고객에게 가장 가까운 통합센터에서 본체와 모니터를 통합하여 하나의 패키지로 고객에게 배송이 이뤄져야 하는 경우와 같이 복잡한 공급네트워크를 효과적으로 관리할 수 있는 시스템이다.

- 수요충족: 비용 최소화를 위하여 위치별로 필요한 재고수준에 대한 정보를 제공하고, 주문을 받았을 경우 고객에게 정확한 배송일자를 제공할 수 있는 시스템이다. 만일 주문받은 제품의 재고가 없을 경우 대안적인 제품이나 옵션을 고객에게 제시할 수 있도록 도와주기도 한다.
- VMI와 CPFR: 인터넷을 통하여 정보를 공유하는 시스템으로 주로 공급자와 고객 기업과 동일한 수요예측치를 공유하도록 하는 시스템이다. 따라서 공급자가 능동적으로 자신의 고객 기업을 수요 예측 개발과 단기 생산 및 배송을 확정하는 데 참여시키는 시스템이라고 볼 수 있으며, 재고보충을 공급자가 완전히 책임을 지는 경우도 있다.
- 글로벌 로지스틱스 관리: 수송수단의 선택, 관세 및 세금의 지불, 컨테이너 탑재 최적화, 경로선택 등과 같이 매우 복잡하고 실시간 정보공유가 중요한 글로벌 공급네트워크의 관리에 도움이 된다.

이러한 공급사슬 소프트웨어들이 린 공급사슬관리를 위해 반드시 필요한 것은 틀림이 없으나, 문제는 모든 기업들이 이러한 소프트웨어를 이용할 수 있는 상황에서 과연 어떻게 경쟁우위를 확보할 수 있느냐이다. 이때 중요한 것은 정보시스템의 도입 자체보다는 정보시스템을 이용하여 사업목표 달성을 위해 고객에게 어떻게 잘 다가갈 수 있느냐가 관건이다. 이러한 측면에서 Dell이나 월마트는 성공적이라 할 수 있다.

4. RFID 시스템

RFID(radio frequency identification) 시스템은 현재로서는 바코드를 대체하는 기술로서의 이용에 그치고 있지만, 전문가들은 RFID 시스템이 현재의 로지스틱스나 공급사슬 관행을 완전히 바꿀 잠재력을 가지고 있다고 보고 있다. RFID 시스템은 RFID 태그, RFID 판독기, 데이터의 관리 및 처리 시스템의 세 가지로 구성된다. RFID 태그는 기계가 읽을 수 있는 형태의 데이터를 담은 마이크로프로세스 칩을 말한다. 이 칩은 일반적으로 이용하는 바코드에 비해 데이터의 저장용량이 무척 크고, 반복적으로 사용할 수 있으며, 또한 눈에 보일 필요가 없다는 장점이 있는 반면에 바코드에 비하여 비용이 많이 든다는 단점이 있다.

그러나 RFID 시스템은 공급사슬 비용을 감축하고 공급사슬의 효율성을 증가시키는 잠재력을 가진 것으로 평가되고 있다. RFID가 이용될 수 있는 분야 및 방법은 상당히 다양하다. 여기서 RFID가 공급사슬 파트너 간의 협력을 고양하는 데 이용될 수 있는 몇 가지 방법을 살펴보면 다음과 같다.

• 조립 프로세스에서의 이용

예를 들어, 조립에 필요한 모든 부품이 창고에 있는지의 여부가 쉽게 확인되고, 창고에서 조립라인으로 가는 부품을 선별할 때에 정확성을 높일 수 있으며, 제품이 조립될 때에 다음 워크스테이션으로 넘어가기 전에 특정 워크스테이션에서 올바른 부품이 조립에 이용되었는지에 대한 확인이 쉽게 된다. 조립이 완성된 제품이 유통센터나 고객에게 전달이 될 때에 고객이 원하는 대로 조립이 되었는지 쉽게 확인이 되며, 조립에 이용된 부품의 재고수량이 자동적으로 감해지게 된다.

- 유통센터나 창고에서의 이용

입고 및 출고품에 대한 자료가 판독기를 통하여 자동으로 재고관리 시스템에 입력이 되므로 신속하고 정확하게 할 수 있으며, 작업자가 손으로 정보를 입력하는 시스템에 비하여 오류를 대폭 줄일 수 있다. 휴대용 판독기를 이용하여 30m 떨어진 곳에서도 칩의 판독이 가능하므로 재고추적이 효율적이고 시간을 단축할 수 있다.

- 공급사슬 파트너간의 통합에 이용

대형할인점에서 공급자에게 파레트에 RFID 태그를 부착하도록 요구함으로써 생산에서부터 고객에게 판매하기까지의 공급사슬 전체적으로 제품에 대한 추적을 용이하게 한다.

03 e-비즈니스와 공급사슬관리

e-비즈니스란 인터넷을 통하여 거래를 하는 것을 의미하며, e-비즈니스를 통하여 일어나는 공급사슬 거래는 다음과 같다.
- 온라인 카탈로그와 같이 인터넷을 이용하여 고객에게 제품정보를 제공한다.
- 인터넷을 통하여 공급자와 생산자 간 수요정보 및 재고정보를 공유한다.
- 인터넷을 이용하여 가격 협상, 경매, 입찰 등이 이루어진다.
- 인터넷을 이용하여 공급자에게 주문한다.
- 인터넷을 이용하여 고객이 주문한다.

- 인터넷을 이용하여 고객이 주문의 진행 상황을 추적한다.
- 소프트웨어, 음악, 정보 등 파일의 형태로 된 제품은 인터넷을 통하여 전송한다.
- 인터넷을 통하여 고객으로부터 거래대금을 받는다.

e-비즈니스에는 두 가지 형태가 있다. 하나는 LG 이숍, Dell 등이 온라인상으로 고객에게 제품을 판매하는 경우와 같이 기업과 고객과의 거래를 포함하는 B2C이고 다른 하나는 온라인상으로 삼성이 메모리를 다른 기업에 판매하는 경우와 같이 기업과 기업과의 거래를 포함하는 B2B이다.

e-비즈니스 모델이 기대수준에 못 미치게 되어 상당한 비판을 받기는 하지만 e-비즈니스는 기업에 상당한 가치를 창출하는 분야이다. 초프라와 민들은 e-비즈니스의 장점을 크게 두 가지로 구분하는데 하나는 대응성을 높이는 데 기여한다는 것이고 다른 하나는 효율성을 높이는 데 기여한다는 것이다.

1. 대응성 향상에 기여

e-비즈니스가 대응성을 높이는 데 기여하는 것이 가능한 것은 다음과 같은 이유에서이다.

- 중간상을 배제하고 고객에게 직접판매가 가능하여 수입이 증가하거나 비용절감으로 가격경쟁력을 높일 수 있다.
- 인터넷 접속이 가능한 한 24시간 어느 장소에서나 접근이 가능하다.
- 대규모의 시설이나 재고를 많이 보유하지 않고도 고객에게 다양한 제품을 선택할 수 있는 기회를 제공할 수 있다.

- 고객의 개인 정보나 과거의 구매패턴 등을 파악하여 고객의 취향에 맞는 제품을 추천한다든지 등 맞춤 서비스를 제공할 수 있다.
- 전통적인 유통채널을 통하여 제품을 수송하고 진열대에 제품을 보유할 필요가 없이 웹사이트에 올리기만 하면 되므로 신제품의 시장진입이 신속하다.
- 가격, 제품 구성, 판매촉진을 신속하게 변경할 수 있어 수입을 최대화할 수 있는 기회를 제공한다.
- 대금지급이 신속하다.
- 고객의 수요에 대한 정보가 신속하게 수집되어 수요예측이 정확해지고 결과적으로 채찍효과가 감소한다. 전체적으로 재고수준이 낮아지고 또한 재고부족이나 재고과잉도 낮아진다.
- 구매 프로세스의 자동화로 속도가 향상되고 주문비용이 절감된다.
- 소프트웨어와 같이 인터넷상으로 내려받기가 가능한 제품의 경우 제품의 전달이 신속하고 비용이 절감된다. 그러나 옷 등과 같은 제품의 경우는 재고를 직접 가지고 있는 소매상보다 배송이 느려 고객의 요구에 신속하게 대응하지 못한다는 단점이 있다.

2. 효율성 향상에 기여

e-비즈니스가 효율성 향상에 기여함으로써 비용절감의 효과가 있는 이유는 다음과 같다.

- 공급사슬 구성원간의 조정이 개선되고 공급과 수요의 일치가 잘 되어 재고수준이 감소하고 재고비용이 감소한다.

- 고객의 주문시기와 배송예상시기와의 시간차는 기업으로 하여금 제품의 차별화를 연기할 수 있는 기회를 제공하게 되고 따라서 주문을 받을 때까지 최종제품의 상태가 아닌 부품의 상태로 재고를 보유할 수 있으므로 재고비용을 절감할 수 있다.
- 시설을 중앙 집중화하여 시설 수를 줄일 수 있으므로 시설유지비용이 작게 든다. 또한 직원이 아닌 고객이 제품이 있는지 확인하고 주문을 하게 되므로 직원 수를 줄일 수 있어 운영비용도 작게 든다. 반대로 식품의 경우에는 소매점에서 고객이 하는 일을 e-비즈니스가 대신해야 하기 때문에 운영비용과 수송비용이 많이 든다. 즉 소매점에서는 고객이 직접 물건을 고르고 자신이 운반하지만 e-비즈니스의 경우에는 직원이 이러한 일을 해야 하므로 직원의 수가 많이 필요하고 배송비용도 많이 든다.
- 중간 공급사슬이 없어 비용이 절감된다.
- 내려받기가 가능한 제품의 경우 CD 제작비용, 포장비용, 배송비용이 들지 않는다. 그러나 다른 제품의 경우에는 수송비용이 소매상을 운영하는 경우보다 많이 든다.
- 공급사슬 구성원 간에 수요정보 등을 공유하여 공급사슬 전체적으로 채찍 효과를 줄이고 비용을 절감할 수 있다.

e-비즈니스는 이러한 여러 가지 장점이 있는데도 불구하고 e-비즈니스를 실천하는 데 어려움을 겪고 있다.

- 식료품의 경우: 일반 슈퍼마켓에 비하여 e-비즈니스의 장점은 다수의 슈퍼마켓 대신에 소수의 창고시설만 갖추면 되므로 시설비용이 적게 들지만 문제는 주문처리비용이 많이 든다는 것이다. 즉 일반 슈퍼마켓에서는 고객들이 물건을 직접 고르는

데 비하여 e-비즈니스에서는 직원들이 물건을 골라야 하기 때문이다. 따라서 전체적인 비용은 오히려 증가한다는 것이다. 또 e-비즈니스의 경우 소수의 대규모 시설에 재고를 보유하게 되므로 수요통합의 효과로 인하여 수요 예측이 정확해지고 따라서 재고보유수준이 낮아져 재고 비용이 작아지는 장점이 있지만 식료품의 특성상 수요가 안정적이어서 수요 예측의 정확성으로 인한 효과가 그리 크지 않다는 것이다. 일반 슈퍼마켓에서는 고객이 직접 수송을 하지만 e-비즈니스에서는 배송해야 하므로 수송비용이 무척 크다. 특히 고객의 주문에 대한 신속한 배송이 이루어져야 하므로 배송 트럭을 채우기 위해 기다리는 것이 어렵고 또한 고객과의 배송시간 약속의 어려움, 고객이 집에 없을 경우의 문제점 등 여러 가지 배송과 관련한 어려움이 있다.

• 서적의 경우: 서적의 경우에도 일반 e-비즈니스의 경우와 마찬가지로 고객이 직접 방문하여 구입하는 일반 소매상보다 고객이 물건을 받기까지 시일이 걸린다는 것과 고객이 직접 물건을 살펴보고 선택할 수 없다는 것이 단점으로 작용한다. 대신에 보유 서적 종류가 일반 서점보다 크다는 것이 장점으로 작용한다. e-비즈니스의 경우 전통적인 소매 서점을 직접 운영할 필요가 없으므로 시설비용은 적게 든다. 그러나 식료품과 마찬가지로 주문처리비용이 많이 든다. 소수의 창고를 운영하므로 수요통합의 효과로 수요 예측이 정확해지고 보유재고수준이 낮아져 재고비용이 감소한다. 그러나 역시 가장 큰 문제는 배송문제이다. 일반 서점에서는 고객이 직접 가지고 가지만 e-비즈니스에서는 배송해야 한다. 이러한 장점 및 문제점은 식료품과 거의 비슷하지만 서적은 부패성 물건이 아니

라 식료품 e-비즈니스보다 문제가 적은 편이다. 예를 들어, 식료품 e-비즈니스의 경우 배송을 직접해야 하지만 서적의 경우는 택배를 이용할 수가 있다.

• 컴퓨터의 경우: e-비즈니스의 경우 일반 소매상과는 달리 Dell 의 경우와 같이 인터넷을 이용하여 고객으로부터 주문을 받아 생산하게 되므로 공급사슬의 단계가 줄어들고, 고객의 주문 후에 생산이 이루어지므로 완제품 재고 문제가 없다. Dell의 경우 완제품의 형태로 재고를 보유하는 것이 아니라 부품의 형태로 보유하며 주문을 받을 때까지 조립을 지연하며 부품은 공동부품을 이용하는 관계로 재고보유수준이 낮다. 또한 인터 넷을 통하여 수요정보를 공급사슬 구성원간 공유하여 채찍 효 과를 줄인다. e-비즈니스의 장점 중의 하나는 인터넷을 이용 하여 시장에 신제품을 신속하게 진입시킬 수 있다는 것이다. 수송비용은 전통적인 비즈니스보다 많이 든다. 그러나 생산시 설 및 부품 재고시설만을 유지하므로 전통적인 비즈니스보다 시설비용이 적게 든다.

참고문헌

Chopra, Sunil and Jan Van Mieghem (2000), "Which E—Business is Right for Your Supply Chain?" *Supply Chain Management Review* (July—August):32—40.

Chopra, Sunil and Peter Meindl (2004), *Supply Chain Management: Strategy, Planning, and Operation, Second Edition*, Pearson/Prentice Hall

Drayer, Ralph and Robert Wright (2002), "Getting the Most from Your ERP system," Supply Chain Management Review (May—June):44—52.

Evans, Philip and Thomas S. Wurster (1999), "Getting Real about Virtual Commerce," *Harvard Business Review*(November—December): 84—94.

Handfield, Robert B. (2001), "Before You Build Your B2B Network, Redesign Your Supply Chain," *Supply Chain Management Review* (July—August):18—26.

Lee, Hau L., and Seungjin Whang (2001), "Winning the Last Mile of E—Commerce," *Sloan Management Review*(Summer):54—62.

Ricker, Fred R. and Ravi Kalakota (1999), "Order Fulfillment: The Hidden Key to E—Commerce Success," *Supply Chain Management Review*(Fall):60—70.

Ruther, Stephen M., Brian J. Gibson, Kate L. Vitasek, and Craig M Gustin (2001), "Is Technology Filling the Information Gap?" *Supply Chain Management Review*(March—April):58—64.

Salcedo, Simon and Ann Grackin (2000), "The E—value Chain," *Supply Chain Management Review*(Winter):63 — 70.

Simchi—Levi David, Philip Kaminsky, & Edith Simchi—Levi (2004), *Managing the Supply Chain: The Definite Guide for Business Professional*, McGraw — Hill

Srinivasan, Mandyam M. (2004), *Streamlined 14 Principles for Building & Managing The Lean Supply Chain*, Thompson

Willcock, Leslie P. and Robert Plant (2001), "Pathways to E—Business Ledership: Getting from Bricks to Clicks," *Sloan Management Review* (Spring):50 — 59.

Chapter 13

SCOR 모델을 이용한
공급사슬 성과평가 및 개선

공급사슬의 지속가능성을 위해서는 공급사슬 활동을 평가하고 지속적으로 개선하려는 노력이 요구된다. 이러한 개선 활동을 체계적으로 수행하는 데 이용할 수 있는 방법 중의 하나는 SCOR 모델이다. 이 모델은 공급사슬관리의 체계적인 개선을 위한 길잡이 역할과 도구를 제공한다. 본 장에서는 이러한 SCOR 모델에 대하여 살펴보기로 한다.

SCOR(Supply Chain Operations Reference) 모델은 SCC(Supply Chain Council)라는 비영리 조직이 개발한 공급사슬 활동 및 성과를 평가하고 비교하는 데 이용되는 공급사슬관리의 표준 모델이다. SCC는 1996년에 조직되었고 2014년에 APICS(American Production and Inventory Control Society)와 합병되어 현재는 APICS SCC로 명칭이 변경되었다.

SCOR은 공급사슬을 분석하고 디자인하며 성과를 개선하는 데 도움을 줄 수 있는 단계별 접근법을 제시한다. 또한 벤치마킹할 수 있도록 최우량 기업들이 실천하고 있는 최고의 관행을 제공하고, 어떠한 성과 측정치를 이용할지에 대한 것도 제시한다. SCOR 모델을 이용하면 현 공급사슬의 구조와 성과를 신속하게 파악할 수 있으며, 다른 우량 기업들의 구조와 비교하여, 개선점을 확인하고 새로운 공급사슬 구조를 디자인할 수 있다.

02 SCOR의 체계

SCOR 모델은 다음과 같이 총 4개의 수준(level)으로 구성되어 있다.

수준 1: 공급사슬을 구성하는 다섯 개의 기본 프로세스,

수준 2: 수준 1의 프로세스별 하부프로세스

수준 3: 수준 2의 하부프로세스별로 수행되는 활동

수준 4: 수준 3의 활동별로 개별 기업의 전략이나 상황에 맞는

운영업무

1. SCOR 수준 1

SCOR 모델에서는 공급사슬관리를 계획(Plan), 조달(Source), 생산(Make), 배송(Deliver), 반품(Return)이라는 다섯 개의 프로세스들의 통합된 개념으로 정의한다.

계획은 조달, 생산, 배송에 대한 요구에 가장 잘 대응하기 위한 활동의 방향을 설정하기 위하여 총괄 수요와 공급의 균형을 유지하는 프로세스이다.

조달은 계획된 혹은 실제 수요를 충족시키기 위하여 제품이나 서비스를 조달하는 프로세스이다.

생산은 계획된 혹은 실제 수요를 충족시키기 위하여 제품을 완성품의 상태로 전환하는 프로세스이다.

배송은 계획된 혹은 실제의 수요를 충족시키기 위하여 완성된 제품이나 서비스를 제공하는 프로세스로서 주문관리, 수송관리, 유통관리를 포함한다.

반품은 어떠한 이유에서이건 제품의 반품이나 반품된 제품의 수거와 관련된 프로세스이며 배송 후 고객지원 프로세스를 포함한다. SCOR 수준 1 프로세스의 범위를 개별적으로 살펴보면 다음과 같다.

계획(plan): 공급 자원 평가, 요구되는 수요의 통합 및 우선순위 결정, 유통, 생산, 자재소요를 위한 재고계획, 전 제품 혹은 전 유통채널에 대한 개략적인 생산능력 계획

조달(source): 원자재나 구매품의 획득, 입고, 검사, 보관, 반출, 대금 지급승인

생산(make): 원자재 구매요청 및 입고, 제품의 생산 및 테스트,

제품의 포장, 보관, 반출

배송(deliver): 주문관리 프로세스 실행, 시세 제시, 제품 구성, 고
객 데이터베이스 창출 및 유지, 제품/가격 데이터베이스 유
지, 외상매출금, 채권, 회수, 송장 등의 관리, 선별, 포장 등
의 창고 프로세스의 실행, 고객맞춤식 패키징, 주문통합, 제
품반출, 수송프로세스 관리, 성과확인

반품(return): 승인, 스케줄링, 검사, 이동, 보증업무, 불량품의 수
거 및 확인, 처분, 교체 등을 포함하는 불량품 처리, 보증처
리 및 수요초과량 반품처리

2. SCOR 수준 2

SCOR 수준 2에서는 SCOR 수준 1 프로세스를 12개의 실행 프로
세스와 5개의 계획 프로세스로 세분화한다.

수준 1의 계획 프로세스는 수준 2에서 공습사슬계획(P1), 조달계
획(P2), 생산계획(P3), 배송계획(P4), 반품계획(P5)으로 세분화된다.

수준 1의 조달 프로세스는 수준 2에서는 비축생산품의 조달(S1),
주문생산품의 조달(S2), 주문제작품의 조달(S3)로 세분화된다.

수준 1의 생산 프로세스는 수준 2에서는 비축생산품의 생산(M1),
주문생산품의 생산(M2), 주문제작품의 생산(M3)으로 세분화된다.

수준 1의 배송 프로세스는 수준 2에서는 비축생산품의 배송(D1),
주문생산품의 배송(D2), 주문제작품의 배송(D3)으로 세분화된다.

수준 1의 반품 프로세스는 수준 2에서는 불량품의 반품(R1),
MRO 반품(R2), 재고반품(R3)으로 세분화된다.

SCOR 수준 2는 공급사슬의 형태를 정의하는 데 이용되는 프로

세스 카테고리를 정의하며 이러한 프로세스 카테고리를 이용하여 기존 공급사슬의 계획, 조달, 생산, 배송, 반품의 세부 형태를 선정하게 된다. 예를 들어, 생산의 경우 비축생산인지, 주문생산인지, 주문제작인지를 구체적으로 선정하게 된다. 이러한 작업을 위해서는 공급사슬에 포함되는 구성원이 누구인지, 어디에 위치하는지 등에 대한 정보가 필요한데, 이때 고객, 공급자, 창고, 공장 등의 위치를 표시한 지도가 유용하게 이용된다. SCOR 수준 2가 중요한 것은 이 수준 2에 따라 수준 3에서의 세부적인 활동이 정의되기 때문이다.

3. SCOR 수준 3

SCOR 수준 3은 SCOR 수준 2의 디자인에 운영 관련 세부사항을 더하여 공급사슬의 구조를 완성하는 단계이다. 즉, SCOR 수준 3의 구성요소는 SCOR 수준 2의 구성요소인 12개의 실행 프로세스 및 5개의 계획 프로세스의 각각에 대하여 세부적인 운영업무를 정리한 것이다. 예를 들어, SCOR 수준 2의 비축생산품의 조달(S1) 프로세스는 재고를 비축하고 있는 공급자에 대한 구매주문 프로세스인데 이에 대한 SCOR 수준 3의 구성요소는 다음과 같다.

S1.1 제품 주문
S1.2 제품 입고
S1.3 제품 확인
S1.4 제품 운반
S1.5 공급자에 대금 지급승인

SCOR 수준 3에서 제시하는 활동별로 현 상황을 파악하게 된다. 예를 들어, 재고의 위치, 프로세스 간의 리드 타임, 프로세스와 정보시스템 간의 일치 정도 등을 나타내는 현 상황 지도를 개발하게 된다. 현 상황을 분석하게 되면 여러 가지 개선의 기회를 포착하게 되는데, 예를 들어, 프로세스의 감축, 정보시스템의 복잡성 감축, 수요와 생산의 연결성 개선, 중복활동의 제거, 대기시간 단축, 재고의 감축, 리드 타임의 단축 등의 기회를 얻게 된다. 이러한 것을 바탕으로 하여 미래에 지향하는 공급사슬의 그림을 그리게 된다.

03 SCOR 개선 프로젝트 길잡이

SCOR은 공급사슬의 개선을 위해 수행할 프로젝트의 단계를 다음과 같이 제시하며 그 내용은 아래와 같다.
단계1: 경쟁력 분석
단계2: 공급사슬 디자인
단계3: 성과 수준, 관행, 시스템의 조정
단계4: 공급사슬 변화의 실행

1. 경쟁력 분석

공급사슬 개선 프로젝트의 시작은 기업에 대한 전반적인 비즈니스 상황의 파악부터 시작한다. 파악할 비즈니스 상황으로는
- 전략적인 배경
- 재무성과
- 기업의 내부 프로파일

• 기업의 외부 프로파일 등이 포함된다.

전략적인 배경 파악을 위해서는 사업내용, SOWT 분석, 가치 철학, 주요 성공 요인 및 요인별 기업의 경쟁적 위치 등에 대한 분석이 필요하다. 재무성과는 손익계산서, 대차대조표를 포함하는 재무제표를 통하여 파악한다. 기업의 내부 프로파일에는 조직구조도, 운영하는 모든 시설의 위치와 아웃소싱할 경우의 아웃소싱 기업의 위치, 조직의 운영체제, 주요성과지표 측면에서 제대로 관리되는지의 여부 등이 포함된다. 기업의 외부 프로파일에는 고객, 시장, 공급자에 대한 정보가 포함된다.

다음으로 중요한 것은 공급사슬의 범위를 결정하는 것이다. 공급사슬의 범위는 프로젝트의 범위를 결정하게 된다. 일반적으로 공급사슬을 제품이나 재무적인 차원에서 정의하는 것이 보통이다. 그러나 같은 제품이라도 목표시장이나 고객이 다를 수 있는데, 예를 들어, 내수와 수출의 경우 공급사슬이 다를 수 있다. 따라서 시장 혹은 고객을 추가로 고려하여 제품군과 시장(고객)의 조합으로 공급사슬을 정의하는 것이 바람직하다.

다음 단계는 프로젝트 대상으로 선택된 공급사슬별로 SCOR 카드를 작성하는 것이다. SCOR 카드란 공급사슬의 성과를 측정하는 항목별로 개선대상, 현 공급사슬의 실제 성과 측정치, 벤치마킹 자료, 실제값과 벤치마킹 값과의 차이 등으로 구성되는 표이다. 벤치마킹 자료는 PMG(Performance Measurement Group)로부터 외부 및 내부항목에 대한 자료를 얻을 수 있고, 재무자료는 포브스(Forbes) 등으로부터 공개적으로 얻을 수 있다. 공급사슬 성과항목은 크게 외적, 내적, 주주의 세 분야로 나누어지고 분야별로 몇 개의 성과항목으로 구분된다. <표 13-1>는 SCOR에서 제시된 성과 측정항목이다.

표 13-1 SCOR 성과 측정항목

구분	성과특성	성과 측정항목	정의
외적	공급사슬 배송 신뢰성	배송 성과 (정시배송률)	고객이 원하는 시간에 정시 배송한 건수 / 총 주문건수 (단위: %)
		주문충족률	보유한 재고로 주문을 즉시 충족한 건수 / 총 주문건수 (단위: %)
		주문내용 완전충족률	주문내용에 완전하게 일치한 건수 / 총 주문 건수 (단위: %)
	공급사슬 대응성	주문충족 리드 타임	주문에서 배송까지 걸린 시간(단위: 일)
	공급사슬 유연성	공급사슬 대응시간	계획에 없는 수요변동에 대한 공급사슬의 대응시간(조달 리드 타임 및 주문충족 리드 타임)(단위: 일)
		생산 유연성	계획에 없던 20%의 주문량 증감에 대한 노동력, 원자재, 생산능력 증감에 필요한 시간 (단위: 일)
내적	공급사슬 비용	제품생산원가	원자재 비용 및 직간접 노무비
		총 공급사슬관리 비용	주문관리비용, 원자재 획득비용, 공급사슬 관련 정보기술비용, 재고유지비용, 자원확보 및 계획 관련 비용 등
		판매 및 일반관리비	판매, 마케팅, 일반 관리, 엔지니어링, 실험실 등 간접비용
		보증 및 반품 관련 비용	반품 보관비, 반품인증 처리비, 반품 유지관리비, 반품 수송비 등
	공급사슬 자산 관리 효율성	현금 사이클 타임	현금이 운전자본으로 이용되는 기간 (단위: 일): 외상매출기간＋재고기간 －외상매입기간

구분	성과특성	성과 측정항목	정의
		재고 기간	현금이 재고로 묶여있는 원자재재고 기간, 공정중재고 기간, 완성품재고 기간 (단위: 일)
		자산회전율	수입/총순자산
주주	수익성	총수익률	(수입−생산비용)/수입
		운영수익률	(수입−생산비용−판매 및 일반관리비)/수입
		순수익률	(수입−생산비용−판매 및 일반관리비−세금)/수입
	수익효과	자산수익률	순운영이익/총순자산
	배당	주당 배당금	보통주에 배정된 조정 수익/가중평균주식수

자료: SCOR 모델 (2001)

SCOR 카드를 실제로 작성하기 전에 한 가지 추가로 해야 할 것이 있는데, 그것은 특성별로 경쟁자와 비교하여 절대우세, 우세, 동등 중 어느 수준으로 운영되어야 하는지를 결정하는 것이다. 벤치마킹 자료도 절대우세, 우세, 동등으로 구분한 뒤 실제 자료와 벤치마킹 자료와의 차이 분석을 통해 경쟁력을 갖추기 위하여 어느 정도의 개선이 필요한지를 결정할 수 있다. 예를 들어, 공급사슬의 특성 중 배송 성과가 절대우세 수준으로 운영되어야 한다면 벤치마킹 자료의 우세나 혹은 동등 자료와의 차이를 알아보는 것은 의미가 없으며, 벤치마킹 자료의 절대우세 자료와 비교하여 그 차이를 계산해야 한다. SCOR 카드에는 실제 성과 측정치와 경쟁력을 갖추기 위해 요구되는 성과 수준 및 그 차이를 기록한다. <표 13−2>는 SCOR 카드의 예이다.

표 13-2 SCOR 카드의 예

구분	성과특성	성과 측정항목	실제	동등	우세	절대 우세	동등과 실제의 갭	기회
외적	공급사슬 배송 신뢰성	배송 성과		74.7%				
		주문충족률		92%				
		주문내용 완전충족률		74%				
	공급사슬 대응성	주문충족 리드 타임		10일				
	공급사슬 유연성	공급사슬 대응시간		60일				
		생산 유연성		42일				
내적	공급사슬 비용	제품생산원가	86%	69%			-17%	$58,600,000
		총 공급사슬 관리비용	15.5%	9.5%			-6%	
		판매 및 일반관리비	7%	17%			10%	
		보증 및 반품 관련 비용	0.7%	1.5%			0.8%	$1,250,000
	공급사슬 자산 관리 효율성	현금 사이클 타임	197	97.9			-99	$18,099583
		재고 기간	91	74			-18	
		자산회전율	1.5	2.5			-1	
주주	수익성	총수익률	14%	31%			-17%	$79,177,083
		운영수익률	7%	14%			-7%	
		순수익률	4%	5%			-1%	
	수익효과	자산수익률	10.7%	11%			-0.3%	
	배당	주당 배당금						

자료: Bolstorff and Rosenbaum (2003) p.75

2. 공급사슬 디자인

경쟁력 분석에서 확인된 공급사슬의 현재의 성과와 경쟁력을 갖추기 위해 요구되는 성과와의 차이를 좁히는 데 필요한 조직, 프로세스, 인적자원, 기술의 변화를 확인하는 단계이다. 공급사슬 디자인은 두 단계를 거쳐 완성되는데 그 첫 번째 단계가 물질의 흐름에 대하여 초점을 맞추는 것이며, 두 번째 단계는 정보의 흐름에 초점을 맞추는 것이다.

물질의 흐름에 대한 분석에는 현재의 물질 흐름 분석, 문제점 및 총체적인 기회분석, 벤치마킹 및 물질 흐름 전략수립이 포함되며, 이를 통하여 목표로 하는 물질 흐름을 결정한다.

현재의 물질 흐름을 분석하는데, SCOR 수준 2 프로세스가 이용된다. 예를 들어, SCOR 수준 1 조달프로세스는 수준 2에서는 비축품조달(S1), 주문생산품조달(S2), 주문제작품조달(S3)로 구분되며, 이는 기업이 원자재나 완성품을 어떻게 구매하는지를 구분하기 위함이다. SCOR 수준 2 프로세스 형태는 구매주문이 이루어졌을 때의 공급자가 보유한 물질의 상태에 의하여 결정된다. 예를 들어, S1의 경우는 구매주문 전에 이미 공급자가 완성품 재고를 보유한 경우이며, S2는 구매자의 주문이 있으면 주문량만큼 생산하는 경우이고, S3는 구매자의 디자인 요구사항에 맞추어 새로운 제품을 제작하는 경우이다.

SCOR 수준 1 생산프로세스는 수준 2에서는 비축생산(M1), 주문생산(M2), 주문제작(M3)으로 구분된다. 이 프로세스는 주로 생산지에서 볼 수 있으며 프로세스 형태는 고객의 주문이 이루어졌을 때의 유형물의 상태에 의하여 결정된다.

SCOR 수준1의 배송프로세스는 SCOR 수준 2에서는 비축품배송(D1), 주문생산품배송(D2), 주문제작품배송(D3)으로 구분된다. 역시 프로세스의 형태는 주문 당시의 유형물의 상태에 의하여 결정된다.

SCOR 수준 1의 반품프로세스는 SCOR 수준 2에서는 불량품반품(R1), MRO(maintenance, repair, overhaul) 반품(R2), 재고반품(R3)으로 구분된다. 이 프로세스는 주로 유통센터나 창고에서 볼 수 있으나 생산지에서도 볼 수 있다. 프로세스의 형태는 반품의 대상이 되는 제품의 상태에 의하여 결정된다.

SCOR 수준 1의 계획(PLAN) 프로세스는 수준 2에서는 공급사슬계획(P1), 조달계획(P2), 생산계획(P3), 배송계획(P4), 반품계획(P5)으로 구분된다. P1은 실제 수요에 대한 전반적인 공급 계획을 수립하는 프로세스이며 판매 및 운영계획과 밀접한 관련이 있다. P2는 원자재 수급계획을 수립하는 것으로 자재소요계획(MRP: material requirements planning)과 관련이 있으며, P3는 언제까지 얼마나 생산을 해야 하는지에 대한 계획을 수립하는 것으로 주생산일정(MPS: master production schedule)과 관련이 있다. P4는 유통계획(DRP: distribution requirements planning)과 밀접한 관련이 있으며 P5는 반품의 통합 및 반품계획을 수립하는 것이다.

공급사슬의 비효율성을 찾아내기 위하여 지도 위에 공급자 위치, 생산자 위치, 유통센터 등의 위치를 표시하고 경로를 그린다. 그 다음 지도상의 각 위치에 해당하는 SCOR 수준 2 프로세스를 확인한다. 예를 들어, 어느 생산지의 프로세스의 형태를 S1, M2, D2로 확인한다면, 이것이 의미하는 것은 주문생산(M2)이 이루어진다는 것, 고객에게 직접배송(D2)을 한다는 것, 조달은 부품을 비축하고 있는 공급자(S1)로부터 공급을 받는다는 의미이다. 각 위치에 대한 SCOR 수준 2 프로세스가 확인되면, 그 프로세스에 대한 SCOR 수준 2 성과 측정항목에 대하여 분석한다. SCOR 수준 2의 성과 측정항목은 다음과 같다.

조달에 대한 SCOR 수준 2의 성과 측정항목
- 정시도착률 및 주문내용 완전충족률
- 원자재 재고보유 기간
- 입고 수송비
- 이월주문 리드 타임
- 조달 기간

생산에 대한 SCOR 수준 2의 성과 측정항목
- 생산일정 달성률 및 정시납품률
- 생산능력 이용률
- 생산전환시간
- 경상비
- 원자재, 공정중재고, 완제품, 반품의 재고보유 기간
- 생산 리드타임

배송에 대한 SCOR 수준 2의 성과 측정항목
- 정시배송률
- 원자재, 반품, 공정중재고, 완제품의 재고보유 기간
- 출고 및 반품 수송비
- 이월주문 리드타임
- 주문처리비용
- 주문 리드타임

성과 측정이 이루어지면 이를 바탕으로 하여 브레인스토밍을 통하여 문제점을 발견하고 정리하며 정리된 각각의 문제점에 대하여 원인을 찾아낸다.

이러한 분석을 바탕으로 기회분석이 이루어진다. 기회분석이란 문제점을 제거할 경우의 그 효과를 계량화하는 것으로 문제점 제거의 가치를 손익계산서나 대차대조표상의 효과로 나타내는 것이다. 기회분석의 최종단계는 문제점을 제거하는 프로젝트들의 우선순위를 정하는 것이다. 이때 프로젝트를 프로젝트의 효과와 실행 난이도 두 가지 측면에서 평가해보는 것이 도움이 된다. 다음 단계는 동종의 산업에서 선도기업이 사용하고 있는 시스템 혹은 접근법을 참고하여 문제점 제거를 위해 필요한 변화를 확인한다.

3. 성과 수준, 관행, 시스템 조정

앞에서 언급한 바와 같이 물질 흐름에 대한 분석이 이루어진 후 현재의 정보 및 업무 흐름 분석이 다음으로 이루어진다. 이때, SCOR 수준 3의 구성요소를 참고하여 업무분석을 위한 현장조사를 하고 흐름도를 작성한다. 선도기업의 관행을 참고로 하여 문제점을 제거하는 방법을 분석하고 문제점 해결을 위한 제안을 포함하는 표를 만든다.

4. 공급사슬 변화의 실행

단계 3에서 만들어진 문제점 해결을 위한 제안을 포함하는 표를 바탕으로 포괄적인 프로젝트 포트폴리오를 작성하고 각 프로젝트에 대한 투자수익률 분석을 한다. 마지막으로 프로젝트별로 위험을 평가하고 전략을 수립하며 실행계획을 수립한다.

위에서 언급한 바와 같이 SCOR 모델을 이용하여 공급사슬을 디자인하거나 기존 공급사슬의 개선을 추구할 수 있다. 이미 언급한 바와 같이 SCOR 모델은 크게 세 수준으로 나눌 수 있는데, 수준별 이용 효과는 다음과 같이 요약할 수 있다.

SCOR 수준 1의 경우 공급사슬 전략을 바탕으로 하여 전체적인 프로세스의 구성을 사업구조와 일치시키고 우선순위를 정하는 데 도움이 된다.

SCOR 수준 2는 프로세스 구조를 전략과 인프라와 일치시키는 데 도움이 되는데, 이 과정에서 공급사슬 프로세스에 대한 기업 내부, 고객, 공급자가 서로 비전을 공유하게 되고, 또한 공급사슬이 단순화된다는 효과가 있다.

SCOR 수준 3은 상세한 프로세스와 응용구조를 정의하는 데 도움이 된다. 이 과정에서 모범사례를 벤치마킹한 프로세스의 개발, 프로세스와 정보시스템의 조율, 측정 가능한 운영목표의 개발 등의 효과가 있다.

참고문헌

Blumberg, donald F. (2005), *Introduction to Management of Reverse Logistics and Closed Loop Supply Chain Processes*, CRC Press

Bolstorff, Peter and Robert Rosenbaum (2003), *Supply Chain Excellence: A handbook for Dramatic Improvement Using the SCOR Model*, AMACOM

Bolstorff, Peter and Robert Rosenbaum (2003), *Supply Chain Excellence: A handbook for Dramatic Improvement Using the SCOR Model*, AMACOM

Bowersox, Donald J., David J. Closs, and M. Bixby Cooper (2002), *Supply Chain Logistics Management*, McGraw－Hill

Burt, David N., Donald W. Dobler, and Stephen L. Starling (2003), *World Class Supply Chain Management: The Key to Supply Chain Management*, McGraw－Hill

Chopra, Sunil and Peter Meindl (2004), *Supply Chain Management: Strategy, Planning, and Operation, Second Edition*, Pearson/Prentice Hall

Christopher, martin (2005), *Logistics and Supply Chain Management: Creating Value－Adding Networks*, Third Edition, Prentice Hall, Great Britain

Cohen, Shoshanah and Joseph Roussel (2005), *Strategic Supply Chain*

Management: The 5 Disciplines for Top Performance, McGraw－Hill

Cohen, Shoshanah and Joseph Roussel (2005), *Strategic Supply Chain Management: The 5 Disciplines for Top Performance*, McGraw－Hill

Coyle, John, Edward J. Bardi, and C. John Langley Jr. (2003), *The Management of Business Logistics: A Supply Chain Perspective*, 7th Edition, Thompson/South－Western

Dettmer, H. William (1997), *Goldratt's Theory of Constraints: A Systems Approach to Continuous Improvement*, ASQ

Frazelle, Edward H. (2002), Supply Chain Strategy, McGraw－Hill

HBS Press (2000), *Harvard Business Review on Managing the Value Chain*, Harvard Business School Publishing

Hiller, Frederick S. and Mark S. Hiller (2003), *Introduction to Management Science: A Modeling and Case Studies Approach with Spreadsheets*, 2nd Edition, McGraw－Hill

Hugos, Michael (2003), *Essentials of Supply Chain Management*, John Wiley & Sons, Inc.

Kordupleski, Ray and Janice Simpson (2003), *Mastering Customer Value Management: The Art and Science of Creating Competitive Advantage*, Pinnaflex

Kordupleski, Ray and Janice Simpson (2003), *Mastering Customer Value Management: The Art and Science of Creating Competitive Advantage*, Pinnaflex Educational Resources, Inc.

MCS Media Inc. (2003), *The Lean Pocket Guide: Tools for the Elimination of Waste*,

Monczka, Robert, Robert Trent, and Robert Handfield (2005), *Purchasing & Supply Chain Management*, 3rd Edition, Thompson/South－

Western

Rogers, Dale S. and Ronald S. Tibben—Lembke (1999), *Going Backwards: Reverse Logistics Trends and Practices*, Reverse Logistics Executive Council

Shapiro, Jeremy (2001), *Modeling the Supply Chain*, Duxbury

Silver, Edward A. and Rein Peterson (1985), *Decision Systems for Inventory Management and Production Planning*, 2nd Edition, Wiley

Simchi—Levi David, Philip Kaminsky, & Edith Simchi—Levi (2004), *Managing the Supply Chain: The Definite Guide for Business Professional*, McGraw—Hill

Srinivasan, Mandyam M. (2004), *Streamlined 14 Principles for Building & Managing The Lean Supply Chain*, Thompson

Supply Chain Council, Inc. (2001), *Supply—Chain Operations Reference— model: Overview of SCOR Version 5.0*

Taylor, David and David Brunt (2001), *Manufacturing Operations and Supply Chain Management: The Lean Approach*, Thompson

Vollmann, Thomas E., William L. Berry, D. Clay Whybark, F. Robert Jacobs (2005), *Manufacturing Planning & Control Systems for Supply Chain Management*, 5th Edition, McGraw—Hill

Wincel, Jeffrey P. (2004), *Lean Supply Chain Management: A Handbook for strategic Procurement*, Productivity Press

Womack, James P. and Daniel T. Jones (2003), *Lean Thinking: Banish Waste and Create Wealth in Your Corporation*, Free Press

김남영

성균관대학교 경영학사
미국 펜실베이니아 주립대학교 MBA
미국 펜실베이니아 주립대학교 Ph.D. (경영과학)
현 계명대학교 경영학과 교수

저서: 경영과학, 공급사슬관리, 린프로세스관리(우수학술도서 선정), 서비스경영,
     스루풋맥스전략(우수학술도서 선정), 스마트서비스, 알기쉬운 통계학,
     전략적 운영관리, 품질경영 등

지속가능한 공급사슬

초판발행	2021년 1월 30일
지은이	김남영
펴낸이	안종만·안상준
편 집	전채린
기획/마케팅	장규식
표지디자인	이미연
제 작	고철민·조영환
펴낸곳	(주)**박영사**
	서울특별시 금천구 가산디지털2로 53, 210호(가산동, 한라시그마밸리)
	등록 1959. 3. 11. 제300-1959-1호(倫)
전 화	02)733-6771
f a x	02)736-4818
e-mail	pys@pybook.co.kr
homepage	www.pybook.co.kr
ISBN	979-11-303-1191-3 93320

정 가   18,000원